现代教育技术

罗文浪　戴贞明　邹　荣　编著
郭永光　王茜娟

北京理工大学出版社
BEIJING INSTITUTE OF TECHNOLOGY PRESS

内 容 简 介

本书从培养师范专业学生教育技术基本理论和应用技能出发，并根据当前师范专业现代教育技术公共课教学的实际情况和实际需要来编写。全书共分为 6 章，主要内容包括：教育技术基础理论、多媒体技术教育应用、网络技术教育应用、教学设计与评价、信息技术与课程整合、教师专业发展。

本书注重培养学生教育技术实际应用能力，充分运用现代教育技术开发了配套的网络课程和电子教案等，非常方便任课教师进行多媒体网络教学。除了具有与本教材配套的数字化教学资源外，我们还编写出版了与本教材配套的实验教材《现代教育技术技能训练》，以便开展实验教学，提高学生的实践动手能力。

本教材可供师范专业现代教育技术公共课使用，也适合在职教师进修学习和短期培训使用，还可供其他从事教育技术教学与管理的相关人员参考。

版权专有　侵权必究

图书在版编目（CIP）数据

现代教育技术／罗文浪等编著.—北京：北京理工大学出版社，2015.7（2021.12重印）
ISBN 978-7-5682-0695-2

Ⅰ.①现… Ⅱ.①罗… Ⅲ.①教育技术学–师范教育–教材 Ⅳ.①G40-057

中国版本图书馆 CIP 数据核字（2015）第 156046 号

出版发行　／　北京理工大学出版社有限责任公司
社　　址　／　北京市海淀区中关村南大街 5 号
邮　　编　／　100081
电　　话　／　(010) 68914775（总编室）
　　　　　　　(010) 82562903（教材售后服务热线）
　　　　　　　(010) 68944723（其他图书服务热线）
网　　址　／　http：//www.bitpress.com.cn
经　　销　／　全国各地新华书店
印　　刷　／　北京国马印刷厂
开　　本　／　787 毫米 × 1092 毫米　1/16
印　　张　／　11　　　　　　　　　　　　　　　责任编辑／刘永兵
字　　数　／　248 千字　　　　　　　　　　　　文案编辑／王晓莉
版　　次　／　2015 年 7 月第 1 版　2021 年 12 月第 4 次印刷　责任校对／周瑞红
定　　价　／　39.80 元　　　　　　　　　　　　责任印制／李志强

图书出现印装质量问题，请拨打售后服务热线，本社负责调换

前　言

随着教育信息化和基础教育课程改革的不断深入，教育技术已日益成为教师的一项重要素质和能力。

教育部在 2012 年颁布的《教育信息化十年发展规划（2011—2020 年）》中明确指出："教育信息化充分发挥现代信息技术优势，注重信息技术与教育的全面深度融合，在促进教育公平和实现优质教育资源广泛共享、提高教育质量和建设学习型社会、推动教育理念变革和培养具有国际竞争力的创新人才等方面具有独特的重要作用，是实现我国教育现代化宏伟目标不可或缺的动力与支撑。"并把教师信息技术应用能力作为教师资格认定、资格定期注册、职务（职称）评聘和考核奖励等的必备条件。

目前，全国大部分师范专业都开设了现代教育技术公共课，但由于课时有限，一般不超过 50 学时。教师如何在有限的课时内，既能传授现代教育技术基本理论，又能培养学生的实际应用技能，成了当下一个突出问题。

本教材根据《中小学教师教育技术能力标准》，从培养学生现代教育技术的意识与态度、知识与技能、应用与创新能力出发，针对当前大部分高校现代教育技术的教学需要，充分把现代教育技术开发成多媒体教材。本教材具有以下特点：

1. 内容符合中小学教师教育技术能力要求。全书贯穿了教育部 2004 年 12 月颁布的《中小学教师教育技术能力标准》，从规定的四个方面培养学生现代教育技术能力。

2. 内容全面精练，重点突出。为适应本课程课时少又要保证实现培养目标的教学需要，本教材编写过程中贯彻全面、精练、突出重点的原则，确保在有限的课时内达到教学目标。

3. 方便开展数字化教学。为提高教学效果和效率，本教材充分运用现代教育技术开发了配套的教学资源，有文字教材，还有网络课程、电子教案，方便任课教师教学，也为学生的学习提供了方便。

4. 理论与实践教材配套完整。在出版《现代教育技术》教材的同时，出版了《现代教育技术技能训练》一书，供开展实验教学使用。

全书共分为 6 章，全部由长期在高校从事教育技术教学与研究的教师编写。具体编写人员是：邹荣（第 1 章和第 4 章）、王茜娟（第 2 章）、戴贞明（第 3 章）、郭永光（第 5 章和第 6 章）。

本书在编写过程中，参考了大量专家、学者的论文、论著和网络资源，在此对这些作者表示感谢。由于水平有限，本书出现的疏漏之处，敬请读者不吝指教。

目 录

第1章 教育技术基础理论 ... 1
1.1 教育技术的产生和发展 ... 1
1.1.1 对教育产生重要影响的技术 ... 1
1.1.2 国外教育技术发展及其概念演变 ... 2
1.1.3 中国教育技术的发展 ... 4
1.1.4 教育技术发展的特点 ... 5
1.2 教育技术的定义 ... 6
1.2.1 AECT 定义 ... 6
1.2.2 我国学者的定义 ... 7
1.3 教育技术的理论基础 ... 8
1.3.1 视听教育理论 ... 8
1.3.2 学习理论 ... 12
1.3.3 教育传播理论 ... 18
1.4 现代教育技术与教育改革 ... 21
1.4.1 现代教育技术在教育改革中的作用 ... 21
1.4.2 学习现代教育技术的意义 ... 22
1.4.3 学习现代教育技术的方法 ... 22
本章小结 ... 22
本章习题 ... 23

第2章 多媒体技术教育应用 ... 24
2.1 多媒体技术概述 ... 24
2.1.1 媒体的概念与本质特征 ... 24
2.1.2 多媒体技术的概念和基本特征 ... 25
2.1.3 多媒体技术的基础 ... 26
2.2 多媒体技术在教育中的应用 ... 29
2.2.1 多媒体课件 ... 29
2.2.2 多媒体教学系统 ... 34

2 现代教育技术

2.2.3 智能计算机辅助教学	36
2.2.4 虚拟现实	38
2.3 多媒体课件素材准备	39
2.3.1 文字素材的准备	39
2.3.2 声音素材的采集与编辑	40
2.3.3 图形、图像素材的准备	42
2.3.4 视频素材的采集与编辑	46
2.3.5 动画素材的采集与编辑	47
2.4 多媒体课件制作	48
2.4.1 多媒体课件制作的基本原则	48
2.4.2 多媒体课件制作基本流程	50
2.4.3 多媒体课件制作工具软件	54
本章小结	55
本章习题	55

第3章 网络技术教育应用

3.1 网络技术概述	56
3.1.1 计算机网络概念	56
3.1.2 计算机网络功能	56
3.1.3 计算机网络分类	57
3.2 网络信息资源	58
3.2.1 网络信息资源概述	58
3.2.2 网络信息资源获取	61
3.2.3 网络交流工具	70
3.3 网络技术教育应用	75
3.3.1 网络课程	75
3.3.2 WebQuest	80
3.3.3 远程教育	81
3.3.4 数字图书馆	85
3.3.5 移动学习	88
本章小结	91
本章习题	92

第4章 教学设计与评价

4.1 教学设计概述	93
4.1.1 教学设计的基本概念	93
4.1.2 教学设计的过程模式	94
4.2 教学设计的前期分析	96
4.2.1 学习需要分析	96
4.2.2 学习内容分析	96
4.2.3 学习者分析	99
4.3 教学目标的阐明	100

4.3.1 教学目标概述 …… 101
   4.3.2 教学目标的编写方法 …… 102
 4.4 教学策略的制定 …… 104
   4.4.1 教学策略概述 …… 104
   4.4.2 常用教学策略 …… 105
   4.4.3 教学方法 …… 110
   4.4.4 教学组织形式 …… 111
   4.4.5 教学媒体的选择 …… 112
 4.5 教学评价 …… 115
   4.5.1 教学评价概述 …… 115
   4.5.2 教学评价的方法 …… 117
 4.6 教学设计方案的编写 …… 123
   4.6.1 教学流程图 …… 123
   4.6.2 叙述式教学设计方案模板 …… 123
   4.6.3 表格式教学设计方案模板 …… 124
 4.7 说课 …… 126
   4.7.1 说课的含义 …… 126
   4.7.2 说课的意义 …… 126
   4.7.3 说课与讲课的区别 …… 126
   4.7.4 说课的内容 …… 127
   4.7.5 说课的原则 …… 128
 本章小结 …… 128
 本章习题 …… 129

第5章 信息技术与课程整合 …… 130
 5.1 信息技术与课程整合概述 …… 130
   5.1.1 信息技术与课程整合的发展历程 …… 130
   5.1.2 信息技术与课程整合的含义 …… 131
   5.1.3 信息技术与课程整合的特点 …… 131
 5.2 信息技术与课程整合的目标与原则 …… 132
   5.2.1 信息技术与课程整合的目标 …… 132
   5.2.2 信息技术与课程整合的原则 …… 133
 5.3 信息技术与课程整合的方法 …… 134
   5.3.1 信息技术与课程整合的基本要求 …… 134
   5.3.2 信息技术与课程整合的策略 …… 134
   5.3.3 信息技术与课程整合的基本方式 …… 135
 5.4 信息技术与课程整合的案例 …… 137
 本章小结 …… 144
 本章习题 …… 145

第6章 教师专业发展 …… 146
 6.1 职业与专业 …… 146

  6.1.1 职业与专业的含义 …………………………………………………… 146
  6.1.2 一般职业与专门职业 ………………………………………………… 147
 6.2 教师专业发展 …………………………………………………………………… 148
  6.2.1 专业化与教师专业化 ………………………………………………… 148
  6.2.2 教师专业发展 ………………………………………………………… 148
 6.3 教师专业发展的内容 …………………………………………………………… 149
  6.3.1 遵守职业道德 ………………………………………………………… 149
  6.3.2 拓展专业知识 ………………………………………………………… 149
  6.3.3 提升专业能力 ………………………………………………………… 150
  6.3.4 建构专业人格 ………………………………………………………… 151
  6.3.5 形成专业思想 ………………………………………………………… 151
  6.3.6 发展专业自我 ………………………………………………………… 151
 6.4 教师专业发展的途径和方法 …………………………………………………… 152
  6.4.1 终身学习——教师专业发展的前提保证 ………………………… 152
  6.4.2 行动研究——教师专业发展的基本途径 ………………………… 152
  6.4.3 教学反思——教师专业成长的必经之路 ………………………… 153
  6.4.4 同伴互助——教师专业成长的有效方法 ………………………… 155
  6.4.5 专业引领——教师专业成长的重要条件 ………………………… 155
  6.4.6 课题研究——教师专业成长的有效载体 ………………………… 157
  6.4.7 网络远程研修——教师专业发展的新平台 ……………………… 158
  6.4.8 教师成长记录袋——教师专业发展的不懈动力 ………………… 159
 6.5 信息技术与教师专业发展 ……………………………………………………… 161
  6.5.1 推进信息技术与学科教学的整合 ………………………………… 161
  6.5.2 完善信息技术支持下的校本教研制度 …………………………… 161
  6.5.3 拓展信息技术视野中的教师培训模式 …………………………… 161
  6.5.4 搭建多样化的教师专业发展平台 ………………………………… 162
 本章小结 ………………………………………………………………………………… 162
 本章习题 ………………………………………………………………………………… 163
参考文献 ………………………………………………………………………………………… 164

第1章

教育技术基础理论

学习目标

(1) 了解教育技术的基本概念、发展及其趋势。
(2) 了解三大流派学习理论的基本内容。
(3) 理解人的视感知规律和听感知规律。
(4) 理解"经验之塔"理论的内容和基本观点。
(5) 理解教育传播的要素、过程和典型模式，熟悉教育传播的方式及其规律。
(6) 理解现代教育技术在教育改革中的作用。

随着现代教育科学和现代信息技术的发展，教育技术在教育领域中得以广泛应用，这不仅丰富了教学手段，优化了教学过程，还增加了信息传递的方式、方法，提高了教学的效果和效率，教育技术已经成为除教师、学生、教材等传统教学过程基本要素之外的第四要素。目前，教育技术已经从一种视听教学方法的改革运动发展成为具有较完整的理论框架、实践领域的专业和学科，它极大地改变了传统的教育教学模式和人们的思想观念，并对教育改革产生了重要的、深远的影响。

信息时代对教育提出了挑战，也对教师提出了新的要求，教师要想适应这种要求，肩负起推动教育改革、为国家和社会培养跨世纪人才的历史重任，除必须清醒地认识到除了掌握本学科的专业知识外，还必须学习和掌握现代教育技术的基本理论和使用方法。当前我国基础教育领域正在进行一场具有深远意义的课程改革。这场基础教育课程改革突出强调信息技术与课程的整合，不仅引发了教学体系、教学内容的改革，也引发了教育观念、教学模式的改革。要将课程改革落到实处，关键在于培养一批具备现代教育思想理念、具有较高信息素养、掌握现代教育技术的教师。而作为未来教师的师范生，必须掌握现代教育技术的基础知识和基本技能，才能胜任基于信息化环境下的教育工作。

1.1 教育技术的产生和发展

从广义上说，教育技术源远流长，在人类社会的历史上，从产生教育的那一天起就有了教育技术。教育作为人类最重要的社会活动之一，技术在其变革方面起到了很大的推动作用。因此，教育技术是伴随着不同技术在教育领域的应用而发展的。

1.1.1 对教育产生重要影响的技术

教育技术的发展以技术的发展为前提，我们应该从对教育产生重要影响的技术入手来认识教育技术的发展历程。英国教育家阿什比1966年在以色列做《教育中的技术学》演讲时提出:"在漫长的教育史上,曾有过四次与技术有关的革命:第一次革命是教育的职责由家庭转移到基督教会或犹太会堂,第二次革命是采用书写作为教育工具,第三次革命是印刷术的发明,第四次革命是在教学中应用电影、唱片、电视、录音、程序教学、计算机。"

从人类教育史上的四次革命的划分,人们可以清楚地看到技术的发展和应用对教育所产生的深刻影响。除了第一次教育革命没有看到一般意义上的技术印记之外,其余三次教育革命都与新技术的出现和应用密切相关。

有关科技发展的研究表明,在人类文明史上,技术的发展经历了三个发展阶段,即以手工技术为基础的技术体系、以机器技术为基础的技术体系和当代方兴未艾的以信息技术为基础的技术体系。同样,教育技术的发展也可划分为三个阶段:传统教育技术、视听媒体教育技术和信息化教育技术。

1. 传统教育技术阶段

以手工技术为主要特征的传统教育技术经历了漫长的发展过程。从最初只能通过"口耳相传"来进行教育活动,到文字的出现,造纸和印刷术的发明,黑板、粉笔、模型、教科书等在教育中得以广泛应用。因此,这一时期的教育技术主要包括教育者的言语技巧和教学技能,以及黑板、粉笔、图片、模型、实物等的运用。

2. 视听媒体教育技术阶段

以视听媒体的应用为标志的视听媒体教育技术源于19世纪视听技术的发展。这一时期的教育技术以各种现代教育媒体的使用为标志,起初仅仅注重硬件,后来逐渐重视软件。这一技术主要包括摄影、幻灯、投影、无线电广播、电影、电视、听力训练等。这一时期,在物化形态技术飞速发展的同时,观念形态的技术也取得了辉煌的成就。比如:有关教育目标和教育评价的研究蓬勃发展,推动教育技术日渐走向成熟;还有19世纪50年代产生的系统论,并在这些基础上形成的系统方法在教学中的应用,导致了19世纪60年代后期教学系统设计理论的产生,使观念形态的教育技术出现了一个质的飞跃。

3. 信息化教育技术阶段

信息化教育技术主要以多媒体技术和网络技术为基础,以信息处理为核心,更加注重人的作用。由于计算机的普及、卫星通信和光纤通信的运用,人类烦琐的脑力劳动得以解放,人类的工作效率得以提高,这一切都是信息革命的必然结果。信息化教育技术不但包括硬件——技术设备和相应的教学系统,如多媒体技术和多媒体教学系统、人工智能和智能教学系统、网络技术和多媒体教学网络系统等,软件——与硬件配套的教学软件,也包括潜件——各种观念、方法、理论体系和相关科学的研究成果。

1.1.2 国外教育技术发展及其概念演变

美国教育技术产生最早且影响最大,其发展脉络清晰完整,日本、英国、加拿大等国均借鉴美国的教育技术理论模式。美国教育技术的形成与发展可从三个方面追溯:一是视听教学运动推动了各类学习资源在教学中的运用;二是个别化教学促进了以学习者为中心的个性化教学的形成;三是教学系统方法的发展促进了教育技术理论核心——教学设计学科的诞生。这三个方面发展的起源不同,但都与"视觉教育—视听教育—视听传播—教育技术"这一发展轨迹相关。

1. 视觉教育（20世纪初至30年代）

视觉教育可以追溯到近代欧洲的直观教学。17—18世纪，夸美纽斯和裴斯泰洛齐等人倡导的直观教学主要采用图片、实物、模型等直观教具来辅助教学。进入19世纪后，随着科学技术的长足进步，出现了许多机械的、电动的信息传播媒体。最早问世的如照相、幻灯和无声电影等，它们可以向学生提供生动的视觉形象，于是产生了所谓视觉教育的概念。当时，人们把这种主要向学生提供生动的视觉形象的教学活动称作视觉教育。

最早使用视觉教育术语的是美国宾夕法尼亚州的一家出版公司。1906年，该公司出版了一本介绍如何拍摄照片、如何制作和利用幻灯片的书，即《视觉教育》。1923年，美国教育协会成立了"视觉教学部"（Division of Visual Instruction，简称DVI），这类专门机构的建立为教育研究开辟了一个新的领域。视觉教育倡导者强调的是利用视觉教材作为辅助，以使学习活动更为具体化，主张在学校课程中组合运用各种视觉教材，将抽象的概念做具体化的呈现。视觉教育与直观教育在理念上是完全接轨的，区别在于所涉及的媒体种类不同。

2. 视听教育（20世纪30—50年代）

20世纪30年代后半叶，无线电广播、有声电影、录音机先后在教育中获得运用，人们感到视觉教育名称已经概括不了已有的实践，并开始在文章中使用视听教育的术语。1947年，美国教育协会的视觉教育分会改名为视听教育分会。

从总体上看，视听教育的概念与视觉教育没有很大的差异，也没有质的飞跃，其主要是把原先的视觉辅助工具扩充成了视听辅助工具。然而至20世纪50年代初，两种并行的新的理论观点开始渗入视听教育领域，这就是传播理论和早期的系统观念，它们逐渐引发了教育技术领域的一次质的飞跃。

3. 视听传播（20世纪50—60年代）

进入20世纪50年代以后，西方学校中视听设备和资料剧增，教育电视由实验阶段迈入实用阶段，程序教学和教学机器风靡一时，计算机辅助教育开始了实验研究。这些新的媒体手段的开发和推广使用给视听教育注入了新的血液。同时，由拉斯韦尔等人在40年代创立的传播学开始向相关领域渗透，有人以教学过程作为信息传播的过程加以研究。

20世纪60年代初，传播学理论和系统理论被引入教育、教学领域，人们开始将教学视为一种特殊的信息传播活动，把眼光从静态的、单维的物质手段方面转向了动态的、多维的教学过程方面。教学由视听教育中的"教师通过视听媒体向学生传输信息"的单向、静态的模式，向"由教师、学生、信息、媒体、方法等各因素相互作用组成的一个系统与外界环境相互作用"而形成的一种复杂的动态的模式转变。教育技术的发展由视听教育转向了视听传播。

4. 教育技术（20世纪70年代至今）

到了20世纪70年代，卫星广播电视和电子计算机等开始应用于教学领域，20世纪80年代，激光视盘、电子黑板等技术相继应用于教育，使教育技术不断向更高的水平发展。随着教育技术实践领域的不断扩展，教育技术的理论研究也从单一的媒体研究转向了对媒体的系统开发及对教育教学系统的设计开发上，形成了自己独特的理论研究模式，教育技术由此成为一门独立的学科领域。

由于媒体技术的发展和理论观念的拓新，国际教育界深感原有视听教育的名称不能代表该领域的实践和研究范畴，1970年6月25日，美国视听教育协会改名为教育传播和技术协会（Association for Educational Communication and Technology，简称 AECT）。1972 年，该协会将其实践和研究的领域正式定名为教育技术。

1.1.3　中国教育技术的发展

教育技术作为一个新兴的实践和研究领域在美国开始于视听教育运动，在我国则是以电化教育的出现为标志。中国教育技术的发展经历了从电化教育向教育技术的转化，大致可以分为以下两个阶段。

1. 电化教育的出现与初步发展阶段（1920—1965 年）

（1）电化教育的出现。

早在 1919 年，国内已有人开始幻灯教学的实验，这是我国电化教育起步的标志。随后受美国视听教育运动的影响，我国教育界也尝试利用幻灯、无声电影、广播等媒体作为教学工具，进行社会教育和学校教育活动。1920 年，上海商务印书馆创办了一个电影公司，拍过一些无声影片，其中包括《盲童教育》《养真幼儿园》《女子体育》《养蚕》等，这是我国拍摄的最早的教育影片。金陵大学是我国推行电化教育最早的高等学校，1922 年就已开始用幻灯、电影宣传棉花种植，这大概是最早在大学中应用视听媒体来进行的教学。到 20 世纪 30 年代广播教学也开展起来，1935 年 6 月教育部订购下发一千多台收音机，并聘请专家通过广播电台播放教育节目。1936 年，教育界人士在讨论为当时推行的电影、播音教育的定名问题时，提出并确认了"电化教育"这个名词。1940 年，教育部将电影教育委员会和播音教育委员会合并，成立了电化教育委员会。由此可知，我国电化教育事业有一定的发展基础，但由于当时我国处在内忧外患的特殊历史时期，经济不发达、科学技术落后，加上政府对教育的重视和投入不足，电化教育未能大面积推行。

（2）电化教育的初步发展。

中华人民共和国成立后，我国教育事业受到党和国家的高度重视，电化教育进入初步发展的新时期。其主要表现在以下两个方面：

1）社会电化教育的发展：利用无线电广播开展俄语广播教育、文化补习函授等。20 世纪 60 年代起，一些省市相继设立了电视大学，开展电视教育。

2）学校电化教育的发展：有的高校开设了电教课程，有的高校成立了电教馆，外语学院建立了语音室，将现代教育媒体用于教学。在普通教育中，相继在北京、上海、南京、沈阳、哈尔滨、齐齐哈尔成立了电化教育馆，负责中小学电化教育的开展。

20 世纪 50 年代至 60 年代中期是我国现代教育技术发展的活跃期，由于政府关怀、学校重视，因而取得了不菲的成绩，形成了规模效应，特别是在此阶段，我国培养了一支由教师、技术人员组成的专业性教育技术队伍，而且此阶段，我国政府合理布点，添置了大量的教育技术设备，为我国现代教育技术今后的发展打下了良好的基础，积累了丰富、宝贵的历史经验。

1966 年，我国爆发了"文化大革命"，整个教育事业受到严重摧残，电化教育也不例外，电教机构被撤销，人员被解散，设备、资料被破坏，这一系列不利因素使我国电教发展进入停滞期。

2. 电化教育向教育技术的全面发展阶段（1978 年以后）

1978 年后，党和政府采取了一系列拨乱反正的政策和措施，党的十一届三中全会以后，我国的电化教育迅速进入了向教育技术全面发展的新阶段。1983年,邓小平同志给北京景山学校题词:"教育要面向现代化,面向世界,面向未来。"邓小平同志提出的这三个面向,从教育发展战略的高度充分肯定了教育技术的作用。这一时期具体表现为以下几个方面:

(1) 电教机构的设立。

从1979年开始,教育部成立了电化教育局和中央电教馆,负责全国的电教管理工作和业务工作。从中央到省、市、县,普遍建立了电教馆(站);全国800多所高等学校设立了不同级别的电教机构;部分中小学建立了电教组、电教室,配备了专职电教人员。到20世纪90年代初期,全国已形成了10余万人的电化教育专业人员队伍。

(2) 电化教育深入开展。

电化教育媒体从幻灯、投影、电影、广播、录音扩展到电视、录像、卫星广播电视、计算机;电教人员和教师自制电教教材,电化教育深入课堂教学。

(3) 发展广播电视教育。

1979年2月创办了中央广播电视大学,目前发展成为一个由中央电大、省电大、地市级电大、县级电大组成的远距离高等教育系统,形成一个覆盖全国城乡的广播电视教育网络。原国家教委在1986年2月开播教育节目,1987年正式建立了中国教育电视台,并相继成立了中国电视师范学院,各地也陆续建立了教育电视台、收转站、接收站、放像点,形成了中国卫星电视教育网络,为远程教育的发展做出了重大的贡献。

(4) 教育技术学学科建设的发展。

1983年,华南师范大学、华东师范大学首先开设四年制本科电化教育专业。1986年,国务院学位委员会正式批准北京师范大学、河北大学、华南师范大学设立教育技术学硕士学位授予点,明确了教育技术学是教育学一级学科下的二级学科,各校可以授予理学和教育学两种学位。1993年,原国家教委发布了"高师本科专业目录",正式将"电化教育"专业改为"教育技术学"专业。据2008年统计显示,全国开办教育技术学专业的高等学校共224所,其中83所高校具有教育技术学硕士学位授予权,8所高校具有博士学位授予权,从而形成了完整的、多层次的、多方向的教育技术专业人才培养体系,形成了一支教育技术学专业队伍。这支队伍在教育技术学的理论与实践方面开展了系统的研究,出版了系列教材、专著和辞典,在教学软件的设计、开发方面也取得了不少成果。

1.1.4 教育技术发展的特点

(1) 教育技术的发展是非替代性的。

教育技术的发展不是后一阶段的技术体系简单地替代前一阶段的技术体系,与之相反,教育技术的发展表现出一定的累积性,使教育技术内容随着时间的推移而越来越丰富,可选择的教学手段越来越多样化,教育教学更具有灵活性和创造性。这一点由目前的课堂教学就能生动地反映出来,如果课堂上主要是教师讲,学生听,基本的教学手段仍是粉笔、黑板和教科书,那么这是传统教育技术,与几百年前的教学无异;如果教师运用幻灯、投影或者电视来辅助教学,那么这是视听媒体教育技术;再进一步,在一些计算机网络教室里,如果利用多媒体计算机网络为核心的信息技术进行教学,那么这是信息化教育技术。

(2) 教育技术发展过程中表现出一定的选择性,即"适者生存"。

教育技术发展的累积性并不是说今天的教育技术继承了过去的全部技术,而是一种

"扬弃",即只保留其中有生命力的技术。如早已有的黑板、粉笔,目前仍是课堂的象征。而1924年才诞生的教学机器,尽管在美国20世纪60年代多达83种,但随着PC机的运用已经被完全淘汰了。

(3) 在教育技术发展过程中对人的作用的认识越来越深刻。

教师作为最重要的教学资源,随着技术的发展对其要求越来越高,而不是降低。也许人工智能的发展能部分地解决这个问题,但是,机器毕竟不能和人相比,教师的作用是不可替代的。随着社会发展对教育要求的提高,对教师的素质要求将会更高,教师的作用将不再局限于知识的传授,更重要的在于创设有利于学生学习的学习环境,为学生提供丰富的学习资源,引导和促进学生对所学知识的意义建构。特别是今天多媒体技术、网络技术和人工智能技术飞速发展,我们要积极研究并努力把这些技术运用到教育教学实践中去,更应对人的因素——理论、思想观念、方法等给予足够的重视。

1.2 教育技术的定义

教育技术作为专业名词,起源于美国,从字面上看可以简单理解为"教育中的技术"。教育技术发展至今,各类定义、术语层出不穷,以至于形成一种众说纷纭的状况。

1.2.1 AECT定义

1963—2005年,美国教育传播和技术协会对教育技术进行了多次定义。

1. AECT'94定义

1994年,AECT对教育技术重新进行定义,该定义是在AECT主持下,通过美国众多教育技术专家参与讨论而确定,并由AECT正式批准使用的,所以该定义可以说是国际教育界基本都认可的一个定义。AECT'94定义是:Instructional technology is the theory and practice of design, development, utilization, management, and evaluation of processes and resources for learning. 根据原文直接翻译为:教学技术是对学习过程和学习资源的设计、开发、运用、管理和评价的理论和实践。

该定义指出了教育技术的目的是促进学习,研究对象是学习过程和学习资源,研究范畴是设计、开发、运用、管理和评价,研究形态包括理论和实践,如图1-1所示。

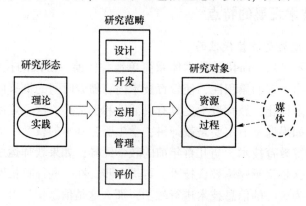

图1-1 AECT'94定义

2. AECT'05 定义

2004 年 6 月，AECT 对教育技术提出了新的定义，由于定义的正式文本于 2005 年公布，所以又称为 AECT'05 定义。AECT'05 定义：Educational technology is the study and ethical practice of facilitating learning and improving performance by creating, using, and managing appropriate technological processes and resources。我们一般译为：教育技术是通过创造、使用和管理合适的技术性的过程和资源，以促进学习和提高绩效的研究与符合伦理道德的实践。

该定义一经面世，立即引起了我国教育技术界的热切关注，毫无疑问，相对于 AECT'94 定义来说，AECT'05 定义有了更新和发展。经过专家研究探讨，发现有以下几种变化：

1) 领域名称："教学技术"名称被"教育技术"名称取代。

2) 研究范畴："设计、开发、运用、管理和评价"五个研究范畴被缩减为"创造、使用和管理"三个范畴。

3) 研究对象：AECT'05 定义使用了"合适的技术性的过程和资源"。"合适的"表示要符合预期的目标；"技术性的过程和资源"表明是基于技术的过程和资源，从而避免了 AECT'94 定义中对研究对象"过程和资源"的泛化。

4) 研究目标：AECT'05 定义使用"促进学习和提高绩效"的双重表述，表明使用教育技术不仅要支持和促进教学和学习过程，同时要注重效率和效益的提高。

5) 研究领域：AECT'05 定义使用了"研究与符合伦理道德的实践"的说法。其中，"研究"代替了 AECT'94 定义中的"理论"，表明当前教育技术的理论体系尚未成熟，还有待于进一步的发展；"道德"一词的使用则表明该定义对伦理道德的关注。

1.2.2 我国学者的定义

我国教育技术领域的学者在多年的研究和实践中，对教育技术也逐渐有了自己的看法，并针对新兴技术和传统技术的结合，提出了现代教育技术的概念。

1. 电化教育'98 定义

南国农、李运林 1998 年在《电化教育学》第二版中提出的电化教育新定义："电化教育，就是在现代教育思想、理论的指导下，主要运用现代教育技术进行教育活动，以实现教育过程的最优化。"

2. 中国'90 教育技术定义

全国高等院校教育技术学教学指导委员会主任顾明远主编的《教育大辞典》中对教育技术的定义："教育技术是人类在教育活动中所采用的一切技术手段和方法的总和。包括物化（有形）形态的技术和智能（无形）形态的技术两大类。"

有形技术：在教学活动中所运用的物质手段。它往往通过黑板、粉笔等传统教具，或者以幻灯、投影、电影、视听器材、计算机、网络、卫星等各种教育教学媒体表现出来。

无形技术：既包括在解决教育教学问题过程中所运用的技艺、策略、方法，又包括其中蕴含的教学思想、理论等。

有形技术是教育技术的依托，无形技术是教育技术的灵魂。这就是教育技术的真正内涵。

3. 现代教育技术定义

李克东教授在以美国 AECT 教育技术'94 新定义为基础，结合我国实际，提出现代教育技术的定义："现代教育技术就是运用现代教育理论和现代信息技术，通过对教与学过程和教与学资源的设计、开发、运用、管理和评价,以实现教学优化的理论与实践。"

现代教育技术是20世纪90年代以后在国内被大量使用的一个术语,它与教育技术在本质上是相同的。但也有区别,即现代教育技术更强调和关注的是现代信息技术在教学中的应用,关注的是与现代信息技术相关的教与学资源和利用了现代信息技术的教与学过程,并以现代教育理念作为指导。因此,现代教育技术是教育技术进入新的历史发展阶段的一个代名词,带有强烈的现代化、信息化色彩。

1.3 教育技术的理论基础

教育技术是一门新兴的综合性应用学科。在发展过程中,有很多学科对教育技术的形成和发展起到了十分重要的作用,这些学科的相关理论相互交叉、相互渗透,成为教育技术的基本理论基础。本节将对教育技术发展影响较大的相关理论基础做简要介绍。

1.3.1 视听教育理论

人们通过自己的感官来感知周围世界的存在。心理学家特瑞克勒曾说过,对于一个没有心理障碍和生理疾病的人来说,用于获知的所有感官中,通过视觉的学习占83%,听觉占11%,味觉占1%,嗅觉占3.5%,触觉占1.5%。可见视觉在学习中占据着极为重要的地位,其次是听觉。因此,视觉媒体现已成为教育信息传递的重要媒体。视听教育理论研究如何利用视觉、听觉感官的特点和功能提高教育信息传递的效果。心理学基础是以行为主义心理学为背景的视感知规律、听感知规律和"经验之塔"理论。

1. 视感知规律

(1) 光的特性。

1) 三基色原理。

在中学的物理课中我们可能做过棱镜的试验,白光通过棱镜后被分解成多种颜色逐渐过渡的色谱,颜色依次为红、橙、黄、绿、青、蓝、紫,这就是可见光谱。三基色是指红、绿、蓝三色,人眼对红、绿、蓝最为敏感,大多数的颜色可以通过红、绿、蓝三色按照不同的比例合成产生。同样,绝大多数单色光也可以分解成红、绿、蓝三种色光。这是色度学的最基本原理,即三基色原理。

三种基色是相互独立的,任何一种基色都不能由其他两种颜色合成。红、绿、蓝三基色按照不同的比例相加合成混色,称为相加混色,除了相加混色法之外还有相减混色法。可根据需要相加相减调配颜色。

2) 色彩三要素。

色彩可用色调、亮度和饱和度来描述。人眼看到的任一彩色光都是这三个特性的综合效果,这三个特性即色彩的三要素,其中色调与光波的波长有直接关系,亮度和饱和度与光波的幅度有关。

色调:反映了颜色的类别,由光的波长引起一种视觉感。通常所说的红色、黄色、蓝色等,就是指的色调。

亮度:光作用于人眼时所引起的明暗程度的感觉,它与被观察物体的发光强度、照射光的强度及反射光的强度有关。

饱和度:指彩色光所呈现出彩色的深浅程度(或纯度),即掺入白光的程度。对于同一色调的彩色光,其饱和度越高,说明它的颜色越深,如深红、深蓝等。饱和度越低,则说明它呈现较浅的颜色，如浅红、浅蓝等。

色调与饱和度又合称为色度。亮度表示某彩色的明暗程度，色度则表示颜色的类别与深浅程度。

(2) 人眼的视觉特性。

各种图像供人观看时，其画面的综合质量，最终要由人眼的视觉进行鉴定，所以应当科学地根据和利用人眼的视觉特性。

1) 视觉的光谱灵敏度。

人眼对波长不同的光的敏感程度不同，对波长为 555 nm 的绿光灵敏度最高，在此两侧，随着波长的增加或减少，灵敏度逐渐下降至零。事实上，可见光是波长在 380～780 nm 的电磁波，人们看到的大多数光不是一种波长的光，而是由许多不同波长的光组合成的。

2) 视觉范围。

人眼的视觉范围是指人眼所能感觉到的亮度变化的范围，这一范围非常宽。之所以如此，在于眼睛的感光作用有随着外界光的强弱而自动调节的能力，这种调节能力也称眼睛的适应性。人眼感光的适应性表现在暗适应、亮适应和局部适应几个方面。

人眼的明暗感觉是相对的。人眼在观察实际景物时，亮度感觉并不是完全由景物亮度所决定，它还与周围环境的亮度有关。可见，人眼的亮度感觉随环境亮度的变化而变化，所以在教学中，为提高电视、投影画面的亮度，就需要遮挡门窗以降低室内环境的照度。

3) 分辨力。

人眼的分辨力是人眼刚能分辨出被观察物体上相邻两点至人眼所张视角的倒数。人眼的分辨力不仅与物体在视网膜上的成像位置、光的照度有关，还与景物的相对对比度有关。另外，观察静止和运动物体时人眼的分辨力也不相同，运动速度越高，分辨力越低。

人眼对彩色细节的分辨力远比对高亮度细节的分辨力低，而且对于不同色调的细节，其分辨力也不一样，人眼分辨彩色细节的能力较差（见表 1-1）。教学中应尽量在黑板上书写白字或在白板上书写黑字，以提高字体的清晰度，便于学生观看学习。

表 1-1 人眼对于彩色细节的分辨力

细节色别	黑白	黑绿	黑红	黑蓝	红绿	红蓝	绿蓝
相对分辨力/%	100	94	90	26	40	23	19

4) 视觉惰性。

人眼在观察景物时，光信号传入大脑神经，需经过一段短暂的时间，光的作用结束后，视觉形象并不立即消失，这种残留的视觉称为"后像"，视觉的这一现象则被称为"视觉惰性"。

人眼的视觉惰性早在电影技术中就已得到应用。众所周知，电影片是由一幅一幅画面组成的，每幅画面内容的相对位置都有些变动，由于人眼的视觉惰性，当这些画面以 24 幅/s 的速度快速地连续出现时，就得到了连续的活动景象的感觉。视觉惰性现象已被人们巧妙地运用到电影、电视和动画当中，使本来在时间上和空间都不连续的图像，给人以真实的、连续的感觉。

2. 听感知规律

(1) 声波传播的特点。

声音是由物体的振动产生的，声音在媒质的传播中形成声波，并非所有的声波都能被人耳所感知，人耳能感知的声波频率为 20～20 000 Hz，低于 20 Hz 的次声波和高于 20 000 Hz 的超声波人耳是听不到的。

　　声波是一种机械波，具有反射、折射、绕射、干涉等波动特性。声波在传播中遇到障碍物的多次吸收和反射，形成一系列逐渐衰减的反射声波，需要延续传播一段时间才能消失，这种现象称为混响。混响现象不仅仅是声音传播的一种特性，而且是影响室内音质的重要因素。混响是通过混响时间来衡量的，混响时间是指从声音的发出到衰减 60 dB（至原来的百万分之一）需要的时间。

　　在室内，混响时间的长短与房间的体积、墙壁的表面等因素有关，房间的体积越大，墙壁表面越光滑、坚硬，混响时间越长；相反，房间越小，墙壁表面越粗糙、柔软、多孔，则对声音的吸收增多，反射声能量减少，混响时间就越短。另外，一般空旷的房间，混响时间比较长，房间里堆满物体，则混响时间短。通常录音室、演播室的墙壁表面均做过吸声处理，混响时间极短。

　　房间混响时间的长短对听音效果有很大的影响。混响时间短，声音"干"，单薄枯燥；混响时间太长，声音"空"，含混不清，或者回声效果太严重，从而分散学生的注意力，影响教学效果。只有混响时间适当，才能使声音清晰明亮，丰满浑厚。

　　（2）声音三要素。

　　人耳对声音的感知有响度、音调和音色三个主观听感因素。

　　1）响度。

　　人耳对声音强弱的主观感受称为响度。决定响度的因素主要是声波的振幅，声波的振幅越大，声音的响度也就越高。人耳对不同频率的声音的响度感觉是不一样的，也就是声音强度相同的声音频率不同，听起来响度感不同。频率越高或越低，响度感越差，中频（1 000～4 000 Hz）时，响度感较高。

　　分贝是声压级单位，记为 dB。分贝是计量声音强度相对大小的单位，分贝值表示的是声音的量度单位。正常人听觉的强度范围为 0～140 dB。当声音减弱到人耳刚刚可以听见时，此时的声音强度称为"听阈"。一般以 1 kHz 纯音为准进行测量，人耳刚能听到的声压为 0 dB。而当声音增强到使人耳感到疼痛时，这个阈值称为"痛阈"。仍以 1 kHz 纯音为准来进行测量，使人耳感到疼痛时的声压级为 140 dB 左右。通常认为，相对于 1 kHz 纯音，0～20 dB 为宁静声，30～40 dB 为微弱声，50～70 dB 为正常声，80～100 dB 为响音声，110～130 dB 为极响声。

　　2）音调。

　　人耳对声音调子高低的主观感觉称为音调。以客观的物理量来度量它与声波的频率是否相对应。物体在 1 s 内振动的次数叫频率。物体振动得越快，频率越高。所以，音调跟发声体振动的频率有关。频率越高，音调越高；频率越低，音调越低。一般情况下，女子的音调比男子的音调高，小孩的音调比成人的音调高。

　　3）音色。

　　音色是人耳对各种频率、各种强度的声波的综合反应。音色与声波的振动波形有关，或者说与声音的频谱结构有关。通俗地讲，音色就是声音的特色，二胡和吉他演奏同一首歌，我们能根据声音的特色将它们分辨出来，人的声音的音色也因人而异，所以在现实生活中我们闭着眼也能听出是哪位熟人在讲话。

　　乐器演奏某一频率的声音，有一基本振动频率，称为基频或基音，同时又产生一些基频整数倍的其他频率的声音，称为谐音。乐器的音色是由谐音的多少和强度所决定的，谐音的多少和强度千变万化，形成各种各样的音色。音色能创造出变幻莫测、绚丽多彩的声音海洋。

(3) 听觉的方位感和立体声。

1) 双耳效应。

双耳效应是人们依靠双耳间的音量差、时间差和音色差判别声音方位的效应。当声源偏向左耳或右耳，即偏离两耳正前方的中轴线时，声源到达左、右耳的距离存在差异，这将导致到达两耳的声音在声级、时间、相位上存在差异。这种微小差异被人耳的听觉感知，传导给大脑并与存储在大脑里已有的听觉经验进行比较、分析，得出声音方位的判别，这就是双耳效应。

2) 立体声。

正是由于双耳效应，人们可以准确地判断音源的方位，所以说，我们听到的声音是立体的。但是如果只用一个话筒将舞台上的声音放大后播放出来，我们听到的就不再是立体的声音。要想重现舞台上的立体声，使我们有身临其境的感觉，可以把两只话筒放在左右不同的位置，用两条线路分别放大两路声音信号，然后通过左右两个扬声器播放出来。这样，我们就会感受到不同的声音是从不同的位置传来的，这就是常说的双声道立体声。立体声除了双声道外，还有环绕立体声，比如四声道、五声道、七声道等，声道数量越多，聆听时的现场感越强。

3. "经验之塔"理论

在诸多关于视听教育的研究中，堪称代表的是美国教育家戴尔于1946年所著的《教学中的视听方法》一书中提出的"经验之塔"理论。

(1) 概述。

由于戴尔把人类获取知识的各种途径和方法用一个学习经验的三角形宝塔图来表示，因此，这一理论被形象地称为"经验之塔"理论。戴尔把学习得到的经验按抽象程度的不同分为三大类十个层次，如图1-2所示。

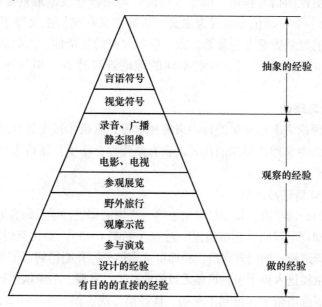

图1-2 戴尔的"经验之塔"

1) 第一类：做的经验，位于塔基的三个层次中，均含有亲自的活动，因此获得的是直接做的经验。

2) 第二类：观察的经验，位于塔的中间的五个层次，均含有观察的成分，依次排列时越往上抽象程度越高。

3) 第三类：抽象的经验，是抽象化的东西，位于塔的顶部两层，其抽象程度最高。

(2) 基本观点。

1) 塔中最低层的经验最具体，越往上升，越趋于抽象。

2) 学习方法：教育应从具体经验入手，逐步过渡到抽象，这是较有效的学习方法。

3) 教育升华：教育不能只满足于获得一些具体经验，而必须向抽象化发展，使具体经验普遍化，最后形成概念。

4) 教学媒体：在学校中，应用各种教学媒体，可以使教育更为具体、直观，从而获得更好的抽象。

5) 替代经验：位于塔的中部的"广播、录音、照片、幻灯、电影、电视"等介于做的经验与抽象的经验之间，是替代经验，比用言语、视觉符号更能为学生提供较具体的和易于理解的经验，并能冲破时空的限制，弥补学生直接经验的不足。

"经验之塔"理论所阐述的是经验抽象程度的关系，符合人们认识事物由具体到抽象、由感性到理性、由个别到一般的认识规律。因此，它不仅是视听教育理论的基础，也是现代教育技术的重要理论之一。

1.3.2 学习理论

学习理论是心理学的一门分支学科，是对学习规律和学习条件的系统阐述，它主要研究人类与动物的行为特征和认知心理过程。由于学习者是学习过程的主体，任何教育技术的目的都是促进学习者的学习，因此研究人类学习过程内在规律的学习理论，显然在教育技术的发展过程中起着关键性的指导作用，即学习理论应当是教育技术最重要的理论基础。从20世纪50年代末至今，学习理论历经行为主义、认知主义和建构主义等不同发展阶段，对教育技术理论和实践的发展影响尤为显著。由于学习过程的复杂性，人们从不同的角度进行研究，产生了各种学习理论的流派，这些不同的理论各有特点、相互补充，适用于不同的情形。

1. 行为主义学习理论

行为主义学习理论力求用外显的行为来解释学习，有机体接受外界的刺激，然后做出与此对应的反应。行为主义理论早期的代表人物有桑代克、华生，新行为主义的代表人物有斯金纳等。

(1) 学习是尝试错误的过程。

桑代克是美国的心理学家，是心理学史上第一个用动物进行学习研究的人。他通过"饿猫迷笼"实验研究了动物学习的"尝试错误"过程（见图1-3）。桑代克用木条钉成的箱子里，有一个能打开门的脚踏板。当门开启后，猫即可逃出箱子，并能得到箱子外的奖赏——鱼。实验如下：刚开始，饿猫进入箱子中，只是无目的地乱咬、乱撞，后来偶然碰上脚踏板，箱门也随之打开，于是饿猫逃出箱子，得到了食物。接着第二次、第三次……如此多次重复，最后，猫一进入箱中即能打开箱门。实验表明，猫的操作水平都是相对缓慢地、逐渐地和连续不断地改进的。由此，桑代克得出了一个非常重要的结论：猫的学习是经过多次的试误，由刺激情境与正确反应之间形成的联结所构成的。

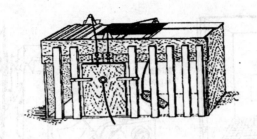

图1-3 "饿猫迷笼"

桑代克据此认为,学习的实质就是有机体形成"刺激"与"反应"之间的联结。同时,他还认为学习的过程是一种渐进的尝试错误的过程。在这个过程中,无关的错误的反应逐渐减少,而正确的反应最终形成。根据他的这一理论,人们把他关于学习的论述称为"试误说"。

(2) 学习是刺激与反应的联结。

华生也是美国的心理学家,他强调要用刺激—反应来分析所有的行为,包括情绪反应。为此,华生进行了一项称为"小艾伯特"的实验。小艾伯特是日托中心的一个健康、正常的幼儿,当时他只有11个月零5天。条件刺激是一只小白鼠,小艾伯特最初的反应是好奇,他看着它,似乎想用手去触摸它。无条件刺激是用铁锤敲击一段钢轨发出的声音,这显然是一种令人生厌的声音,因此小艾伯特的无条件反应是惊怕、摔倒、哭闹和爬开。在白鼠与敲击钢轨的声音一起出现3次后,小白鼠会引起小艾伯特害怕和防御的行为反应。在6次条件作用后,小艾伯特见到小白鼠时会产生强烈的情绪反应。在小艾伯特1岁零21天时,华生进行了一系列泛化测验,即在小艾伯特面前呈现小白兔、小白狗和白色裘皮大衣等。在每一种情况下,小艾伯特都表现出一种很强的情绪反应,类似于对小白鼠的反应。接下来,华生探讨了用来消除小艾伯特恐惧情绪的种种可行的办法。但不幸的是,小艾伯特在接受可能的治疗之前,离开了日托中心,举家迁徙到别的地方去了。

华生否认人的主观世界和意识的作用,这使他成了一个极端的环境决定论者。他的最著名、被引证得最多的一段话表明了这一点,他说:"给我一打健康而又没有缺陷的婴儿,把他们放在我所设计的特殊环境里培养,我可以担保,我能够把他们中间的任何一个人训练成我所选择的任何一类专家——医生、律师、艺术家、商界首领,甚至是乞丐或窃贼,而无论他的才能、爱好、倾向、能力,或他祖先的职业和种族是什么"。

(3) 学习成功的关键依靠强化。

斯金纳新行为主义学习理论的核心是操作性条件反射这一概念。斯金纳把行为分成两类:一类是应答性行为,这是由已知的刺激引起的反应。如碰到烫的东西,手马上会缩回来;另一类是操作性行为,是有机体自身发出的反应,与任何已知刺激物无关。如上网、开车、打电话及唱歌等。这种操作性行为的形成过程就是学习,其关键是强化的作用。

斯金纳关于操作性条件反射作用的实验,是在他设计的一种动物实验仪器,即著名的斯金纳箱中进行的(见图1-4)。实验如下:箱内放进一只白鼠或鸽子,并设一杠杆或键,箱子的构造尽可能排除一切外部刺激。动物在箱内可自由活动,当它压杠杆或啄键时,就会有一团食物掉进箱子下方的盘中,这时,动物就能吃到食物。箱外有一装置记录动物的动作。

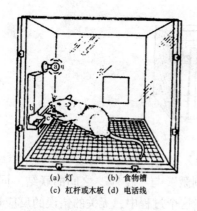
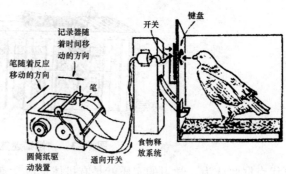

(a) 灯　　(b) 食物槽
(c) 杠杆或木板　(d) 电话线

图1-4　斯金纳箱

斯金纳通过实验发现，动物的学习行为是随着一个起强化作用的刺激而发生的。所谓强化，从其最基本的形式来讲，是指对一种行为的肯定或否定的后果（报酬或惩罚），它至少在一定程度上会决定这种行为在以后是否会重复发生。根据强化的性质和目的，可把强化分为正强化和负强化。在教学中，对学生理想的行为要给予表彰和鼓励，还要尽量少地采取惩罚的消极强化手段，只有强化正确的"反应"，消退错误的"反应"，才能取得预期的效果。

斯金纳认为，只有通过机械装置才能提供必要的大量的强化系列。这就是斯金纳设计教学机器、提倡程序教学的主要出发点。正是由于斯金纳对程序教学理论所做出的杰出贡献，人们把他称为"程序教学之父"。在斯金纳条件反射实验的基础上，根据刺激（提问）—反应（回答）—强化（确认）的原理，他制定了程序教学的基本原则。他认为，只有将教学内容分解为一系列小的教学单元，在强化的帮助下对教学单元的内容进行学习，才能使强化的频率被最大限度地提高，将出错带来的消极反应降到最低限度。

行为主义学习理论可以用刺激—反应—强化来概括，认为学习的起因在于对外部刺激的反应，不去关心刺激引起的内部心理过程，认为学习与内部心理过程无关。根据这种观点，人类的学习过程被归结为被动地接受外界刺激的过程，教师的任务只是向学生传授知识，学生的任务只是接受和消化。由于这种理论强调认识来源于外部刺激，并可通过行为目标检查控制学习效果，所以在许多技能性训练、作业操练、行为矫正中确实有明显的作用，但在解释更复杂的学习现象时就难以自圆其说了。

2. 认知主义学习理论

认知学派源于格式塔心理学，它的核心观点是学习并非是机械的、被动的刺激—反应的联结，学习要通过主体的主观作用来实现。认知主义的主要代表人物有苛勒、布鲁纳和奥苏贝尔等。

（1）苛勒的顿悟说。

苛勒以黑猩猩为对象进行了历时7年的18个实验，在此基础上于1917年撰写的《猩猩的智慧》中提出了顿悟理论。

1）学习是组织一种完形，而不是刺激与反应的简单联结。

他认为，学习并非简单的刺激与反应的联结，也不是侥幸的试误，而是通过对学习情境中事物关系的理解构成一种完形而实现的，是通过有目地主动地了解和顿悟而组织起来的一种完形。

例如：在黑猩猩的实验中，黑猩猩在解决这个难题之前，面对问题情境，它的知觉是模糊的、混乱的。在它突然看出几只箱子、木棍与高处的香蕉的关系时，便产生了顿悟，从而解决了问题。也就是说，黑猩猩领悟了箱子、木棍与高处的香蕉的关系，构成了目的物和箱子、木棍的完形，学习就产生了。

2) 学习是顿悟，不是通过尝试错误来实现的。

黑猩猩在学会了用箱子、木棍够到高处的香蕉以后，在类似情境中将会运用已经"领悟"到的经验。苛勒把这种突然的学会叫作顿悟，学习是知觉的重新组织和构造完形的过程。

这种知觉经验变化的过程不是渐进的尝试与发现错误的过程，而是一种领悟，是由不能到能的突然转变。顿悟说注重刺激与反应之间的组织作用，这种组织表现为知觉经验中旧的组织结构的豁然改组或新结构的顿悟。

(2) 布鲁纳的认知—发现说。

1) 学习是主动地形成认知结构的过程。

布鲁纳认为学习者不是被动地接受知识，而是主动地获取知识，并通过把新获得的知识和已有的认知结构联系起来，主动形成认知结构的过程。

认知结构是指由人过去对外界事物进行感知、概括的一般方式或经验所组成的观念结构。可以看成是编码系统，即一组相互联系的、非具体性的归类，就是对相关的内容做出有层次的安排，如把苹果、梨都归为水果这一类。

而学习就是形成编码系统，是一个人把同类事物联系起来，并把它们联结成具有某种意义的结构。这种各部分存在联系的知识，使人能够超越给定的信息，举一反三，触类旁通。因此，布鲁纳十分重视认知结构在学习中的作用。认知结构的形成是学生进一步学习和理解新知识的重要内部因素和基础。

2) 通过主动发现形成认知结构。

布鲁纳认为，教学一方面要考虑人的已有的认知结构、教材的结构；另一方面要重视人的主动性和学习的内在动机。布鲁纳最著名也是最有争议的论点就是发现学习法。

他根据儿童踩跷跷板的经验，设计了一个天平，让儿童调节砝码的数量和砝码离支点的距离，让儿童借助动手操作、视觉映象和抽象符号来掌握代数中的乘法交换律。所以布鲁纳认为，任何学科的基本结构都可以用适合学生认知发展水平的形式，教给任何年龄阶段的任何儿童。

布鲁纳认为，发现知识并不是要学生去寻求那些人类尚未知晓的事物，而是要让学生学会用自己的头脑去亲自获得知识。发现学习的教学模式就是教师不把知识直接呈现在学生面前，而是让学生自己通过一系列的行为去发现并获得所需要掌握的学习内容。也就是说，学生在学习情境中必须经过自己主动的探索和寻找，从而获得知识的答案，这就要求学生按照自己的学习方式去学习。发现学习的确具有不可比拟的优越性，但其运用也受许多因素的限制。

(3) 奥苏贝尔的认知同化说。

奥苏贝尔按照学习的方式，把学习分为接受学习和发现学习。他的"有意义的学习"，既包括有意义的发现学习，也包括有意义的接受学习。他认为，学生的学习主要是意义学习，而多数的意义学习则是通过同化实现的。所谓同化，就是把新信息纳入已有的认知结构的过程。他指出，人类之所以能够进行有意义的学习，就是因为他所学的新知识同原有认知结构中的某些有关的观念相互发生了影响，产生同化作用，进而形成新的认知结构。

奥苏贝尔的认知同化学习理论把学习看作是学习者积极主动的活动过程，强调新旧知识的联系和对学习材料的理解，反对机械学习和死记硬背，主张扩大学习者的知识领域，不断充实和完善自己的认知结构，这些对于我们都有一定的借鉴意义。

认知主义学习理论认为，人的认识不是由外界刺激直接给予的，而是外界刺激和认知主体内部心理过程相互作用的结果。根据这种观点，学习过程被解释为每个学习者根据自己的态度、需要、兴趣、爱好，并利用过去的知识与经验，对当前学习者的外界刺激（例如教学内容）做出的主动的、有选择的信息加工过程。教师的任务不是简单地向学习者灌输知识，而是首先要设法激发学习者的学习兴趣和学习动机，然后再将当前的教学内容与学习者原有的认知结构（过去的知识和经验）有机地联系起来；学习者不再是外界刺激的被动接收器，而是主动地对外界刺激提供的信息进行选择性加工的主体。

3. 建构主义学习理论

建构主义的思想来源于维果斯基、皮亚杰和布鲁纳等人的思想，是行为主义发展到认知主义之后的进一步发展，即向与客观主义更为对立的另一方向发展。建构主义认为，世界是客观存在的，但是对于世界的理解和赋予意义却是由每个人自己决定的，学习者是以自己的经验为基础来建构现实，由于个体的经验以及对经验的信念不同，于是对外部世界的理解也不同。所以建构主义强调学习的主动性、社会性和情境性，对学习和教学提出了许多新的见解。

（1）建构主义关于学习的含义。

建构主义认为，知识不是通过教师传授得到的，而是学习者在一定的情境即社会文化背景下，借助其他人（包括教师和学习伙伴）的帮助，利用必要的学习资料，通过意义建构的方式而获得的。

（2）建构主义学习理论四要素。

1）"情境"：学习环境中的情境必须有利于学生对所学内容的意义建构。在教学设计中，创设有利于学习者建构意义的情境是最重要的环节或方面。

2）"协作"：协作贯穿学习过程的始终。协作对学习资料的搜集与分析、假设的提出与验证、学习成果的评价乃至意义的最终建构均有重要作用。

3）"会话"：会话是协作过程中的不可缺少环节。学习小组成员之间必须通过会话商讨如何完成规定的学习任务的计划；此外，协作学习过程也是会话过程，在此过程中，每个学习者的想法为整个学习群体所共享，因此会话是达到意义建构的重要手段之一。

4）"意义建构"：这是整个学习过程的最终目标。所谓的意义建构，是指事物的性质、规律以及事物之间的内在联系。在学习过程中帮助学生意义建构，就是要帮助学生对当前学习内容所反映的事物的性质、规律以及该事物与其他事物之间的内在联系达到较深刻的理解。这种理解在大脑中的长期存储形式就是关于当前所学内容的认知结构。

（3）建构主义教学设计原则。

建构主义学习理论把以前的学习理论中以教师为中心的原则转为强调以学生为中心的原则，认为学生是认知的主体，是知识意义的主动建构者；而教师只对学生的意义建构起帮助和促进作用，并不要求教师直接向学生传授和灌输知识。这一变革使得在建构主义学习环境下，教师和学生的地位、作用和传统教学相比发生了很大的变化，其教学设计原则概括如下。

1）强调以学生为中心。

明确"以学生为中心"，这一点对于教学设计有至关重要的指导意义。至于如何体现以学生为中心，建构主义认为可以从三个方面努力：一是要在学习过程中充分发挥学生的主动性，要能体现出学生的首创精神；二是要让学生有多种机会在不同的情境下去应用他们所学的知识（将知识"外化"）；三是要让学生能根据自身行动的反馈信息来形成对客观事物的认识和解决实际问题的方案（实现自我反馈）。以上三点，既发挥首创精神、将知识外化、实现自我反馈，可以说是体现以学生为中心的三个要素。

2）强调"情境"对意义建构的重要作用。

建构主义认为，学习总是与一定的社会文化背景（即"情境"）相联系的，在实际情境下进行学习，可以使学习者利用自己原有认知结构中的有关经验去同化和顺应当前学习到的新知识，从而赋予新知识以某种意义；如果原有经验不能同化新知识，则要引起"顺应"过程，即对原有认知结构进行改造与重组。总之，通过"同化"与"顺应"才能达到对新知识意义的建构。在传统的课堂讲授中，由于不能提供实际情境所具有的生动性、丰富性，因而将使学习者对知识的意义建构发生困难。

3）强调"协作学习"对意义建构的关键作用。

建构主义认为，学习者与周围环境的交互作用，对学习内容的理解（即对知识意义的建构）起着关键性作用。学生在教师的组织和引导下一起讨论和交流，共同建立起学习群体并成为其中的一员。在这样的群体中，共同批判地考查各种理论、观点、信仰和假说；进行协商和辩论，先内部协商（即和自身争辩到底哪一种观点正确），然后再相互协商（即对当前问题摆出各自的看法、论据及有关材料，并对别人的观点做出分析和评论）。通过这样的协作学习环境，学习者群体（包括教师和每位学生）的思维与智慧就可以被整个群体共享，即整个学习群体共同完成对所学知识的意义建构，而不是其中的某一位或某几位学生完成意义建构。

4）强调对学习环境（而非教学环境）的设计。

建构主义认为，学习环境是学习者可以在其中进行自由探索和自主学习的场所。在此环境中，学生可以利用各种工具和信息资源（如文字材料、书籍、音像资料、CAI 与多媒体课件以及 Internet 上的信息等）来达到自己的学习目标。在建构主义学习理论的指导下，教学设计应是针对学习环境的设计而非教学环境的设计。这是因为，教学环境意味着更多的控制与支配，而学习则意味着更多的主动与自由。

5）强调利用各种信息资源来支持"学"（而非支持"教"）。

为了支持学习者的主动探索和完成意义建构，在学习过程中要为学习提供各种信息资源（包括各种类型的教学媒体和教学资料）。但是必须明确：这里的媒体和资料并非用于辅助教师的讲解和演示，而是用于支持学生的自主学习和协作式探索。所以对于信息资源应如何获取、从哪里获取，以及如何有效地加以利用等问题，则成为主动探索过程中迫切需要教师提供帮助的内容。

6）强调学习过程的最终目的是完成意义建构（而非完成教学目标）。

在传统教学设计中，教学目标是高于一切的，它既是教学过程的出发点，又是教学过程的归宿。但是在建构主义学习环境中，由于强调学生是认知主体、是意义的主动建构者，所以是把学生对知识的意义建构作为整个学习过程的最终目的。在这样的学习环境中，教学设计通常不是从分析教学目标开始，而是从如何创设有利于学生意义建构的情境开始，整个教学设计过程紧紧围绕"意义建构"这个中心而展开，不论是学生的独立探索、协作学习，还是教师辅导，都要有利于完成和深化对所学知识的意义建构。在进行教学目标分析的基础上选出当前所学知识中的基本概念、基本原理、基本方法和基本过程，把其作为当前所学知识的"主题"（或曰"基本内容"），然后再围绕这个主题进行意义建构。

随着多媒体和网络技术的发展，建构主义学习理论得到了强有力的支持，为这一理论的实际应用提供了广阔的舞台。

由于学习和教学过程是一个极其复杂的过程，不可能用一种理论来全面概括教学和学习的规律，上述理论都是从不同的角度或不同侧面来阐述教与学的规律。

1.3.3 教育传播理论

1. 传播的概念和类型

传播一词译自英语 Communication，源于拉丁语 Communis，原指"通信、传达、联系"之意，后专指信息的交换与交流。传播是自然界和人类社会的普遍现象，传播活动的普遍性决定了传播类型的多样性。广义的传播可理解为"大自然中一切信息的传送或交换"，包括植物、动物、机器、人所进行的信息传播。狭义的传播主要研究人类进行的信息传播，又可分为人的内在传播（或称自我传播）、人与人的传播。每个人都可一分为二，成为一个"主我"（I）与另一个"宾我"（Me）的对立统一体。日常生活中，一个人的自言自语、自我思考、自我安慰、自我剖析等，都属于人的内在传播的范畴。而人与人的传播，是指人们通过符号、信号、传递、接收与反馈信息的活动，是人们彼此交换意见、思想、感情，以达到互相了解和影响的过程。通常它包括人际传播、组织传播、大众传播和教育传播。

2. 传播模式

传播学者研究传播过程，都毫不例外地把传播过程分解成若干个要素，然后用一定的方法去研究这些要素之间的相互联系与相互作用，这样就构成了多种多样的研究传播过程的模式。这里介绍几种有代表性的传播模式。

（1）拉斯威尔传播模式。

1948 年，美国政治学家拉斯威尔在一篇论文中提出了一个用文字形式阐述的线性传播过程模式。他认为，"描述传播行为的一个方便的方法，是回答下列五个问题：Who?（谁?）Say what?（说了什么?）In which channel?（从什么途径?）To whom?（对谁?）With what effect?（取得什么效果?）"这就是著名的"五W模式"。从拉斯威尔传播模式的五个传播要素中，我们可以得到传播研究的五大内容：控制分析、内容分析、媒体分析、受众（对象）分析和效果分析。

拉斯威尔传播模式在大众传播中获得了广泛的应用。但由于这一模式过于简单，它存在以下两个方面明显的缺陷：一方面，它忽略了"反馈"的要素，它是一种单向的而不是双向的模式，由于他的模式的影响，过去的传播研究忽略了反馈过程的研究；另一方面，这个模式没有重视"为什么"或动机的研究问题。在动机方面，有两种值得重视的动机：一是受众为何使用传播媒体；二是传播者和传播组织为什么去传播。

（2）香农—韦弗传播模式。

香农（Shannon）和韦弗（Weaver）在研究电报通信问题时，在所著《通信的数学理论》一书中提出了一个传播的模式,这一模式原是单向直线式的,但是,他们不久就在这一模式中加入了反馈系统,并引申其含义,用来解释一般的人类传播过程,如图1-5所示。

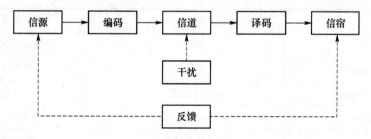

图1-5 香农—韦弗传播模式

这是一个把传播过程分成七个组成要素,带有反馈的双向传播模式。

(3) 贝罗传播模式。

贝罗(D Berlo)传播模式,也叫SMCR模式。这一模式把传播过程分解为四个基本要素:信源、信息、通道和受传者(见图1-6)。

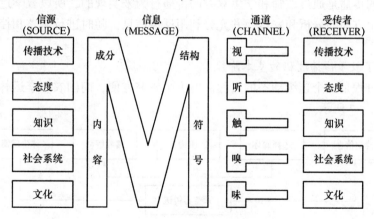

图1-6 贝罗传播模式

研究信源和编码者,需要考虑他们的传播技术(信源部分是指说话和写作,受传者部分是指收听和阅读)、他们的态度、他们的知识水平、他们所处的社会系统及他们自身的文化背景等。

信源、编码者与译码者、受传者,虽然位于传播过程的两端,但是在传播过程中,信源—传播者可以变为受传者,受传者也可以变为传播者—信源。所以影响受传者与译码者的因素与传播者、编码者相同,也是传播技术、态度、知识、社会系统与文化诸项。

贝罗的传播模式比较适用于研究和解释教学传播系统的要素与结构,如S-M-C-R相当于教师—教学内容—教学媒体—学生。

3. 教育传播理论在教学中的应用

教育传播是由教育者按照一定的目的和要求,选定合适的信息内容,通过有效的媒体通道,把知识、技能、思想、观念等传给特定的教育对象的一种活动。教育传播理论在教学中的应用主要表现在以下几个方面。

(1) 说明了教学过程所涉及的要素。

拉斯韦尔提出了"5W模式",有人在此基础上发展成"7W模式"(见表1-2),其中每个"W"都对应教学过程中的一个要素。

表1-2　7W模式

英文	中文	要素
Who	谁	教师或其他信息源
Says what	说了什么	教学内容
In which channel	从什么途径	教学媒体
To whom	对谁	教学对象，即学生
With what effect	取得什么效果	教学效果
Why	为什么	教学目的
Where	在什么情况下	教学环境

（2）指出了教学过程的双向性。

教学信息的传播是通过教师和学生双方的传播行为来实现的，所以教学过程的设计必须重视教与学两个方面的分析和安排，并充分利用反馈信息，随时进行调整和控制，以达到预期的教学目标。

（3）确定了教学传播过程的基本阶段。

教学传播过程是一个连续动态的过程。但为了研究方便，南国农、李运林将它分解为六个阶段，如图1-7所示。

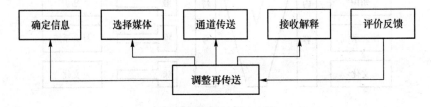

图1-7　教学传播过程

（4）揭示了教学传播过程的若干规律。

现代教学中，随着传播学和教育学的不断结合，人们常把教学看成信息的传播过程，形成了综合运用传播学和教育学的理论与方法，以此来研究和揭示教育信息传播活动的过程与规律，以求得最优化的教育效果。

1）共识律：所谓共识，一方面指尊重学生已有的知识、技能的水平和特点，建立传通关系；另一方面指教师根据教学目标、内容特点，通过各种方法和媒体为学生创设相关的知识技能，传授知识，以便使学生已有的知识技能与即将学习的材料产生有意义的联结，从而达到传播的要求。教学信息的选择、组合和传递必须首先顾及学生已有的知识、技能的水平和特点，并考虑到学生的发展潜能。由于教学传播过程的动态平衡特性和学生心智水平的不断发展，"共识"的状态总是相对的，一直按"不共识—共识—不共识"的循环，反复地呈螺旋式上升。

2）谐振律：所谓谐振，是指教师传递信息的"信息源频率"同学生接收信息的"固有频率"相互接近，二者在信息的交流和传播方面产生共鸣。教师或信息源的传递速率和传递容量必须符合学生的认知速率和可接受水平。

3）选择律：任何教学传播活动都需要对教学的内容、方法和媒体等进行选择，这种选择是适应学生身心特点、较好地达到教学目标的前提，并遵循最小代价原则。教育技术领域最为关注的是教学媒体的选择。

4）匹配律：所谓匹配，是指在一定的教学传播活动环境中，通过剖析学生、内容、目标、方法、媒体、环境等因素，使各种因素按照各自的特性，有机和谐地对应起来，使教学传播系统处于良好的循环运转状态之中。

1.4 现代教育技术与教育改革

进入 21 世纪，以多媒体技术和网络技术为核心的信息技术飞速发展，并以惊人的速度进入教学的各个领域和环节中，极大地丰富了现代教育技术的手段，并将带来教育领域的深刻变革。现代教育技术是整个教育改革的"制高点"和"突破口"。

1.4.1 现代教育技术在教育改革中的作用

现代教育技术在各级各类教育中得到广泛应用，已经并正在改变着教育的诸多方面，并将进一步推动教育、教学改革。

1. 现代教育技术实现了教育观念的更新

在传统的教育中，是以教师为中心，以教师传授知识为主体，学生只是被动地参与学习。现代教育技术利用了多媒体计算机技术、网络技术进行交互的双向教学，使学生主动获取知识，建立起以学习为中心的观念；从原来的"应试教育"转向"素质教育"。现代教育技术在教学过程中的应用，使教师从单纯地讲授书本知识转变为利用多媒体技术进行教学设计，学习者从被动地接受知识转变为利用现代教育技术进行按需自主学习。

2. 现代教育技术促进了教育模式变革

传统的教育模式限于校园内的教室、教师、黑板和教科书。现代教育技术在教学中的应用，突破了有围墙的学校模式，卫星电视网络、计算机技术、多媒体技术和网络技术的迅速发展，使学习者摆脱了学校、课堂、时间、地域的限制，只要想学习，就可以按照学习者所需的知识自主学习。这就是人们常说的"网络大学""开放大学""全球学校"等远距离教学的模式。

3. 现代教育技术丰富了教育信息资源

随着现代教学手段的发展，特别是多媒体技术、通信技术、网络技术等信息技术在教学中的应用，教师不再是唯一的教学信息来源，学生通过多种渠道更容易获得信息和知识，极大地扩展了学生的知识来源。多媒体技术可以把文字、数据、图形、语言、视频等信息统一处理，改变教学内容的呈现方式，使其更形象生动。从而调动多种感官参与学习，重现的信息量增大了，提高了信息传递的效率，同时也改变了学习者学习的模式。

4. 现代教育技术改变了原有的教学组织形式

在传统的教育中，教学组织形式是以学校、班级和课堂为主场所，虽然也提倡个别答疑、分组学习，但是由于条件和形式的限制，使之很难实施。而现代教育技术在教育中的应用可使小组学习和个别化学习成为可能。例如，在计算机教学中可应用电子教室，进行全体、分组和个别化的自主学习；在外语教学中可应用语言实验室进行个别化学习；网络化的传输功能可在各种学科中进行交互实时的学习。

1.4.2 学习现代教育技术的意义

现代教育技术对我国的教育改革和教育现代化进程起着关键的作用，我国的各级各类教育部门都十分重视现代教育技术的推广工作。由于现代教育技术牵涉的知识范围广泛，运用于教学也需要一定的方法和技能，因此有必要进行专门的学习和训练，让广大教师掌握现代教育技术的思想、方法来分析和处理教育、教学中的问题。因此，我国一方面注重对在职教师进行现代教育技术理论的学习和技能的培训；另一方面在师范院校开设了普及现代教育技术的课程。具有现代教育技术的思想观念，掌握现代教育技术的理念和方法，运用现代教育技术优化课堂教学，是今后教师必备的基本功。

1.4.3 学习现代教育技术的方法

1. 系统学习理论

现代教育技术是由许多学科的理论相互交叉、相互渗透而形成的一门综合性的应用科学。要掌握现代教育技术的理论和方法，就必须具有系统的科学知识。

2. 加强技能训练

开设本门课程的一个重要目的，就是要使学习者掌握各种现代教学媒体，包括信息技术的使用技术要领和操作技能。因此，学习现代教学媒体操作技术和教学软件制作是这门课程的重要教学内容。

3. 注重实践，勇于探索

应用现代教育技术进行教育教学过程的优化是一个复杂的创造过程，没有固定的规则，是教师在掌握现代教学媒体应用技术的基础上发挥主观能动性的实践过程。所以，只有在试讲、实习、教学等实践活动中勇于探索，才能使现代教育技术的理论和方法日趋成熟和完善，使教育教学水平不断迈上新的台阶。

本 章 小 结

从对教育产生重要影响的技术入手来认识教育技术，教育技术的发展可被划分为三个阶段：传统教育技术、视听媒体教育技术和信息化教育技术。由于教育和信息技术发展水平的差异，教育技术在不同的国家经历了不同的发展阶段。美国经历了视觉教育、视听教育、视听传播和教育技术四个阶段，而我国是在电化教育的基础上发展起来的，目前正向教育技术全面发展。

教育技术在其发展过程中有过多个定义，目前仍在不断完善与发展之中。现阶段教育技术界运用最广泛的是 AECT'94 定义，最新的是 AECT'05 定义。我国国内教育技术领域的学者在多年的研究和实践当中，对教育技术也逐渐有了自己的看法，并针对新兴技术和传统技术的结合，提出了电化教育、现代教育技术的概念。

视听教育理论研究如何利用视觉、听觉感官的特点和功能提高教育信息传递的效果。它的心理学基础是以行为主义心理学为背景的视感知规律、听感知规律和"经验之塔"理论。

行为主义学习理论认为，学习是刺激—反应的联结，是尝试错误的过程，学习的成功要靠强化。认知主义学习理论认为，人的认识不是由外界刺激直接给予的，而是外界刺激和认知主体内部心理过程相互作用的结果。建构主义认为，知识不是通过教师传授得到的，而是学习者在一定的情境即社会文化背景下，借助其他人（包括教师和学习伙伴）的帮助，利用必要的学习资料，通过意义建构的方式而获得。

传播的基本模式有拉斯威尔传播模式、香农—韦弗传播模式、贝罗传播模式。教育传播理论在教学中的应用表现在以下几个方面：说明了教学过程所涉及的要素、指出了教学过程的双向性、确定了教学传播过程的基本阶段、揭示了教学传播过程的若干规律。

现代教育技术在各级各类教育中得到广泛应用，已经并正在改变着教育的诸多方面，并将进一步推动教育、教学改革。具有现代教育技术的思想观念、掌握现代教育技术的理论和方法、运用现代教育技术优化课堂教学，是今后教师必备的基本功。

本章习题

(1) 比较教育技术 AECT'94 定义和 AECT'05 定义的异同。
(2) 美国的教育技术发展经过了哪几个阶段？
(3) 如何理解中国的电化教育和现代教育技术？
(4) 谈谈你对各种学派的学习理论的认识。
(5) 简述"经验之塔"理论的内容和基本观点。
(6) 简述教育传播理论在教学中的应用。

多媒体技术教育应用

学习目标

(1) 掌握媒体的概念。
(2) 掌握多媒体技术的概念。
(3) 了解教育中广泛使用的几种多媒体技术。
(4) 了解多媒体课件的类型和特点。
(5) 了解多媒体教学系统。
(6) 了解智能计算机辅助系统。
(7) 了解虚拟现实技术。
(8) 掌握多媒体课件各种素材的特点和制作。
(9) 明确多媒体课件制作的基本原则。
(10) 明确多媒体课件制作的步骤。

多媒体技术是一种对信息进行存储、传播和处理的综合技术。它能够推动教育的改革与发展，提高教育的效率。本章介绍教育中常用的几种多媒体技术，以及这些技术在教育中的应用，重点介绍多媒体课件在教育中的应用形式。

2.1 多媒体技术概述

对于多媒体技术，目前没有统一公认的定义，由于相关技术的不断发展和完善，多媒体技术的内涵也在不断发生变化。

2.1.1 媒体的概念与本质特征

1. 媒体的概念

何谓媒体？"媒体"一词源于拉丁语"Medium"，意为"两者之间"。现在人们用它泛指能够承载并传递信息的任何载体或工具。更广义的解释，可将媒体看作实现信息从信源传递到受信者的一切技术手段，从书本、图片、报纸、杂志、广告物、电影、电视、电话、录音机、录像机到计算机、网络、通信卫星等，它们都属于媒体范畴。媒体有两层含义，一是指承载信息所使用的符号系统，如文字、符号、语言、声音、图形、图像、软件程序等，媒体呈现时采用的符号系统将决定媒体的信息表达功能。二是指存储和加工、传递信息的实体，如书本、挂图、投影片、录像带、微缩胶片、计算机磁盘等以及相关的采集、播放、处理设备。

2. 媒体的本质特征

加拿大著名的传播学者马歇尔·麦克卢汉于 1964 年在《理解媒介》一书中提出了"媒体是人的延伸"的著名观点。在他看来，印刷品是人眼的延伸、无线电是人耳的延伸、电视则是人耳和眼睛的同时延伸、传声器是嘴巴的延伸、面对面的交流则是五官的延伸。这实质上表明了各种媒体对受信者的感官刺激是不同的，即它们具有了其固有的特性。麦克卢汉的观点从理论上揭示了媒体的本质特征。

（1）媒体的延伸提高了人的感觉能力。

人的感官受到诸多的局限，例如，人眼的视觉只能感受可见光波范围，这种局限实质上影响了人的认识能力。媒体的延伸作用，可以补偿这种局限，可将事物由小扩大、化快为慢、由远及近、化动为静，以提高人的感觉能力。

（2）媒体的延伸打破了感官刺激的习惯。

媒体的延伸促使人的感官平衡发生变动。例如，电影是通过导演创作以及剪辑将并不连贯的镜头拼成一部完整的有机组合的影片，并通过画面、明暗、色彩、音响"强迫"观众的视觉、听觉器官，使其接受这种"完整的有机组合"。当然感官是按镜头组合的顺序受到刺激作用。但是，我们知道电影需要展示同一时间发生的两条平行的情节线以及要运用倒叙、穿插等蒙太奇手法，在媒体延伸作用的影响下，感官刺激的习惯平衡被打破，不是按顺序接受传递的信息，而是需要建立新的平衡，即复合地、立体地认识"完整的有机组合"。

（3）媒体的延伸赋予媒体功能以互补。

媒体的延伸方向不同，导致媒体与媒体之间的互补，即两种媒体传递的信息对人的观感刺激可以通过延伸达到互补，但难以替代。例如，书本可以用文字符号详尽地描述以供分析、研究；而活动的图像利用形象的语言提供大量的信息，但其稍纵即逝，无以查考。这两种"延伸"可互为补充，前者提供完整细节，后者提供形象。

2.1.2 多媒体技术的概念和基本特征

1. 多媒体信息的类型

多媒体信息的类型是指多媒体应用中可显示给用户的媒体形式。目前在教育活动中常见的有文字、声音、图形图像、动画、视频等。

（1）文字。

文字是指各种文字及专用符号的集合，是最常用的一种媒体形式。采用文字作为载体的信息具有准确性和概括性的优点，是表达思想和情感的重要形式。

（2）声音。

声音包括音响和音乐：音响是指解说旁白、自然声响、各种动物的叫声、汽车声等；音乐是指歌曲、乐曲等。

（3）图形图像。

图形图像是指多媒体中的静态图。图形是指用点、线、面组成的黑白或彩色几何，即矢量图，这种图形在计算机中是用其相关的特征数据（图形的形式、位置、维数、色彩）来描述的。图像是指位图，它是由描述图像中各个像素点的亮度与颜色的位数集合组成的，即把一幅彩色图像分解成许多像素，每个像素用若干个二进制位来指定该像素的颜色、亮度和属性。

(4) 动画。

动画是由计算机生成的连续变化的图形序列，沿时间轴顺次更换显示，从而构成运动的视觉媒体，一般按空间感分为二维动画和三维动画。动画能够将一定的内容、思想经过事件进行动态表现和传达。

(5) 视频。

视频是一种活动的图像，它的运动序列中的每帧画面都是由实时拍摄的自然景物或活动对象转换成数字形式而形成的。视频所起的作用与电视录像相类似，它能展示动态的、发展变化的事物和现象，给人们以丰富的感性认识。

2. 多媒体技术的概念

随着计算机、音频、视频和通信等技术的长足发展，多媒体技术出现并逐步发展起来。多媒体技术是指把文字、声音、图形图像、动画、视频等多种媒体的信息通过计算机进行交互式综合处理的技术，即通过计算机，用多种媒体手段来存储、传播和处理信息的技术。多媒体技术的出现，是信息技术的又一次飞跃，它改变了人类获取、处理、使用信息的方式，这将使人类的学习方式发生改变。

3. 多媒体技术的基本特征

(1) 多样性。

借助多媒体技术，人们可以广泛地采用文字、声音、图形图像、动画、视频等多种形式来传递信息。这一特性极大地丰富了信息的表现方式，适应人类用多感官接收和产生信息的特点。

(2) 集成性。

集成性包括两个方面：一是把存储信息的实体集成，即把视频设备、音响设备、存储系统和计算机集成；二是把承载信息的载体集成，即把文字、声音、图形图像、动画、视频等集成。多媒体技术的运用将教学媒体从传统的单一媒体发展成现在的多媒体系统，综合有效地发挥多媒体系统的作用。

(3) 交互性。

多媒体技术给用户提供了更加有效的控制和处理信息的手段。在多媒体系统中，人们可以通过使用各种输入、输出设备（如鼠标、键盘、话筒、显示器、打印机等）实现人与机器之间的交互。多媒体技术的交互性既可以增强人们对信息的注意和理解，延长信息存储的时间，还可以改变信息的组织过程，使人们获得更多的信息。交互性是多媒体技术与电视、电影等"多媒体"系统的主要区别。

2.1.3 多媒体技术的基础

多媒体技术的核心是使计算机能实时地处理多媒体信息。多媒体技术是多学科的综合技术，主要包括以下几个方面。

1. 数字音频、视频处理技术

多媒体信息中有大量的图像和声音信息，对这些信息的处理关系到多媒体系统的效率，因此对图像、声音的处理，尤其是这些数据的压缩技术是多媒体技术的关键技术。

对图像和声音信息的处理，第一步是进行采集。多媒体信息都是基于计算机的，因此图像和声音数据都应该是数字化的，声音（音频）和图像（包括视频图像）数字化数据可以由模拟信号数字化经过采样、量化、编码而来。

数字化后的声音、图像的数据量很大，不适于广泛传递，例如：一幅分辨率 800×600 的 24 位真彩色 BMP 格式图像的数据量为 1.44MB，数字化标准的电视信号的传输数据的速率超过 100 MB/s，这样大的数据量不适于用多媒体计算机进行存储和处理。因此，为了能够对这些大量的数据进行存储、处理和传输，必须进行数据压缩。

数据压缩的方法主要可以分为两大类：无损压缩和有损压缩。无损压缩利用数据的统计冗余进行压缩，可以完全恢复原始数据而不引入失真，但压缩率受限，一般为 2:1 到 5:1。这种方法广泛应用于文本数据、程序和一些特殊应用场合的图像数据（如指纹图像、医学图像等）的压缩。有损压缩是利用人类视觉对图像某些成分不敏感的特性，允许压缩过程中损失一定的数据。虽然不能完全恢复原始数据，但是所损失的部分对理解原始数据的影响极小，但大大提高了压缩率。有损压缩广泛应用于语音、图像和视频数据的压缩中。

目前已公布的数据压缩标准有：用于静止图像压缩的 JPEG 标准；用于视频和音频编码的 MPEG 系列标准；用于视频和音频通信的 H.261 标准。

（1）JPEG 标准。

JPEG 是针对静止图像的压缩标准，由联合图像专家组（Joint Photographic Experts Group，简称 JPEG）制定，用于连续色调、多级灰度、彩色/单色静态图像压缩。这是一种有多种压缩程度的有损压缩方法，其文件名后缀包括 .jpg、.jpeg 等，是互联网上使用最为广泛的图像格式。

（2）MPEG 标准。

MPEG 是针对动态图像的压缩标准，由动态图像专家组（Moving Pictures Experts Group，简称 MPEG）制定，是目前颇具影响、最受青睐的动态音频视频压缩标准。MPEG 标准分成 MPEG 视频、MPEG 音频和视频、音频同步三个部分。目前已推出了 MPEG-1、MPEG-2、MPEG-4 等。

MPEG-1 的视频压缩标准：活动图像专家组在 1991 年 11 月提出了"用于数据速率大约高达 1.5 MB/s 的数字存储媒体的电视图像和伴音编码"，作为 ISO 11172 号建议，于 1992 年通过，习惯上通称 MPEG-1 标准。此标准主要是针对当时具有数据速率的 CD-ROM 开发的，用于在 CD-ROM 上存储数字影视和传输数字影，对应 VCD 音视频压缩处理的基本标准。

MPEG-2 数字电视标准：MPEG-2 的标准号为 ISO/IEC13818，标准名称为"信息技术—电视图像和伴音信息通用编码"。它是声音和图像信号数字化的基础标准，广泛应用于数字电视（包括 HDTV）及数字声音广播、数字图像与声音信号的传输、多媒体等领域，对应 DVD 音视频压缩处理的基本标准。

MPEG 专家组继成功定义了 MPEG-1 和 MPEG-2 之后，于 1994 年开始制定全新的 MPEG-4 标准。MPEG-4 标准将众多的多媒体应用集成于一个完整的框架内，旨在为多媒体通信及应用环境提供标准的算法及工具，用于实现音视频数据的有效编码及更为灵活的存取。用 MPEG-4 压缩的影像画面质量近似于 DVD 的画面质量。适用于数码监控，配上高清晰度的摄影头，可以令捕捉的影像画面质量达到十分清晰的效果。作为 MPEG-4 标准的核心内容，MPEG-4 的视频编码部分正受到越来越多的关注，电子工业、广播电视业、电信业、计算机软件业都在密切注视着它的发展。

目前还有一种人们广泛使用的 MPEG 技术——MPEG Audio Layer3，即 MP3。MP3 是利用 MPEG Audio Layer 3 的技术，将音乐以 1∶10 甚至 1∶12 的压缩率，压缩成容量较小的文件，而且还非常好地保持了原来的音质。正是因为体积小、音质高的特点，MP3 格式几乎成为网上音乐的代名词。每分钟音乐的 MP3 格式只有 1MB 左右大小，这样每首歌的大小只有 3~4 MB。

（3）H.261 标准。

由 CCITT（国标电报电话咨询委员会）通过的用于音视频服务的视频编码解码器，主要适用于视频电话和视频电视会议。它使用一帧中的有损压缩和用于帧间压缩的无损编码两种类型的压缩，并在此基础上使编码器采用带有运动估计的 DCT（离散余弦变换）和 DPCM 的混合方式。

2. 多媒体网络通信技术

网络通信已成为社会生活的一个重要组成部分，也成为教育信息交流的一个重要手段。

（1）计算机网络技术。

计算机网络是将多个具有独立工作能力的计算机系统，通过通信设备和线路，由功能完善的网络软件实现资源共享和数据通信的系统。通过计算机网络技术，分散的计算机用户能通过某种传输媒介连接到一起，在相应的通信软件的支持下，能够共享计算机设备、应用软件、数据以及实现音频、视频的传输。

（2）超文本技术。

超文本是一些附加了链接的文字，通过点击这些文字，可以跳转到相关文件，快速获取相关信息。实现这种功能的技术就是超文本技术，它改变了传统文本信息之间的线性顺序关系，使文本信息按信息之间的非线性关系进行存储、组织、管理和浏览。超文本以信息和信息之间的关系建立和表示现实世界中的各种知识系统。与其他传统计算机技术让用户按计算机的"指示"行事不同，超文本技术的出现给计算机与人的交流提供了一种新的、更符合人的习惯的方式，给用户更多的自由，不在用户创作思想、阅读方法上加以任何限制，选择和控制权总在用户手上。

（3）流媒体技术。

流媒体技术主要是应用于网络传输音频、视频的技术。传统的网络传输音视频等多媒体信息的方式是完全下载后再播放，下载常常要花数分钟甚至数小时。而采用流媒体技术，就可实现流式传输，将声音、影像或动画由服务器向用户计算机进行连续、不间断传送，用户不必等到整个文件全部下载完毕，而只需经过几秒或十几秒的启动延时即可进行观看。当声音、视频等在用户的机器上播放时，文件的剩余部分还会从服务器上继续下载。

流媒体技术又分为两种类型：一种是顺序流式传输；另一种是实时流式传输。

顺序流式传输是顺序下载，在下载文件的同时用户可以观看，但是用户的观看与服务器上的传输并不是同步进行的，用户是在一段延时后才能看到服务器上传出来的信息，或者说用户看到的总是服务器在若干时间以前传出来的信息。在此过程中，用户只能观看已下载的那部分，而不能要求跳到还未下载的部分。顺序流式传输比较适合高质量的短片段，因为它可以较好地保证节目播放的最终质量。它适合于在网站上发布的供用户点播的音视频节目。

在实时流式传输中，音视频信息可被实时观看到。在观看过程中用户可快进或后退以观看前面或后面的内容，但是在这种传输方式中，如果网络传输状况不理想，则收到的信号效果会比较差。

在运用流媒体技术时，音视频文件要采用相应的格式，不同格式的文件需要用不同的播放器软件来播放。目前，采用流媒体技术的音视频文件主要有以下三大种。

第一，微软的 ASF（Advanced Streaming Format）。这类文件的后缀是 .asf 和 .wmv，与它对应的播放器是微软公司的"Windows Media Player"。

第二，Real Networks 公司的 Real Media，它包括 Real Audio、Real Video 和 Real Flash 三类文件，其中 Real Audio 用来传输接近 CD 音质的音频数据，Real Video 用来传输不间断的视频数据，Real Flash 则是 Real Networks 公司与 Macromedia 公司联合推出的一种高压缩比的动画格式，这类文件的后缀是 .rm，文件对应的播放器是"Real Player"。

第三，苹果公司的 Quick Time。这类文件扩展名通常是 .mov，它所对应的播放器是"Quick Time"。

此外，MPEG、AVI、DVI、SWF、FLV、F4V 等都是适用于流媒体技术的文件格式，而且现在的暴风影音等播放器也支持多种流媒体格式的视频文件的播放。

2.2 多媒体技术在教育中的应用

当今世界知识信息剧增，变化加快，使传统教育面临着巨大的挑战，教育改革和教育的现代化势在必行。多媒体技术的出现为我们提供了新的机遇，从多媒体技术的特点、教育的需求和多媒体技术的应用和发展来看，多媒体技术将对未来教育产生巨大的影响。

2.2.1 多媒体课件

1. 多媒体课件的概念和特点

多媒体课件是根据教学大纲的要求和教学的需要，经过严格的教学设计，并以多种媒体的表现方式和超文本结构制作而成的课程软件。

多媒体课件具有以下特点。

（1）教学性。

在多媒体教学软件系统中，通过多媒体信息的选择与组织、系统结构、教学程序、学习导航、问题设置、诊断评价等方式来反映教学过程和教学策略。所以在多媒体教学软件系统中，大都包含有知识讲解、举例说明、媒体演示、提问诊断、反馈评价等教学基本部分。

（2）科学性。

在多媒体教学软件系统中，教学内容是用多媒体信息来表达的，各种媒体信息都必须是为了表现某一个知识点的内容，为达到某一层次的教学目标而设计、选择的。各个知识点之间应建立一定的联系，以形成具有学科特色的知识结构体系。

（3）交互性。

多媒体教学软件必须具有友好的人机交互界面。交互界面是学生和计算机进行信息交换的通道，在教学软件系统中，交互界面的形式有图形菜单、图标、按钮、窗口、热键等。

（4）集成性。

多媒体教学软件是由文本、图形、动画、声音、视频等多种媒体信息集成在一起，经过加工和处理所形成的教学系统。它具有多种媒体的集成性，图文声像并茂，有较强的表现力和感染力，能引起学生的学习兴趣和提高学生的学习积极性。

（5）诊断性。

多媒体教学软件必须具有诊断评价、反馈强化的功能。在多媒体教学软件系统中，通常设置一些问题作为形成性练习，向学生提问并要求学生做出反应。对于学生的学习反应，多媒体教学软件应做出相应的反馈，给出评价信息。

2. 多媒体课件的类型和应用

（1）课堂演示型。

课堂演示型的多媒体课件主要是应用在课堂教学中，一般由教师根据课堂教学设计、应用 Power Point 一类的课件制作工具自行编制，是课堂教学的辅助手段。这种类型的课件是将教学内容在课堂讲课时做演示，并与教师的讲授或其他教学媒体相配合。一般情况下，这种类型的课件与学生无直接交互作用。

这种类型的课件要求有大屏幕显示器或高亮度投影仪等硬件设备，开发时是以教师的教学流程为设计原则，应充分表现教师的教学思想，也要考虑课堂演示时的环境因素对演示效果的影响，选择可突出主题的屏幕显示属性。同时也要求使用课堂演示型课件的教师对课件内容有深入的了解。

（2）操练与练习型。

操练与练习型的课件主要是让学习者对学习内容进行反复操作和练习。操练是通过反复的练习和对比，形成对事实和概念等陈述性知识的记忆，如记忆英语词汇、地理名称、历史事件等。练习是通过应用知识解答问题，使学生获得程序性智力技能，如算术运算、方程求解、电路故障排除等。一般的操作与练习型课件是列出一系列的问题让学习者逐一回答。好的操作与练习型课件则可以根据学习者对问题的回答结果调整问题的难度。例如，学习者对所显示的问题回答错误，课件会把这个知识的相关前提知识的问题调出让学习者回答，当学习者掌握了这些相关知识后，课件引入学习者未熟练掌握的知识；学习者对所显示的问题如果能正确回答，则把学生引向更高层次的问题。

操练与练习有助于学生把新获得的信息转化为长时记忆。

大多数操练与练习型课件采用的结构如图 2-1 所示。

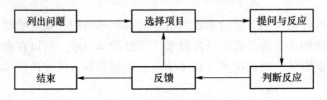

图 2-1　操练与练习型课件采用的一般结构

（3）个别指导型。

个别指导型课件是用计算机充当教师的角色，对学习者的学习进行个别指导，目的是向学习者呈现知识或示范技能，并指导学习者初步应用知识或技能。

在个别指导型课件中，通常将教学内容分成一些较小的教学单元，每个单元只讲授一个概念或知识点。在每个教学单元的教学中，计算机先在屏幕上讲解概念、知识或技能，然后向学生提问并检查他们的掌握情况。每隔若干个教学单元或学习结束时，计算机就针对所讲的内容来提问，这相当于平时的单元复习或总复习检查。类似于一位有经验的教师，计算机会根据学生的反应，决定让学生开始新内容的学习还是返回原有的内容，学生只有达到课件所规定的成绩标准后，才能进入下一个主题的学习。

(4) 超媒体型。

超媒体是一种适合学生自主学习的课件类型，正在成为多媒体课件的普遍形式，并大量应用于网络教学中。超媒体程序由许多页组成，每一页包含若干对象，如文本、图像、声音等，这些对象被链接到其他的对象或页。其中作为链接起点的对象，称为链接源（或简称为链接），作为链接终点的对象，称为链接目标。

超媒体型课件的结构与前面讨论过的课堂演示型、操作与练习型、个别指导型课件不同，各页之间不是预先确定了顺序的线性结构，而是由链接形成的非线性网状结构，学习者通过选择链接来处理信息。

超媒体课件具有以下三个特征。

1）信息数据库。超媒体结构能够组织和利用大量信息，需要以数据库为平台来支持课件运行。在小型课件中，也应该按照数据库的规范组织信息。

2）多重导航方法。超媒体结构容易使学习者在信息浏览中迷失方向，偏离学习目标，需要用多种导航方法相互配合，构成课件的导航系统。

3）多种媒体呈现信息。超媒体可以看作是"多媒体对象+超链接"，实质上是非线性结构的多媒体，同时具有丰富的表现力和强大的交互功能。

国内外比较普遍的超媒体教育产品有百科全书辞典、学科参考书、专题分析、案例研究、教育游戏、博物馆、资料集等。

(5) 模拟型。

模拟是用多媒体技术再现真实的或想象的系统，用于教授系统如何运作。在对模拟课件的学习中，学生有个体意义建构的活动。根据模拟的教学目的和所模拟的内容，模拟性课件可分为两大类：一类是物理模拟和过程模拟，主要用于事实、概念、命题等陈述性知识学习；另一类是程序模拟和情境模拟，主要用于智慧技能、认识策略等程序性知识的学习。

物理模拟：在屏幕上是呈现物体或现象，给学生机会去学习它。例如，让学生按照提示选择化学试剂，然后观察试剂反应的现象；让学生连接电路，观看电路的通断现象；让学生模拟城市规划、心理现象等。

过程模拟：学生多次进行模拟，每次运行开始时选择变量值，观察所发生的现象，并解释结果。

加快或减慢通常不便于观察的真实过程，或是把抽象的事物变化发展过程可视化。例如，模拟生物繁殖实验，可以把自然实验中几个月的过程，在短短的几分钟内展示出来，使学生认识遗传规律；模拟人口增长对社会环境的影响、价格变化对企业生产的影响等。

程序模拟：程序模拟的目的是教授达到某个目的的活动的顺序，其中包含对实际事物（物体）的模拟。学生在模拟中模仿运行或操纵模拟物体（事物）的真实过程。

课件引导学生按照一定的顺序和步骤进行模拟活动。计算机对学生的任何行为，都会提供信息或反馈，这些信息或反馈是学生在真实世界中实际活动将产生的效果。例如，医疗诊断模拟、计算机操作模拟等。

情境模拟：用于培养个人或群体在不同情境中的行为和态度，而不是以学习知识和技能为目标。

给学生提供假设的情境，要求学生做出反应。在大多数情境模拟中，学生都扮演其中一个角色。例如，让学生进行股市操作，或是以公司决策者的角色进行商业运作。情境模拟课件通常能给学生提供多种可选择的活动方案。

模拟能突破时间和空间的限制，提供现实生活中不能及时获得或亲身经历的经验，提高教学的安全性。例如，模拟危险的化学实验；模拟生物繁殖、人口增长、冰川运动等。模拟把学生置于时间环境中，使学生注意力集中，动机增强，关心与程序交互的过程，而不是只看结果；有利于学习迁移，模拟是在接近真实的情境中获取知识和技能，能够比较容易地把知识和技能用于解决类似的实际问题。

（6）教学游戏型。

教学游戏的功能是通过给学习活动增加游戏规则来激发学生的学习动机，主要有操练与练习游戏和模拟游戏两种。

游戏对改善学习环境有很大的优越性，主要是能有效地激发学习动机，增强内部动力。使学生愿意投入更多的时间和精力在学习活动中。游戏对于提高智力活动的敏捷性、竞争意识和团队精神，以及多学科知识与技能的综合应用等都有益处。

目前在中小学教学中，应用的游戏型课件大多数是操练与练习游戏，如英语单词记忆、算术速算、语文单词、地理发现等，也有少量模拟游戏，如人体器官旅行。在高校和职业培训的商务、管理类课程教学中，应用的多是模拟游戏。

在适合操练与练习和模拟型课件的教学情境中，都可以应用同样功能的游戏。此外，游戏还可以作为对学生的奖励活动，例如，提前完成规定学习任务的学生可以玩教学游戏。

由于游戏有强烈的娱乐性，学生通过游戏学习时，容易偏离学习目的，认为自己是从学习中解脱出来了。对于意志力薄弱的学生来说，游戏也可能成为他们逃避学习的场所。此外，与同样功能的课件相比，游戏一般比较费时间。因此，在教学计划中，教学游戏课件比较适合穿插应用，并且应用的目的要明确，适用时机和时间都要周密考虑，权衡游戏带来的动机效果与课时利用，以及游戏的负面影响。

（7）问题解决型。

问题解决是运用计算机作为工具，让学生自己去解决与实际背景接近的问题，以培养学生解决问题的能力。它是一种学生自主学习的教学策略，既可以体现客观主义的教学活动，也可以运用建构主义的学习理论，或是两者结合。问题解决主要是运用计算机软件工具和程序语言来实施的，但是也有为特定目的而设计的课件。问题解决型课件常常需要模拟实际情境，问题解决型与模拟型的区别在于，问题解决型所教的是解决问题的一般性技能与策略，而模拟型教的是关于特定内容的知识和技能。例如，"工厂"课件，让学生按照提示选择机器，并且合理地摆放起来，最后制造出产品。这一软件的目的不是让学生掌握某种机器的生产过程，而是学会正确解决问题的步骤，属于问题解决型课件。

问题解决型课件有两种类型：一种是教授具体内容领域的解决问题技能，主要用于数学中。例如，"几何假设"课件，让学生通过绘制和操作几何图形，来学习解决几何问题。另一种侧重于普遍性技能，如记忆策略、分解问题为步骤序列或预测结果等。例如，"记忆城堡"设计，来帮助学生学习记忆和按照指令操作。

3. 多媒体课件教学的优势

随着信息技术的发展，多媒体课件在学校教学中的应用越来越广泛，它以图文并茂、声像兼备的听觉、视觉效果，生动、直观、形象地把教学内容展示出来，改变了传统教学中一支粉笔、一块小黑板和一本教科书的教学方式，很大程度上改变了传统教学的教学模式，取得了良好的教学效果。多媒体课件教学具有以下优势。

（1）激起学生的学习兴趣。

一位心理学家说："最好的学习动机是学生对所学习的材料感兴趣。"作为时下最先进的多媒体技术，能够形象地、完美地在课堂上把教学情境生动地展现出来，使学生如身临其境、身在其中，大大地勾起学生的好奇心，激发他们的学习兴趣。例如，根据苏轼的诗句"横看成岭侧成峰，远近高低各不同"设计教学情境，把著名的庐山通过屏幕从不同的角度展现给学生看，再配上优美的音乐旋律，使学生感受到祖国河山的壮观和美丽，更重要的是使学生通过视觉效果，知道从不同的角度观看物体可以得到各种不同的图像，从而吸引了学生的注意力，激发了学生的兴趣，很自然地把学生引入教学内容。

(2) 提高课堂的教学效率。

在传统的教学课堂上，很多时候是"老师在讲，学生在听"，教师为了完成教学任务，在教学中都是"满堂灌"，学生只能机械地、被动地接受知识。大部分教师基本上没有做到精讲多练，究其原因，很多是由于课堂上要写的内容、要画的图形占用时间太多。但如果应用多媒体进行教学，可以很好地解决这个问题。教师可以在课件的制作中把要写的内容及要画的图形制作好，在多媒体课堂上，教师通过对电脑的控制，逐步把相关内容展示出来，这样可以为教师节省大量书写的时间。

(3) 提高学生的思维能力。

多媒体信息技术一个明显的优势，是能把教学内容中抽象的问题具体化、简单化，很好地改善课堂中枯燥无味的学习氛围。例如，数学教学中讲圆和圆的位置关系时，在视频中，两个圆由远而近移动，使学生更加容易地理解两圆相离、外切、相交、内切、内含等相关的几何概念，同时又掌握了两圆的半径与圆心距之间的关系。通过视觉效果，学生在大脑中建立感性认识和图像记忆，思维随着物体的变化而变化，充分地调动了学生的思维想象力，促进了学生思维的发展，提高了学生的思维能力。

(4) 激起学生的求知欲望。

教师在课堂教学过程中，多媒体几乎可以把整个教学过程的各个环节从头到尾展现出来，通过生动美观的图文形式，通过静态到动态或动态到静态的变化方式，直观地按照教师事先的设计，适时按步骤出现。学生在老师的引导下，不断地解决各种不同的问题，去探讨、去追寻各种问题的解决方案，从而活跃了课堂气氛，提高了学生的学习兴趣，激起了学生的求知欲望，达到了最佳的教学效果。

4. 多媒体课件教学应注意的问题

多媒体课件教学和传统教学比较，优势尤为明显，但在教学实践中，也要注意以下问题。

(1) 避免过分注重多媒体课件外在形式。

在多媒体教学中，有些教师特地把教学的课件制作得很幽默搞笑，甚至很刺激，这样把课堂变成了娱乐课或恐怖刺激课。过于追求画面的完美性、多样性、娱乐搞笑性，分散了学生学习的注意力，反而会影响教学的效果。过于直观形象化，有时会降低学生的思维水平，限制学生抽象思维能力的发展，同时也浪费教师课前的大量时间。所以要根据实际制作课件，才能达到教学效果，不要主次不分。如果学生脑子中只存在美丽的画面，而对重要知识、重要内容都忽视了，那就得不偿失了。

(2) 多媒体课件应为提高教学质量服务。

多媒体在实际的运用中，确实增加了课堂内容的容量，同时也在很大程度上减轻了教师的负担。但在实际教学中，存在这样的问题，很多教师在课件的设计中增加了大量的信息和练习题，教师、学生被课件牵着鼻子走，这无疑加快了课堂的教学节奏，有时教师提出的问题学生还来不及充分思考、理解，课件就已给出答案。多媒体是教学的辅助手段，在课堂上要根据教学内容灵活确定时间，灵活穿插在课堂的教学中，不能一味追求课堂的容量而不顾及授课的质量，那种流水式、一放到底的多媒体课件，是难以取得教学效果的。学生才是课堂的主体，要让学生动手练、动脑子想。所以教师要发挥多媒体的优点，根据实际情况的需要做出合理的选择和安排，使之服务教学。

多媒体教学中只有恰当选择和运用多媒体辅助教学，才能发挥多媒体的图、文、声、像的优势，既培养了学生浓厚的学习兴趣，又提高了学生的思维能力，能够恰到好处地挖掘学生潜能，达到提高课堂的教学效果、提高教学质量的目的。

2.2.2 多媒体教学系统

多媒体教学系统是指由多媒体计算机和外围设备组成的，用于进行多媒体教学的系统，它是学校开展多媒体教学的重要设施。目前学校多媒体教学系统有多媒体投影教室、多媒体网络教室、多媒体语言实验室等。

1. 多媒体投影教室

多媒体投影教室是指装配多媒体计算机、数字投影仪、音响等设备，以某种方式接入网络（广播电视网或计算机网），能实现文字、图形、图像、视频、音频、动画和课件等多种媒体的播放与控制，以及网络资源调用、转播的教学系统。目前广泛应用于课堂演播教学、培训、远程网络教学、会议报告和各种演示等方面。

多媒体投影教学系统用于课堂教学，可通过文字、图形、图像、实物、电视、录像和动画等多媒体信息的演播，来展示事实、模拟过程、创设情境，开展多种教学模式。例如，以教师讲授为主，辅以媒体演播的讲播式教学模式；运用媒体演播，提供示范，然后让学生模仿练习的示范式教学模式；运用媒体创设情境，引起学生联想，激发学生兴趣的情境式教学模式；运用媒体设疑思辨，引导学生探究的引探式教学模式；等等。

多媒体教室的主要作用是方便教师综合利用各种多媒体设备进行教学，因此，其设备的配置也是从辅助教学的角度出发，以方便教师获取教学资源、展示教学信息、组织教学活动等为目的。一般来讲，多媒体教室的设备应包括教学信息获取及输入设备、处理设备和输出设备。而且，为了便于教师操作，多媒体教室应配有中央控制系统。

2. 多媒体网络教室

多媒体网络教室是指分布在一个教室范围内的用于课堂教学的计算机局域网络。网络教室的组成比较简单，计算机数量较少时，由集线器（Hub）和双绞线连成共享式局域网。计算机数量较多的网络教室，则需要交换机或交换式 Hub 组成局部交换式的网络，如图 2-2 所示。

为便于存储校园网和互联网上的教学资源以及开展网上交流，网络教室可通过校园网或 ADSL 与互联网连接。在教师机和学生机上添加相应的硬件或软件，可对教室的设备进行控制和进行信息资源的传输与共享，使计算机网络的功能得以实现。

多媒体网络型教室的主要功能有以下几方面。

1）实时广播教学。教师可以将屏幕内容或讲话声音传递给全体学生、部分学生或单个学生。实时广播包括屏幕广播和声音广播。屏幕广播不仅在一定程度上发挥黑板的作用，还可以插入各种精美图片、音视频动画和图像，丰富屏幕教学的功能，提高课堂教学效果。声音广播使网络教室具有了语音室的功能。

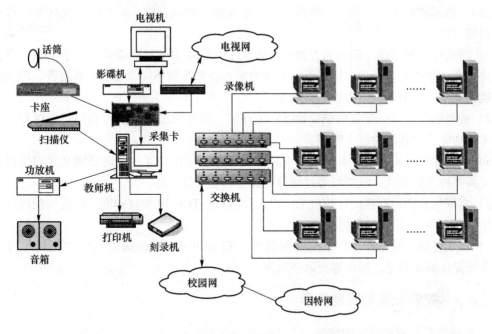

图2-2 多媒体网络教室系统结构图

2）远程控制。教师可根据教学活动的实际需要，要求学生机远程执行某种命令，达到相应的控制效果。例如，对学生机进行锁定或解锁、关机或启动、全体黑屏、个别辅导等。

3）学习监督。通过学习监督功能，教师可以在自己的机器上观看和检查网络上的全体学生、某个小组学生或个别学生的屏幕信息。这样教师不用离开自己的位置就可以了解学生的活动情况，及时进行指导或教学活动控制。

4）实时分组。实时分组是指教师在教学过程中可以对全班学生按机号进行分组，开展学习或竞赛活动。

5）在线交流。通过在线交流功能，师生之间、生生之间可以相互交流信息。交流的方式可以是语音交流，也可以是文本交流。

6）电子"举手"。在教学过程中，学生如果想提问，可以随时通过自己的计算机请求发言，即所谓的"举手"。教师机上可以随时看到学生的"举手"信息，并决定是否允许学生提问。

3. 多媒体语言实验室

语言实验室又叫语言学习系统，主要用于语言教学、训练和研究。最初的语言实验室是指利用各种实验仪器进行语音分析和研究的场所；在录音机出现后，语言实验室便逐步演变为主要用于外语教学的场所；随着电子技术、多媒体计算机技术，以及现代教育思想、教学方法的发展和更新，语言实验室已通过多媒体计算机组成了具有视听功能及交互功能的多媒体系统，不仅可以用来进行语言教学，还可以用来进行计算机教学和其他专业教学。

一般情况下，多媒体学习型语言实验室具有以下功能。

1）全数字化语音传输。支持多种音频编解码格式（ADPCM、PCM、MP3等），效果达CD音质。对光盘资源、网络下载资源直接兼容，无须转换。

2）多路音频实时广播。教师能根据学生层次任意编组,指定其收听的音频节目源(多路可选),做到因材施教;数字音频和外部模拟音频(如录音机、录像机、VCD等)都可作为节目源使用。

3）可视化音频点播。学生能查询并点播教学资料库中丰富的语音及文字资源,自主控制播放进度,如停止、快进、快退等,对应的文本资料都能够同步显示;有复读、跟读和书签功能;即使教师离开,学生也能自主学习。

4）硬盘数字录音。学生机录音数据海量存储,并可添加到教学资料库长期保存;支持口语考试功能,录音答卷统一管理。

5）语音课件编辑系统。具备教学素材和语音考题制作功能,实现音频文字同步混合播放,支持多种音频格式;教师可通过网络在线更新教学资料库。

6）实现与校园网互联。计算机采用以太网接口、TCP/IP协议标准,可接入校园网或将多个语音室互联,以共享网络资源。

7）实用性强,易于操作。系统控制软件一般采用Windows面向对象的模块化开发技巧,系统操作简单易学,操作界面通俗易懂。

2.2.3 智能计算机辅助教学

1. 智能计算机辅助教学的含义

智能计算机辅助教学(Intelligent Computer Assisted Instruction,简称ICAI)是以认知科学和思维科学为理论基础,综合人工智能技术、教育心理学等多门学科的知识,对学生实施有效的教育的一门新的教育技术,是智能化的计算机辅助教学。

1970年美国卡博奈尔开发的SCHOLAR系统,是世界上第一个人工智能与计算机辅助教学结合的案例。这是一个用于南美洲地理课程的教学系统,SCHOLAR系统以大量的信息单元和描写事实组成数据库,并按照这些信息单元的含义及其相互关系构成语义网络,系统可以根据这些网络自主生成教学信息,该系统具有较强的自然语言能力和逻辑推理能力,学生与该教学系统可以进行较为自由的交互,系统在一定程度上理解并回答学生的提问。

智能计算机辅助教学是一个基于知识教学的专家系统,它能对教学相关的知识进行推理分析,在此基础上进行教学内容的修改和调整教学策略,对课件进行自动化制作,并根据学生的认知能力和掌握程度对教学成果进行评价。

2. 智能计算机辅助教学的特征

智能计算机辅助教学系统可以克服传统计算机辅助教学系统的缺陷,其具备以下特点。

1）能自动形成各种问题与练习。

2）根据学生的学习水平与学习情况选择与调整学习内容和进度。

3）在了解教学内容的基础上自动解决问题,生成解答。

4）具有自然语言生成与理解能力,能实现比较自由的教学问答系统,提高人机交互的主动性。

5）对教学内容有理解咨询能力。

6）能诊断学生错误,分析原因并采取纠错措施。

7）能评价学生的学习行为。

8）能评价教师的教学行为。

以现有的科技水平,无法实现具有上述全部特点的智能计算机辅助教学系统,但是一般情况下,只要具备上述一个或几个特点的计算机辅助教学系统就可以称为智能计算机辅助教学系统。

3. 智能计算机辅助教学的类型

目前,智能计算机辅助教学系统可以分为两类:智能导师系统(ITS)和人工智能化的学习环境(AIBLE)。智能导师系统是一个具有教师的智能行为的计算机辅助教学系统;人工智能化的学习环境是一个允许学生自由学习,并能帮助学生解决问题的计算机辅助教学系统。下面主要介绍智能导师系统的智能计算机辅助教学实现原理。

智能计算机辅助教学具有教师进行导学的特点,即教师根据学生的学习轨迹指导学生,也可以将导学工作交由智能计算机辅助教学系统来完成,系统根据学生的学习行为来决定学习内容。

智能计算机辅助教学强调,要按学生不同的认知能力,为水平不同的学生准备不同的教学内容,以实现启发式教学和个别化教学。因此,智能计算机辅助教学系统由知识库、专家系统和学生的认知模型等部分组成,如图2-3所示。

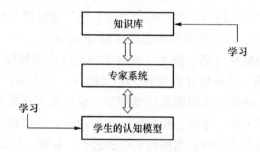

图2-3 智能计算机辅助教学系统

各部分功能的具体内容如下。

(1) *知识库*。

知识库用于存储所要教授的学科领域内的知识,主要包括元知识、陈述知识和过程性知识。其中,元知识是指有关知识使用方法的内容;陈述性知识是指课程的基础内容;过程性知识是指如何使用知识解决问题的内容,如实验中的操作步骤等。

知识库的内容可以随教学系统所用时间的增加来逐渐积累、整理。其中,主要任务是根据要求检索出有关的知识,生成问题并评价学生的解答。

(2) *专家系统*。

专家系统可以根据学生的认知情况和知识库的内容,做出智能化的教学决策,即在学习过程中,决定下一步采取哪种学习方法、学习哪方面的内容,还能评价学习的效果,并据此提出改进策略和意见。

专家系统主要包括用于指导学习的各种策略和相应的逻辑推理,其中学习策略是用于逐步决定教学过程的控制目标、控制手段的方法和规则的集合。

(3) *学生的认知模型*。

学生的认知模型用于记录学生的知识水平和认知能力,始终依据学生的实际知识水平来指导学生学习,并根据其学习情况进行动态调整。当学生学习新的教学内容时,系统可以根据学生以前的学习记录来建议新的学习内容。学生认知模型的信息被专家系统作为教学决策的依据，使系统能正确评价学生对所学知识的理解程度，并能针对学生的不同特点和差异，实行与该学生相适应的教学活动。

知识库包含学科知识和教学知识两部分；学生模型指明学生知道什么和不知道什么，代表了学生的智能活动；教师模型提供了教学策略，负责指导系统如何向学生呈现教材，代表了教师的智能活动。此外，智能计算机辅助教学系统通常还包含一个具有自然语言处理的智能人机接口。

2.2.4 虚拟现实

1. 虚拟现实概述

虚拟现实技术是20世纪末兴起的一门崭新的综合性信息技术，它融合了数字图像处理、计算机图形学、多媒体技术、传感器技术等多个信息技术分支，从而大大推进了计算机技术的发展。由于它生成的视觉环境和音效都是立体的，人机交互是和谐友好的，因此虚拟现实技术将改变人与计算机之间枯燥、生硬和被动的现状，即计算机创造的环境将使人们陶醉在流连忘返的工作环境之中。

虚拟现实技术具有"3I"特点：强烈的"身临其境"沉浸感（Immersion）；友好亲切的人机交互性（Interactivity）；发人想象的构想性（Imagination）。

虚拟现实技术分虚拟实景（境）技术（如虚拟游览故宫博物院）与虚拟虚景（境）技术（如虚拟现实环境生成、虚拟设计的波音777飞机等）两大类。虚拟现实技术的应用领域和交叉领域非常广泛。例如，虚拟现实战场环境、虚拟现实作战指挥；虚拟飞机、船舶、车辆现实驾驶训练、虚拟飞机、导弹、轮船与轿车的制造；虚拟现实建筑物的展示与参观；虚拟现实手术培训；虚拟现实游戏；虚拟现实影视艺术；等等。权威人士认为，虚拟现实技术将是21世纪信息技术的代表。

2. 虚拟现实的常用技术及教育应用

在教育领域，虚拟现实技术具有极大的作用和影响。亲身去经历、去感受比空洞抽象的说教更具说服力。主动地去交互与被动地观看，有质的差别。于是教育界的专家指出：崭新的技术，会带给我们崭新的教育思维，解决了我们以前无法解决的问题，将给我们的教育带来一系列的重大变革。尤其在科技研究、虚拟仿真校园、虚拟教学（实验）等方面的应用更为广泛。

（1）科技研究。

各高校在许多领域都进行了相关的课题研究，对科学技术研究具有很大的促进作用，例如，北京航空航天大学在分布式飞行模拟方面的应用；浙江大学在建筑方面进行的虚拟规划、虚拟设计的应用；哈尔滨工业大学在人机交互方面有很好的成果；清华大学在临场感的研究方面颇具特色；此外，西安交通大学、上海交通大学、北方工业大学、西北工业大学、华东船舶学院、安徽大学等都有诸多科技研究的应用。

（2）虚拟仿真校园。

众所周知，学习氛围、校园文化对教育有着巨大影响和作用。老师、同学、学友，教室、课堂、实验楼等，校园的一草一木、每一次活动无不潜移默化地影响着我们每一个人，伴随我们成长。我们从中得到的教益从某种意义来说，远远超出书本所给予自己的。网络教育和虚拟现实技术的特点，决定了我们可以仿真自己的校园环境。因此，虚拟校园是虚拟现实技术在网络教育中最早的具体应用。

天津大学于1996年在SGI硬件平台上，基于VRML国际标准，最早开发了虚拟校园。让没有去过天津大学的人，好好领略了一下近代史上久负盛名的大学风貌。随着网络时代的来临，网络教育迅猛发展，尤其是在宽带技术大规模应用的今天，国内一些高校已经开始逐步推广、使用虚拟校园模式。先后有浙江大学、上海交通大学、北京大学、西南交通大学等著名高校，采用虚拟现实技术建设了虚拟校园。

中央广播电视大学远程教育学院，投入较大的人力和物力，采用基于互联网的各类游戏图形引擎，在此基础上，将网络学院具体的实际功能整合在图形引擎中，突破了目前大多虚拟现实技术仅仅停留在校园一般性浏览的应用上，并作为基础平台进行大规模应用，效果非常好，引起业内强烈反应，通过了教育部和有关院校的技术鉴定。他们以学员为中心，构想了一些人性化的功能，以虚拟现实技术作为远程教育基础平台，在国内甚至在国际上也属罕见。他们大胆的实际应用，将开创一个崭新的里程，让人们感受到全方位的教学、校园文化，这正是我们所需要的真正的教育。

（3）虚拟教学（实验）。

由于虚拟现实技术的特点，它的实际应用在理工科的教学中大有作为，尤其在建筑、机械、物理、化学等学科方面有着质的突破。

例如，同济大学建筑学院的虚拟现实实验室，采用比较高端的设备：一个巨大的SONY三枪投影仪、五台高端的电脑工作站、G3苹果机、一个SGI高端图形工作站、一台顶级功放（八声道，房间周围有音响），还有一些控制设备，通过对建筑景观、结构进行相关的仿真，学生对相关知识就能够以一种崭新的方式进行学习。此外，同济大学还设立了相关研究生科目。

中国科技大学运用虚拟现实技术在物理实验方面有着丰富的经验以及较高的水准。他们已经形成了比较成熟的产品，基于本地的大学物理仿真实验软件，即通过广播电视大学物理虚拟实验和几何光学设计实验平台，建立了大学物理虚拟实验远程教学系统。

2.3 多媒体课件素材准备

多媒体课件素材的准备是多媒体课件制作的一个重要的前期工作，素材的好坏直接影响着多媒体课件的质量。多媒体素材的准备也是一个复杂烦琐的工作，它包括了文字、声音、图形图像、动画、视频等素材的收集和处理。

2.3.1 文字素材的准备

各种媒体素材中，文字素材是最基本的素材，文字在课件中常用于表达科学原理、概念、公式、原则、命题、图像说明、各种功能菜单、使用说明等。文字数据的形式通常是文本文件。

1. 文字素材的采集

课件中的文字素材的采集和制作有以下几种方式。

1）键盘输入：指按照一定的编码规则、利用键盘来输入文字的方法，是最早采用的文字输入方法，也是目前计算机进行文字输入最普遍的方式。

2）语音输入：指将声音通过话筒输入计算机后直接转换成文字的一种输入方法，利用语音识别技术，计算机能将文字读入的声音信息转换成计算机中的文本信息。

3）手写输入：指在手写板上书写文字来完成文本输入的一种方法。它符合人们用笔写字的习惯，只要将手写板接入计算机，在手写板上按平常的习惯写字，计算机就能将文字识别显示出来。

4）扫描输入：OCR（光学字符识别）是指电子设备（如扫描仪或数码相机）检查纸上打印的字符，通过检测暗、亮的模式确定其形状，然后用字符识别方法将开关翻译成计算机文字的过程，即对文本资料进行扫描，然后对图像文件进行分析处理，获取文字及版面信息的过程。

2. 文字素材的存储

文本文件的格式主要有以下几种。

1）.txt。这是纯文本格式，是所有文字处理软件都支持的一种格式，即记事本默认文件格式。

2）.rtf。这是 Rich Text Format 格式，是很多文字编辑软件和程序都支持的一种文本格式，可以作为通用文件交换格式，即写字板默认文件格式。

3）.docx。这是 Word 文件格式。

4）.wps。这是 WPS 文件格式。

3. 文字素材的编辑

文本文件可以在通用字处理软件中建立，这些文字处理软件常用的有 windows 操作系统自带的记事本、写字板和功能强大的文字处理软件 WPS、Word 等。

通常文字的显示属性有字的风格（Style）、字的定位（Align）、字体（Font）、字的大小（Size）、字的颜色（Color）等。以上属性的不同组合可以形成文字的不同显示方式，使文本编辑多样化，进而更好地表达文字内容。

在实际课件开发工作中，除了在文字处理软件编辑文字外，还可以在图形制作软件、图像处理软件和多媒体课件开发工具软件中直接制作。

2.3.2 声音素材的采集与编辑

在多媒体课件中，适当地运用声音能起到文字、图像、动画等媒体形式无法替代的作用，如调节课件使用者的情绪、引起使用者的注意等，更主要的作用是直接、清晰地表达语意。

1. 声音素材的采集

课件中声音素材的采集和制作有以下几种方式。

1）通过计算机中的声卡，从麦克风中采集语音（见图 2-4 录音机可以录制声音）。如制作课件中的解说语音就可采用这种方法。

图 2-4 "录音机"窗口

2）通过计算机中声卡的 MIDI 接口，从带 MIDI 输出的乐器中采集音乐，形成 MIDI 文件；或用链接在计算机上的 MIDI 键盘创作音乐，形成 MIDI 文件。

3) 使用专门的软件抓取 CD 或 VCD 光盘中的音乐，生成声源素材。再利用声音编辑软件对声源素材进行剪辑、合成，最终生成所需的声音文件。

4) 利用已有的声音文件。例如，保存在光盘中的声音文件，或从网上下载。

2. 声音素材的存储

声音文件的存储格式主要有以下几种。

(1) WAV 格式。

WAV 格式是波形文件的一种存储格式，扩展名为 .wav。波形文件其实就是声音模拟信号的数字化结果，其形成过程是：音源发出的声音（机械振动）通过麦克风转换为模拟信号，模拟的声音信号经过声卡的采样、量化、编码，得到数字化的结果。采样的频率和量化的精度直接影响声音的质量和数据量。一般有三种采样频率，即 44.1 kHz（用于 CD 品质的音乐）；22.05 kHz（适用于语音和中等品质的音乐）；11.025 kHz（低品质）。量化精度分 8 位字长量化（低品质）和 16 位字长量化（高品质）。品质越高，波形文件的体积就越大。

波形文件可以很好地表达原始声源的效果，常用于音乐、歌曲和各种自然声音的录制。采用这种格式的声音文件，体积一般比较大。

(2) MIDI 格式。

MIDI 是英文 Musical Instrument Digital Interface 的缩写，中文含义是电子乐器数字化接口，其文件的扩展名为 .mid。它是将乐器演奏的每个音符表示为一串数字，这串数字代表了音符的声调、力度、长短等，在发声时，通过声卡上的合成器将这组数字进行合成并通过扬声器输出。这种音乐格式，实际上已经成为一种产业标准（除交响乐 CD、Unplug CD 外，其他 CD 往往都是利用 MIDI 制作出来的），它的 General MIDI 就是最常见的通行标准。作为音乐工业的数据通信标准，MIDI 能指挥各种音乐设备的运转，而且具有统一的标准格式，能够模仿原始乐器的各种演奏技巧，而且文件的体积非常小。

(3) MP3 格式。

MP3 格式是目前较流行的一种声音文件格式，其文件扩展名为 .mp3。它是采用 MPEG Audio Layer 3 标准对波形文件进行压缩而生成的文件形式。由于它的体积相对较小，而音质能够满足普通人的要求，因此在网络上很流行。

(4) RM 格式。

RM 格式是运用流媒体技术产生的一种流式音频格式，其文件扩展名为 .rm。它强大的压缩量和极小的失真使其在众多格式中脱颖而出。和 MP3 相同，它也是为了解决网络传输带宽资源而设计的，因此主要目标是压缩比和容错性，其次才是音质。

(5) CD Audio 格式。

CD Audio 格式的扩展名 .cda，这是唱片采用的格式，也是一种波形文件，用于记录高品质的音乐。但它无法编辑，而且文件的体积很大。

(6) WMA 格式。

WMA（Windows Media Audio）是微软力推的一种数字音频格式。WMA 格式是以减少数据流量但保持音质的方法来达到更高的压缩率目的，其压缩率一般可以达到 1∶18。此外，WMA 还可以通过 DRM（Digital Rights Management）方案加入防止复制，或者加入限制播放时间和播放次数，甚至是加入对播放机器的限制，可有力地防止盗版。

以上是目前常见的声音文件格式，它们各有优缺点，由于课件中包含的多媒体信息很多，因此课件中的声音文件应该尽可能采用压缩率高、单个文件体积小的格式。一般情况下，音效（如打字、枪声）等时间短的声音要求逼真的声音文件采用 WAV 格式；MIDI 格式的文件由于文件体积小，适合做课件的背景音乐；其他格式的文件则在一些特殊情况下才运用。

3. 声音素材的编辑

常用的音频处理软件有：Sound Forge、Cool Edit、Gold Wave 等，用户可以根据自己的需求选择相应的软件进行音频的处理。

1）Sound Forge 是 Sonic Foundry 公司的产品，它是一个非常专业的音频处理软件，功能非常强大而复杂，可以处理大量的音效转换的工作，并且包括全套的音频处理、工具和效果制作等功能，需要一定的专业知识才能使用。

2）Cool Edit 是美国 Syntrillium 公司开发的音频文件处理软件，主要用于对 MIDI 信号的处理加工，它具有声音录制、混音合成、编辑特效等功能，该软件支持多音轨录音，操作简单。

3）Gold Wave 是一个不需要安装的绿色软件，功能非常强大，支持的音频文件格式相当多，内含丰富的音频处理特效，包括从一般特效（如多普勒、回声、混响、降噪）到高级的公式计算（利用公式在理论上可以产生任何你想要的声音）。

2.3.3 图形、图像素材的准备

图形、图像也是多媒体课件中经常使用的一种素材。计算机中存储的图片有两种形式：位图和矢量图。

位图是以点或像素的方式来记录图像，计算机将每一个像素的位置、颜色等信息存储起来，许多这样的点组成一幅图画，像素越多图像的清晰度就越高。位图图像的优点是色彩自然、柔和、逼真；而它的缺点是存储空间相对比较大，图像在放大或缩小的转换过程中会产生失真等。位图缩放前后的比较如图 2-5 所示。

矢量图是以数学方式来记录图形的信息，如图形的形状、位置、大小、颜色等特性。矢量图一般是由作图软件制作（如 Fireworks、Flash 等）。矢量图的优点是存储体积小，图形放大或缩小过程中图形的质量不会受到影响；缺点是图像色彩单调，不够柔和、逼真。矢量图缩放前后比较如图 2-6 所示。

图 2-5　位图缩放前后的比较

图 2-6　矢量图缩放前后的比较

1. 图形、图像的获取

图形、图像获取的主要途径有以下几个方面。

(1) 绘图软件创作。

一些简单的图画可以利用绘图软件进行绘制。常用的绘图软件有 Windows 中附带的画图软件、Photoshop、Corel Draw 等。

(2) 设备输入。

常用的图像输入设备有扫描仪、数码相机等。

使用扫描仪可将照片、印刷图片、美术作品等扫描到计算机中，转变成位图图像。

数码相机能将拍摄到的景物转换成以数字格式保存的图像，可以用数据线直接和计算机、电视机或打印机进行连接。

(3) 用图像捕捉软件获取。

在课件制作中，常常需要将计算机屏幕转换成图片插入课件中，这时我们就可以利用一些图像捕捉软件，如 Snag It、Hyper Snap 等。这些软件可以根据使用者的需要截取全屏幕、窗口、控件或者区域，还能以各种格式将截图保存。

如果只需截取全屏，还有一种最简单的方法，就是利用键盘上的 Print Screen 键，当按下 Print Screen 键时，计算机就会把当前的屏幕图像作为一幅图像保存在系统的剪贴板中，然后用"粘贴"命令把这幅图像插入文档中。

许多软件在 Win7 操作系统、QQ、360 浏览器等都内置了简单的屏幕捕捉功能。

2. 图形、图像的存储

计算机中图像的存储格式有很多，下面介绍几种主要的图像格式。

(1) 位图文件格式。

1) BMP 格式。

BMP 格式是一种在图像处理中最常见的形式，是 Windows 使用的基本图像格式，其文件扩展名为 .bmp。大多数图形软件都支持 BMP 格式。以这种格式存储的图像失真小，但体积较大。

2) GIF 格式。

GIF（Graphics Interchange Format，图形交换）格式，其扩展名为 .gif。它的优点是：支持背景透明；支持动画，可以将单幅的 GIF 格式的图像组合起来，然后轮流播放每一幅而成为动画；支持无损压缩（不损失图片细节的图片压缩方法），适合于线条、图标和图纸。它的缺点是：最多只有 256 种颜色，不能满足存储高品质的图片。网页上很多小图片都采用这种格式。

3) JPG 格式。

JPG 格式即 JPEG（Joint Photographic Experts Group，联合图像专家组）格式，其扩展名为 .jpg。这种格式的图片使用有损压缩算法，文件体积更小。有损压缩会放弃图像中的一些细节以减少文件体积，因此压缩比高，但图像的视觉质量受损不大，而且它能支持上百万种颜色，可以用来表现色彩要求较高的图像。这样的图片适合在网络上进行传输。

4) PNG 格式。

PNG（Portable Network Graphic，可移植网络图形）格式的扩展名为 .png，是由 Netscape 公司开发出来的格式，这种图片集合了 GIF 和 JPG 格式的优点，是一种针对 Web 开发的无损压缩格式。

5）TIFF 格式。

TIFF（Tagged Image File Format，标签图像文件格式）格式是一种主要用来存储包括照片和艺术图在内的图像的文件格式。TIFF 是最复杂的一种位图文件格式，它广泛地应用于对图像质量要求较高的图像的存储与转换中。由于结构灵活和包容性大，它已成为图像文件格式的一种标准，绝大多数图像系统都支持这种格式。

6）PSD 格式。

PSD（Photo Shop Document，Photoshop 图像处理软件的专用文件格式），其文件扩展名为.psd，可以支持图层、通道、蒙板和不同色彩模式的各种图像特征，是一种非压缩的原始文件保存格式。扫描仪不能直接生成该种格式的文件。PSD 文件有时体积会很大，但由于可以保留所有原始信息，在图像处理中对于尚未制作完成的图像，用 PSD 格式保存是最佳的选择。

（2）矢量图文件。

1）WMF 文件。

WMF（Windows Metafile Format）是一种矢量图形格式，是 Windows 中常见的一种图形文件格式，Word 中内部存储的图片或绘制的图形对象属于这种格式。WMF 是一种清晰简洁的文件格式，具有文件短小、图案造型化的特点，无论放大还是缩小，图形的清晰度不变。整个图形常由各个独立的组成部分拼接而成，但其图形往往较粗糙。

2）EPS 格式。

EPS（Encapsulated Post Script）是用 Post Script 语言描述的一种 ASCII 码文件格式，既可以存储矢量图，也可以存储位图，最高能表示 32 位颜色深度，特别适合 Post Script 打印机。

3）DXF 格式。

DXF（Drawing Exchange Format）是 AutoCAD 中的矢量文件格式，其扩展名为.dxf。它以 ASCII 码方式存储文件，在表现图形的大小方面十分精确。DXF 文件可以被许多软件调用或输出。

4）SWF 文件。

SWF（Shock Wave Flash）是二维动画软件 Flash 中的矢量动画格式，其扩展名为.swf。它主要用于 Web 页面上的动画发布。这种格式的动画图像能够用比较小的体积来表现丰富的多媒体形式。在图像的传输方面，不必等到文件全部下载才能观看，而是可以边下载边观看，因此特别适合网络传输。

3. 图像参数

图像文件格式要求对格式参数进行设置，主要的图像参数有以下几种。

（1）分辨率。

分辨率是和图像相关的一个重要概念，它是衡量图像细节表现力的技术参数。分辨率的种类有很多，其含义也各不相同。下面介绍两种分辨率。

1）图像分辨率。

图像分辨率是指图像中存储的信息量，通常用"像素/英寸"（ppi）表示，在图像尺寸不变的情况下，高分辨率的图像比低分辨率图像包含的像素多，像素点较小，因而图像更清晰。一般制作的图像如果用于电脑屏幕显示，图像分辨率只要满足典型的显示器分辨率就可以了。如果用于打印,则必须使用较大的分辨率,不过分辨率太高会增加图像文件的体积并降低图像的打印速度。

2)显示器分辨率。

我们通常看到的 CRT 显示器分辨率都是以乘法形式表示的,比如 1024×768,其中 1024 和 768 分别表示屏幕上水平方向和垂直方向显示的点数。显示器的分辨率是指画面由多少像素构成,数值越大,图像越清晰。显示器的最大分辨率与显示区域的大小、显像管点距(屏幕上两个相邻同色荧光点之间的距离)、视频带宽等因素有关,可以通过下面的公式计算:

$$显示器最大分辨率 = 显示区域的宽或高 \div 点距$$

如果图像的分辨率大于显示分辨率,则该图像在显示器上只能显示出图像的一部分。只有当图像大小与显示分辨率相同时,一幅图像才能充满整个屏幕。

(2)图像深度与大小。

1)图像深度。

图像深度是指位图中记录每个像素点所占的位数,它决定了彩色图像中可出现的最多颜色数,或者灰度图像中的最大灰度等级数。图像的每一个像素对应的数据通常可以是 1~36 bit,用来存放该像素点的颜色、亮度等信息。位数越多,所对应的颜色种类也就越多。如图像深度为 1bit,则只能表示 2^1 种颜色:黑和白,或亮和暗。深度为 8 bit,就可以表示 2^8 种颜色。当深度达到 24 bit 时,就能显示 2^{24} 种颜色了,即真彩色,达到了彩色照片的效果。

2)图像大小。

生成一幅图像时,实际上就是按一定的图像分辨率和图像深度对模拟图片或照片进行采样,从而生成一幅数字化的图像。图像分辨率越高、图像深度越深,则数字化后的图像效果越逼真、图像数据量越大。如果按照像素点及其深度映射的图像数据大小,可用下面的公式来估算:

$$图像数据量 = 图像的总像素 \times 图像深度 \div 8 \text{(Byte)}$$

如一幅 640×480、真彩色的图像,其文件大小约为:

$$640 \times 480 \times 24 \div 8 = 1 \text{ MByte}$$

由此可知,如果要确定一幅图像的参数,要考虑的因素有两个:一是图像的容量;二是图像输出的效果。在多媒体应用中,更应考虑好图像容量与效果的关系。由于图像数据量很大,因此,数据的压缩就成为图像处理的重要内容之一。

(3)图像的模式。

根据数字图像在内存中的存储方式的不同,可将其分成不同的图像模式。目前常用的图像模式有以下三种。

1)黑白模式:这是最简单的一种图像,只包含黑、白两种信息。一个像素只用一个位来表示,所以占用很少的存储空间。

2)灰度模式:灰度图像不仅包含黑色和白色,还包含实际的灰色调图像中每个像素,用多个位来表示,这样可以记录和显示更多的色调。

3)彩色模式:如使用最广泛的 RGB 模式中,每一个像素的颜色是用红(R)、绿(G)、蓝(B)三原色的强度来表示。

4. 图形、图像的编辑

能够进行图形、图像编辑的软件有很多,简单的有 Windows 附带的"画笔"、美图秀秀等。专业处理软件有 Photoshop（位图处理软件）、Corel Draw（矢量图处理软件）等。

2.3.4 视频素材的采集与编辑

数字视频是一种活动图像，由一幅幅静止的图像组成，这一幅幅静止的图像称为帧，根据视觉惰性原理，当这些图像像放电影一样以一定的速率播放出来，人们就看到了动态的影像。

1. 视频素材的采集

数字视频可通过如下几条途径获取。

1）通过数字摄像机（DV）、数字摄像头、数码相机等直接获取自然影像。

2）通过视频采集卡把传统模拟视频信号（如电视节目、录像带节目等）转换成数字视频信号。

3）采集 VCD、DVD 光盘文件或从多媒体光盘中复制。可以用软件（如豪杰超级解霸等）将 VCD、DVD 中的一部分截取下来作为课件中的视频文件。

4）通过网络下载：包括数字视频文件直接下载和流媒体文件流式下载。

5）运用屏幕录制软件（如 SnagIt）采集屏幕变化为视频文件。

6）把动画转换成视频信号，如把 Flash 动画文件、GIF 动画转换成数字视频文件。

2. 视频素材的保存

常见的数字视频文件格式有以下几种。

1）AVI 格式：AVI 是 Audio Video Interleaved 的缩写，这是微软公司推出的视频格式文件，它应用广泛，基本上所有多媒体软件都支持。这种格式的文件随处可见，比如一些游戏、教育软件的片头、多媒体光盘中，都会有不少的 AVI。但由于其压缩量很小，因此文件体积很大。

2）MPG 格式：MPG 格式又称 MPEG 格式，它是活动图像专家组（Moving Picture Experts Group）的缩写。MPEG 包括 MPEG-1、MPEG-2 和 MPEG-4 在内的多种数据压缩标准，具有良好的视听效果。MPG 的压缩率比 AVI 高，画面质量与 AVI 相当。

3）DAT 格式：DAT 是数据流格式，即我们非常熟悉的 VCD。用电脑打开 VCD 光盘，可看到有个 MPEG.AV 目录，里面便有类似 MUSIC01.DAT 或 AVSEQ01.DAT 命名的文件。DAT 文件也是 MPG 格式的，是 VCD 刻录软件将符合 VCD 标准的 MPEG-1 文件自动转换生成的。

4）VOB 格式：VOB 是 DVD Video OBject 的缩写，意思是 DVD 视频对象。这是 DVD 影碟上的关键文件，内含的是电影的实际数据。实际上 VOB 文件是一种基本的 MPEG-2 数据流，就是说它包含了多路复合的 MPEG-2 视频数据流、音频数据流（通常以 AC3 格式编码）以及字幕数据流。

5）MOV 格式：MOV 是 MOVIE 的简写。MOV 原来是苹果电脑中的视频文件格式，通过 QuickTime 驱动程序，现在已移植到 Windows 环境下，在 PC 机上也能播放 MOV 文件了。它也是流媒体形式之一。

6）RM 格式：RM 格式是 RealNetworks 公司开发的一种流媒体视频文件格式，它主要包含 RealAudio、RealVideo 和 RealFlash 三部分。Real Media 可以根据网络数据传输的不同速率制定不同的压缩比率，从而实现低速率地在互联网上进行视频文件的实时传送和播放。影音风暴、Real Player 等都可以播放。

7）ASF 格式：ASF（Advanced Streaming Format，高级串流格式）是 Microsoft 为 Windows 98 开发的串流多媒体文件格式。ASF 是微软公司 Windows Media 的核心。这是一种包含音频、视频、图像以及控制命令脚本的数据格式。

8）WMV 格式：WMV 是微软公司开发的一种数字视频压缩格式，是一种流媒体格式，由 ASF 格式升级延伸得来。WMV 文件可同时包含视频和音频部分。视频部分使用 WMV 编码，音频部分使用 WMA 编码。

在这些文件格式中，由于 AVI 格式应用广泛，为便于对视频进行处理，常先将视频素材保存为这种格式。但考虑到课件的体积，一般最后插入课件中的视频文件格式采用那些压缩比大的，如 MPG 或 WMV。

3. 视频素材的编辑

有时我们需对现有的视频素材进行剪辑，以符合课件设计的需要，这时我们可以采用一些视频编辑软件，如 Premiere、会声会影等。简单的也可以利用微软的影音制作工具、暴风影音等软件。

2.3.5 动画素材的采集与编辑

在课件制作中，动画能直观、生动、翔实地表现事物变化的过程。动画的基本原理是用一组彼此有差别的单个画面，通过一定速度的顺序播放来达到画中对象连续变化的效果。动画中的单个画面称为帧。动画素材主要有二维动画和三维动画。

1. 动画素材的获取

动画素材可以从网络、光盘中获得，也可以用软件制作得到。

2. 动画素材的保存

下面介绍目前应用最广泛的几种动画格式。

（1）GIF 动画格式。

GIF 动画格式是制作网页经常使用的动画格式。GIF 动画只有 256 色，经过数据压缩，体积比较小，在质量要求不高但存储容积有限制的场合无疑是最好的选择。

（2）FLI/FLC 格式。

FLI/FLC 动画格式是 Autodesk 公司定义的动画格式，随着 Animator 系列、3ds Max 等动画软件的普及，FLI/FLC 动画格式在多媒体软件中得到广泛应用，并逐渐成为标准的动画格式，几乎所有动画软件都支持这种动画格式。

（3）SWF 格式。

SWF 是 Micromedia 公司的产品 Flash 的矢量动画格式，它采用曲线方程描述其内容，不是由点阵组成内容，因此这种格式的动画在缩放时不会失真，非常适合描述由几何图形组成的动画，如教学演示等。由于这种格式的动画可以与 HTML 文件充分结合，并能添加 MP3 音乐，因此被广泛地应用于网页上，成为一种"准"流式媒体文件。

3. 动画素材的制作

动画素材可以利用动画制作软件来完成。根据创作的对象不同，动画制作软件也可分为二维和三维两类。

二维动画制作软件，流行的有微软公司的 Animator Gif、Autodesk 公司的 Animator

Studio、Macromedia 公司的 Flash 等。Flash 在图形绘制及二维动画制作方面有着强大的功能，易学好用，是最适合制作教学动画的软件。用它制作的 SWF 动画文件，可以嵌入到 PowerPoint、AuthorWare 和网页中，也可以单独成页。SWF 文件的体积很小，在几百到几千字节的动画文件中，却可以包含几十秒中的动画和声音。Flash 还可以制作出交互性很强的动画文件。

三维动画可以模拟真实的三维空间事物。3D Studio MAX 是 Autodesk 公司推出的三维动画制作软件。它功能强大，在多媒体课件制作中很有用武之地。

2.4 多媒体课件制作

多媒体课件是一个教学系统，它的制作是一个系统工程，要根据教学目标进行设计，表现特定的教学内容，反映一定的教学策略。

2.4.1 多媒体课件制作的基本原则

课件是一种包括科学知识、道德规范等教学内容的载体。它应用在学校、家庭中，既可以在个人计算机上也可以在局域网上使用。因此，计算机辅助教学课件的设计必须遵循一些基本的教育原则和技术标准。

1. 教育性原则

设计制作辅助教学多媒体课件，必须以教学大纲为依据，并根据教学目的与要求，发挥计算机多媒体图文并茂、形声并举的优势来表达教学内容，交互性地实施教学。多媒体课件应能对学生获取知识、发展能力、培养品德起到良好的教学作用，并有益于学生的个性发展。因此，为了体现课件的教育性，在设计课件的时候要注意以下几点。

（1）要明确教学目标。

既然教学课件是依照教学大纲编制的，就应该首先明确教学目的。为什么编制这个课件，教学中要解决什么问题，希望达到什么目标。

（2）要突出重点、难点。

必须根据教学大纲的要求，围绕教学中的重点、难点或关键性的问题来设题立意。要充分发挥计算机多媒体的优势，采用恰当的表现方法，将复杂问题或难点问题简单化。

（3）教学形式要灵活。

计算机辅助教学具有传统教学方式所无法比拟的优势，其课件设计要灵活多样，要用图、文、声、像相结合表现教学内容，突出教学内容的主体。

（4）教学对象要有针对性。

课件是为特定的教学对象而设计制作的，其内容的选择和操作的难易程度要有明确的针对性。要考虑到应用此课件的学习者的年龄特点、知识层次水平和智力的实际情况，切忌只追求形式。

2. 启发性原则

计算机辅助教学的课件是为了帮助学习者能够自主学习，获得知识，提高能力，因此在课件的设计中，要注意以启发式教学原则为指导，提高课件的应用价值。

以下是几个值得运用的启发式教学原则。

（1）兴趣启发。

针对不同的学习对象，采用不同的内容表现形式，激发学习者的学习兴趣和求知欲，把他们的注意力和思维活动引导到教学过程中来。

（2）比喻启发。

作为一种有效的表现策略，比喻可以变抽象为具体，化深奥为浅显。多媒体课件设计中要更多地利用视听表现手段直观形象的特点，使比喻变得更加生动，从而启发学生的联想、分析等思维活动，促进学生更有效地学习。

（3）设题启发。

根据教学内容，在课件中适时地、恰当地设置一些富有启发性的问题，以充分调动学生的学习积极性，启发并促使他们去积极思考，并及时进行强化。启发性问题的设置，可诱发学生的创造性思维，培养、锻炼他们思维的灵活性、发散性、独创性。

3. 科学性原则

课件应该能正确表达学科的知识内容。课件中各种媒体信息都必须是为了表现同一个知识点的内容、同一层的教学目标而设计、选择的，不允许任何华而不实、违背科学准则的现象出现。各个知识点之间应建立一定的联系，以形成具有学科特色的知识结构体系。

课件的科学性还要求，概念的阐述、观点的论证、事实的说明、材料的组织必须符合科学逻辑，用词正确、可靠，和教材中所使用的学科术语相一致；各种演示的图表和书写的公式、文本都应规范化、标准化；选择的资料和文献等要真实；视觉效果和造型必须有利于科学知识的正确表达；按内容需要所设计的动画、模拟实验和虚构的情节都应以客观现实为依据，符合科学现象和规律。

另外，课件设计的科学性原则还要求，课件中出现的听觉效果必须符合教育科学规律；解说词精练、准确无误；音响效果逼真、音乐合理。

4. 艺术性原则

课件的艺术性表现在，以声音和画面以及人机交互的传递信息上。实现教学目标时，要求呈现的信息刺激能吸引学习者，使他们接受并做出反应。

课件艺术性原则要求，挖掘教学内容内在的亮点，通过美工设计，巧妙地运用动画和字幕将其表现出来；也要塑造出美观、鲜明、影音和谐、富有表现力和感染力的人机交互界面；要求解说词和背景音乐悦耳协调，声音处理要和画面造型相辅相成、视听同步。经过别具匠心的艺术处理，并用一定的艺术形式表现出来的教学内容，还必须符合教育性和科学性原则；这样才能引起学生的学习兴趣并促使他们主动参与。

5. 技术性原则

课件的技术性是通过程序中各种数据结构、程序结构、控制技术以及运行的可靠性来衡定的。

课件通常要使用大量的图片，图片的大小、格式与分辨率有直接关系。课件技术性原则要求图片清晰、逼真，但是图片文件不能太大；程序的结构要尽可能简洁，控制要可靠，视听要同步，不能影响课件的存储、传输和运行。

另外，课件的运行环境也不能忽视。课件制作完成之后，应该能在一般的计算机上运行，并且要求脱离制作平台，做到可移植性或可兼容性，使课件的开发环境与运行环境无关，通常在课件制作结束时，还要配合安装和卸载程序。

2.4.2　多媒体课件制作基本流程

多媒体课件制作的基本流程如下。

1. 选题的确定

多媒体课件的制作需要大量的投入，因此我们要慎重选题。选题时要进行以下三个分析。

（1）需求分析。

对设计 CAI 课件进行需求分析，其实质就是分析该课件是否符合学生的学习需求。通俗地讲，需求分析就是要分析课件开发的必要性。在动手设计之前，我们不妨先问一问自己：为什么要开发这个课件？不使用这个课件对教学有何影响？如果不了解这一点，就有可能造成人力、物力和财力的浪费。

（2）内容分析。

内容分析包含两个方面的含义：一方面是"教什么"；另一方面是"怎么教"。"教什么"主要是确定教学的范围和深度。"怎么教"是确定如何把教学中的内容传递给学生，采用何种策略组织教学。内容是大纲中规定的教学目标的体现，内容分析就是要看教学内容适合使用何种教学方法来表现。

（3）资源分析。

资源是指设计 CAI 课件所涉及的物质条件。资源分析所涉及的范围很广，如经费、设备、人员、时间、组织机构等方面。对资源进行分析，实质上就是要考虑资源条件是否具备。这些资源条件可以分为人力、物力和财力三个方面。资源分析的目的是确定课件开发的客观可能性。

2. 教学设计

教学设计的目的在于确定教学内容（教什么）、教学顺序（什么时候教）和教学策略（怎么教），以最有效的方式达到总的教学目标。在这个过程中，还应当阐明具体的教学目标，为评价学生的学习提供参照标准。

（1）教学内容分析。

教学内容是指为实现总的教学目标，要求学生系统学习的知识、技能和行为经验的总和。教学内容分析的工作包括规定教学内容的范围、深度，并揭示教学内容各组成部分之间的联系。此项工作通常由学科教师和专家在教学设计专家协助下完成。

教学内容有一定的层次结构。这里假定将教学内容划分为课程（狭义的课程）、单元和项目等层次，其中，项目可以是一个知识点，也可以是一项技能。多媒体 CAI 课程所教的知识可以是这三个层次中的任何一个。由此，分析教学内容通常要完成以下各个步骤。

第一，选择与组织单元，即确定为实现一门课程的总的教学目标，学生必须学习的内容（单元）。

第二，确定单元目标，即确定学生学完本单元之后所能做的工作。

第三，确定学习任务的类别，即把单元学习任务归属于认知、动作技能和情感三大类中的某一类。

第四，分析任务，即确定为实现单元教学目标，学生必须学习的知识和技能。

第五，评价内容，即对所选择的内容进行分析，看是否为实现课程目标所必需。

(2) 学习目标的阐明。

当教学内容确定之后,需要把每一项技能或项目用具体的行为目标表示出来,为以后制定教学策略和评价课件提供依据。实际上,教学内容分析与学习目标的编写是相辅相成的,内容分析以课程和单元目标为基础,编写具体的学习目标又离不开具体的内容。

每一个目标应当包括三个基本要素:行为,就是在教学内容分析中确定的技能或任务;条件,说明上述行为在什么条件下产生;标准,指出合格行为的最低标准。

例如,学生在观看各种云的图片时(条件),应能以90%的准确率(标准),将卷云、层云、积云和雨云分别标记出来(行为)。

由于在计算机辅助教学中,学生是否已掌握某项技能是由计算机来判断的,因此在编写学习目标时,要采用计算机能处理的标准要素,如分数、正答比例和逻辑比较等。

(3) 学习目标图表化。

通过分析教学内容和阐明学习目标,我们得到一系列有一定内在关系的学习目标。把所有这些目标的内在联系用图表示出来,就可得到学习目标层次结构图。

(4) 确定教学起点。

通过对学习需要的分析,我们确定了总的教学目标,即目的地;而对学生的分析,我们基本上确定了教学的出发点。我们首先应该了解学生是否具备进行新的学习所需掌握的知识与技能,以及是否已经掌握新的学习目标中的部分目标。由此,根据前面得到的学习目标层次结构图,就可以确定教学起点,即起点学习目标。

(5) 教学策略的选择。

教学策略的选择主要由学科专家和有经验的教师来决定。学生的水平和动机以及学习目标的类别是影响策略选择的主要因素。另外一个要考虑的因素,是正在设计的课件将被用于教学过程的四个阶段中的哪一个(些)阶段。

各种教学策略适合不同的学习目标类别。指导型策略对概念和规则学习比较有效;练习型和游戏型策略适合于言语学习;模拟型策略对技能和态度目标的学习有效。教学模拟可以促进学习迁移,教学游戏可以激发学生的学习动机。另外,一个教学单元中可以采用多种教学策略,以适应不同的需要。

(6) 制作教学过程流程图。

一旦确定了教学策略,那么就可以制作教学过程流程图,把课件与学生之间的交互过程反映出来。例如,对于指导型课件,需要列出提供指导语、呈现信息、交互、补习以及结束教学模块等排列顺序。通过绘制教学过程流程图可以实现上述目的。

教学过程流程图是关于教学过程中各项活动的顺序和结构的图。它是软件开发的后继步骤(脚本设计和编程)的行动指南。教学过程中活动很多,包括计算机的各种决策和学生的选择等。它们并不一定都要在流程图上反映出来。至于哪些细节可以忽略,则应视教学内容的复杂程度、教学策略的类型和开发人员的需要来决定。

一旦有了教学过程流程图,就可以编写各个教学单元的具体教学内容,最后产生一份详细的文字稿本。对指导型课件来说,就是编写课文,选择例子,设计问题,预测学生应答以及准备反馈信息等;对练习型课件来说,就是收集和编写习题等。

3. 课件结构设计

教学设计确保了多媒体课件的教学性和科学性的要求。之后我们进行课件结构的设计,包括软件结构与功能的设计、屏幕界面的设计、交互方式的设计、导航策略的设计、超文本结构的设计等内容。

（1）软件结构与功能的设计。

多媒体教学软件的系统结构是教学软件中各部分教学内容的相互关系及呈现的形式，它反映了教学软件的主要框架及其教学的功能。软件结构与功能的设计一般包括超媒体结构的设计、总体风格的设计、主要模块的划分、屏数的确定与各屏之间的关系等内容。

（2）屏幕画面的设计。

屏幕画面的描述一般包括屏幕版面、颜色搭配、字体形象和修饰美化等内容。多媒体教学软件屏幕画面除了追求画面的美观、形象、生动之外，还要求屏幕所呈现的内容具有较强的教学性。要精心设计多媒体课件屏幕中的各种教学信息、帮助提示信息和可以进行交互作用的对象的位置及其大小。

（3）交互方式的设计。

交互是指计算机与学习者之间进行信息交换。多媒体课件中的使用者存在着丰富的心理世界和社会需要，是一个个活的、时刻处于成长变化中的个体。多媒体课件中的人机交互方式设计，要求考虑视觉和听觉的模式识别问题，考虑人的感知、表象、记忆、思维和情绪等心理活动。

（4）导航策略的设计。

由于超媒体系统信息量巨大，内部信息之间的关系很复杂，用户容易迷失方向，不知道自己处在信息网中的什么位置。因此，系统必须提供引导措施，这种措施就是导航。在多媒体课件中，通常包括检索导航、帮助导航、浏览导航、演示导航、书签导航等。

（5）超文本结构的设计。

多媒体课件采用超文本方式组织信息，即采用一种非线性的网状结构组织块状信息，是一种由结点和链组成的信息网络。多媒体课件的设计要注意超文本网络结构中的每个节点都应包含多个不同的选择，节点之间的联系应能体现教学（学习）内容的内在联系，学习者可根据需要选择学习顺序。

4. 编写脚本

脚本设计的目的是使课件制作人员在制作课件过程中，能够不违背该课件所需要的教学模式、教学策略和教学内容。因此，课件的脚本设计不单是课件的帧面设计，更是一种课件教学思想的蓝图。在设计的脚本中凡是独立的、不会产生异议的知识点无须展开。课件制作的脚本设计是课件生成的重要文档。

脚本的格式有很多，但基本内容一致，即在脚本中注明在计算机的屏幕上要实现的内容，包括文字、图形、动画和图像等，以及显示这些内容的方法与方式，脚本相当于影视拍摄中的剧本，因此它是教学软件产品成功的关键因素之一。

脚本有文字脚本和制作脚本。

（1）文字脚本的编写。

文字脚本在教学设计阶段完成。完整的文字脚本包含学生的特征分析、教学目标的描述、知识结构流程图、问题的编写和一系列脚本卡片等。上述各项工作，可以用卡片形式来进行描述，并按教学过程的先后排序，形成文字脚本卡片。表2-1是一个文字脚本卡片实例。

课件名:《大气中的水分》序号:D5。

表 2-1 文字脚本卡片实例

主题	地形雨	呈现方式
文本区内容	成因:暖湿空气在运动中,遇到较高地形的阻挡,被迫沿迎风坡爬升,空气在上升过程中冷却,水汽凝结而形成降水 分布:高地迎风坡	按钮或热区触发,文字出现并伴随声音,文字画面淡入淡出
媒体类型	文字、声音、图片	

(2) 制作脚本的编写。

制作脚本的形成要基于文字脚本和课件结构设计。通常多媒体课件的制作脚本应包括知识单元分析、屏幕设计、链接关系描述和制作脚本卡片。一般利用制作脚本卡片综合上述内容,描述每一屏幕的内容和要求,作为软件制作的直接依据,图2-7是一个通用的脚本卡片例子。脚本卡片应包括课件名、类型、序号、文本区设计、交互区设计、本屏顺序说明等内容。

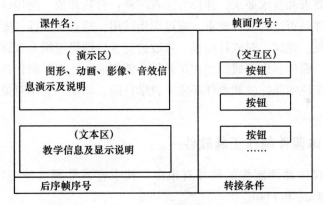

图 2-7 通用的脚本卡片

编写脚本一般根据教学内容分成若干教学单元模块,确立每个模块的教学模式。每个模块又可分成若干帧。每帧设计成制作脚本卡片,编写时每个脚本卡片按一定时间顺序,形成一组脚本卡片。

5. 准备素材

多媒体课件是由各种多媒体素材整合而来的。素材的准备将花费课件制作的大部分时间。由于课件是一个整体的系统,课件风格的统一对课件的美感很重要,因此在准备素材时应该注意课件素材风格的统一,如字体、字号的统一,图片、动画、视频大小、基色的统一等。为此我们在搜集、制作素材前可以制定一个统一的素材标准。

多媒体素材搜索和准备的过程应该系统化、组织化。在为一个课件准备多媒体素材时,应有一个总的目标,即能与其他课件共享。将多媒体素材准备工作的成本分散于多个课件之中,是最大限度地收回投资的最简单方法。应寻找一种在不同课件中使用相同信息的方法。

6. 制作、调试和评价

多媒体 CAI 课件制作的最后三个环节就是课件制作、调试和评价，这是任何一个课件都必不可少的三个步骤。

（1）制作。

在明确课件应具有的内容、特性、外观以及用户使用的检索和查询方法后，便可以确定用来生成该课件的工具和方法。与编写脚本阶段自上而下相反，课件制作阶段是自下而上进行：根据帧面设计构思进行页面课件设计；根据教学单元流程图，编写课件，链接各页；根据课程教学流程图编制课件，链接各单元。

（2）调试。

多媒体课件的调试与任何其他程序的调试一样，其目的是排除程序中隐含的各种可能错误，包括字面上的、文法上的以及逻辑上的错误。

制作完成的课件要经过多人、多次运行，以便发现问题，并做出相应的修正，它是确保课件质量的最后一关。如果存在某些问题，应继续修改，直到满意为止。修正完毕后的课件才能进入课堂进行实际教学。

（3）评价。

课件制作、调试基本完成后，接着可对课件进行评价，评价的目的是检查课件是否达到预期的教育、教学要求和技术要求。评价方法有三种：自我评价、使用评价和专家评价。通过自我评价检查课件是否达到设计要求，通过学生试用，检查交互性、安全性、稳定性，并根据实际应用的意见、建议，对软件做进一步改进完善后即可组织专家评价、鉴定。

经过以上步骤，课件制作完成后，在正式投入使用前，还需要制作各种辅助性说明，形成说明文档，主要是说明课件的软硬件环境、教学目的、功能、适用对象、使用方法及注意事项。

2.4.3 多媒体课件制作工具软件

目前能用于多媒体课件制作的软件有很多。其中容易掌握且使用广泛的软件主要有 PowerPoint、AuthorWare 和 Flash。

PowerPoint 是微软 Office 系列软件中的一个，适合制作电子讲稿或演示型课件，它可以集文字、图形、图像、动画、声音、视频于一体，制作出可控制、可交互、图文并茂的多媒体课件。PowerPoint 制作的课件可以认为是一种基于页面的课件，它是由若干张幻灯片组成，各种素材通过"插入"菜单中的命令集成到幻灯片中，并可以通过"幻灯片放映"中的命令实现各个素材对象的播放顺序和播放效果。利用"超级链接"命令可以实现各幻灯片之间的跳转，也可以跳转到其他文件，如其他演示文稿、Word 文件、Excel 文件，还可以链接到网站或调用其他应用程序。

AuthorWare 是一种基于图标的课件制作软件，程序中有代表不同素材类型的图标，还有包括起始事件、分支、处理及结束等图标，设计者把设置好的图标按照恰当流程在工作区中排列，制作出具有良好交互功能的课件。

Flash 是一种二维动画制作软件，现在越来越多的教师用它来制作多媒体课件。Flash 课件能将教学中抽象的、宏观的和微观的知识，以动画的形式表现出来，有助于学生对教学内容的理解和认识。利用 Flash 中内置的动作语言，可以制作出各类复杂的交互性课件。

本章小结

多媒体技术是指把文字、声音、图形、图像、动画、视频等多种媒体的信息通过计算机进行交互式综合处理的技术,即通过计算机,用多种媒体手段来存储、传播和处理信息的技术。多媒体技术的主要特点体现在它的多样性、集成性、交互性。多媒体信息的类型是指多媒体应用中可显示给用户的媒体形式,在教育活动中常见的有文字、声音、图形、图像、动画、视频等。多媒体技术是多学科的综合技术,其核心技术有数据库技术、数字音视频处理技术、多媒体网络通信技术。多媒体技术在教学中的应用有多媒体课件、人工智能和虚拟现实。

多媒体课件素材主要有文字素材、声音素材、图形图像素材、视频素材和动画素材。每种素材都有许多不同的存储格式,在进行素材准备时要根据它们的特点来选择恰当的格式进行存储。

多媒体课件制作应该遵循的基本原则有教育性原则、启发性原则、科学性原则、艺术性原则、技术性原则。多媒体课件制作的基本流程如下:选题的确定,教学设计,课件结构设计,编写脚本,准备素材,制作,调试和评价。

本章习题

(1) 简述多媒体技术的概念。
(2) 简述多媒体课件的类型。
(3) 各种多媒体素材的获取方法有哪些?
(4) 各种多媒体素材的存储格式有哪些?
(5) 简述多媒体课件制作应该遵循的基本原则。
(6) 多媒体课件设计的一般步骤是什么?

第 3 章

网络技术教育应用

学习目标

(1) 掌握计算机网络的基本概念、功能及分类。
(2) 掌握网络信息资源的概念、特点及分类。
(3) 了解网络资源获取方法。
(4) 熟悉网络交流工具。
(5) 掌握网络课程的概念、功能及应用形式。
(6) 掌握 WebQuest、E 教育、远程教育、数字图书馆、移动学习、教育云应用的概念及应用。

3.1 网络技术概述

3.1.1 计算机网络概念

计算机网络是计算机技术与通信技术相结合的产物,计算机网络从形成、发展到广泛应用已经历了半个世纪的时间。人们可以通过多种方式,将自己的个人电脑、PDA 或手机通过电话线、网络线等有线方式,或通过无线移动网等无线方式连接到互联网,充分享受互联网所提供的各种各样的服务,如浏览 Web 页面、远程上传与下载文件、发送或接收电子邮件、网上实时交谈、网络游戏等。现实生活中,网络已经无处不在,它正在改变着我们的生活习惯和学习方式。

3.1.2 计算机网络功能

计算机网络有很多功能,其中最重要的三个功能是数据通信、资源共享和分布处理。

1. 数据通信

数据通信是计算机网络最基本的功能。它用来快速传送计算机与终端、计算机与计算机之间的各种信息,包括文字信件、新闻消息、咨询信息、图片资料、报纸版面等。利用这一特点,可实现将分散在各个地区的单位或部门用计算机网络联系起来,进行统一的调配、控制和管理。

2. 资源共享

"资源"是指网络中所有的软件、硬件和数据资源。"共享"是指网络中的用户都能够部分或全部地享受这些资源。例如,某些地区或单位的数据库(如飞机机票、饭店客房等)

可供全网使用；某些单位设计的软件可供需要的地方有偿调用或办理一定手续后调用一些外部设备如（打印机），可面向用户，使不具有这些设备的地方也能使用这些硬件设备。如果不能实现资源共享，各地区就需要有一套完整的软、硬件及数据资源，而这将大大增加全系统的投资费用。

3. 分布处理

当某台计算机负担过重时，或该计算机正在处理某项工作时，网络可将新任务转交给空闲的计算机来完成，这样处理能均衡各计算机的负载，提高处理问题的实时性；对大型综合性问题，可将问题各部分交给不同的计算机分头处理，充分利用网络资源，扩大计算机的处理能力，即增强实用性。对解决复杂问题来讲，多台计算机联合使用并构成高性能的计算机体系，这种协同工作、并行处理要比单独购置高性能的大型计算机便宜得多。

3.1.3 计算机网络分类

计算机网络的分类标准有很多，可以从覆盖范围、传输介质、拓扑结构等方面进行分类。

1. 根据网络的覆盖范围分类

根据网络的覆盖范围进行分类，计算机网络可以分为三种基本类型：局域网（Local Area Network，LAN）、城域网（Metropolitan Area Network，MAN）和广域网（Wide Area Network，WAN）。这种分类方法也是目前比较流行的一种方法。

（1）局域网。

局域网也称为局部网，是指在有限的地理范围内构成的规模相对较小的计算机网络。它具有很高的传输速率（1~20 Mb/s），其覆盖范围一般不超过几十千米，通常将一座大楼或一个校园内分散的计算机连接起来构成局域网。它的特点是分布距离近（通常在1 000~2 000 m范围内），传输速度高，连接费用低，数据传输可靠，误码率低。

（2）城域网。

城域网也称为市域网，它是在一个城市内部组建的计算机网络，提供全市的信息服务。城域网是介于广域网与局域网之间的一种高速网络，其覆盖范围可达数百千米，传输速率从64 Kb/s到几Gb/s，通常是将一个地区或一座城市内的局域网连接起来构成城域网。城域网一般具有以下几个特点：采用的传输介质相对复杂；数据传输速率次于局域网；数据传输距离相对局域网要长，信号容易受到干扰；组网比较复杂，成本较高。

（3）广域网。

广域网也称为远程网，它的联网设备分布范围很广，一般从几十千米到几千千米。它所涉及的地理范围可以是市、地区、省、国家，乃至世界范围。广域网是通过卫星、微波、无线电、电话线、光纤等传输介质连接的国家网络和国际网络，它是全球计算机网络的主干网络。广域网一般具有以下几个特点：地理范围没有限制；传输介质复杂；由于长距离的传输，数据的传输速率较低，且容易出现错误，采用的技术比较复杂；是一个公共的网络，不属于任何一个机构或国家。

2. 根据网络的传输介质分类

根据网络的传输介质，可以将计算机网络分为有线网和无线网两种类型。

（1）有线网。

有线网是采用同轴电缆、双绞线、光纤连接的计算机网络。用同轴电缆连接的网络成本低,安装较为便利,但传输率和抗干扰能力一般,传输距离较短。用双绞线连接的网络价格便宜,安装方便,但其易受干扰,传输率也比较低,且传输距离比同轴电缆要短。光纤采用光导纤维作为传输介质,光纤传输距离长,传输率高;抗干扰性强,不会受到电子监听设备的监听,是高安全性网络的理想选择。但其成本较高,且需要高水平的安装技术。

(2) 无线网。

无线网是用电磁波作为载体来传输数据的,目前无线网联网费用较高,还不太普及。但由于联网方式灵活方便,是一种很有前途的联网方式。无线网络,既包括允许用户建立远距离无线连接的全球语音和数据网络,也包括为近距离无线连接进行优化的红外线技术及射频技术,与有线网络的用途十分类似,最大的不同在于传输媒介的不同,利用无线电技术取代网线,可以和有线网络互为备份。

3. 根据网络的拓扑结构分类

计算机网络的最主要的拓扑结构有总线拓扑、环型拓扑、树型拓扑、星型拓扑、混合型拓扑以及网状拓扑等。其中环型拓扑、星型拓扑、总线拓扑是三个最基本的拓扑结构。在局域网中,使用最多的是星型结构。

除了以上几种分类方法外,还可按网络信道的带宽分为窄带网和宽带网;按网络不同的用途分为科研网、教育网、商业网、企业网等。

3.2 网络信息资源

3.2.1 网络信息资源概述

1. 网络信息资源含义

网络信息资源是指通过计算机网络可以利用的各种信息资源的总和。具体地说,是以电子数据形式把文字、图像、声音、动画等多种形式的信息存储在光、磁等非纸介质的载体中,并通过网络通信、计算机或终端等方式再现出来的资源。

2. 网络信息资源特点

与传统的信息资源相比,网络信息资源在信息内容、表现形式、时效性、交互性、关联性、开放性、组织的有序性与整体无序性等方面都显示出新的特点。

(1) 信息内容的丰富性。

互联网是信息的海洋,信息内容几乎无所不包。有科学技术领域的各种信息,也有与大众日常生活息息相关的信息;有严肃的主题信息,也有体育、娱乐、旅游、消遣和奇闻趣事;有历史档案信息,也有显示现实世界的信息;有知识性和教育性的信息,也有消息和新闻的传媒信息;有学术、教育、产业和文化方面的信息,也有经济、金融和商业信息。

(2) 信息表现形式的多样性。

互联网是一个集声音、图像、文字、照片、图形、动画、电影、音乐为一体的包罗万象的综合性信息系统。你可以伴着优雅的音乐,循着链路随意在网上漫游,看看精美的网页、阅读精彩的文件,使学习成为一种浪漫、愉快的旅程。

(3) 信息的时效性。

利用互联网信息制作技术,能很快地将信息传播到世界各地。由于几乎在事件发生的同一时间内,就能将信息快速制作、上网,因此,网上信息的更新周期短、内容新颖。

(4) 信息的交互性。

互联网是交互性的,不仅可以从中获取信息,也可以向网上发布信息。互联网提供讨论、交流的渠道。在互联网上可以找到提供各种信息的人:科学家、工程技术专家、医生、律师、教育家、明星以及具备各种专长和爱好的人们;也可以建立加入一些专题讨论小组,通过交流、咨询获得专家和其他用户的帮助,同时也可发表个人的见解。

(5) 信息的关联性。

互联网的信息组织是基于超文本的,因此,有关联的信息之间通过链接形成一个相互联系的信息渠道,人们可以由此及彼、由远而近、顺藤摸瓜,找到想要的信息。

(6) 信息的开放性。

由于互联网是一个全球性分布的结构,大量信息分别存储在世界各地的服务器与主机上,随着时间的推移和知识的更新,在不断补充新的信息的同时也在不断淘汰旧的信息,以保证其信息的整体数量和使用价值及网络灵活性。

(7) 信息组织的局部有序性与整体无序性。

各搜索引擎和站点目录都收集大量互联网的站点,并按照专业和文献信息类型分类,实现了信息组织的局部有序化。但是,由于互联网急剧膨胀,仍有大量信息被淹没在信息的海洋里,这种无序性必将影响信息检索的系统性、完整性和准确性。

3. 网络信息资源种类

(1) 按加工深度分类。

按照加工深度,可将网络信息资源分为一次信息资源、二次信息资源和三次信息资源三类。

1) 一次信息资源。

一次信息资源也称为原始信息,是指网络上出现的反映最原始的科研、思想、过程、成果以及对原始信息进行分析、综合、评价、总结的信息资源,如科研网站、企业网站、电子期刊、电子图书、统计资料等。用户可以直接利用一次信息中的具体内容为自己服务。

2) 二次信息资源。

二次信息资源就是检索指引。通过对网络上一次信息进行搜集、整理、加工,把大量的信息按主题或学科集中起来,形成相关信息的集合,向用户指明信息的产生和出处,帮助用户有效地利用一次信息。如目录搜索引擎的分类指南、学科网络信息资源导航、各类索引数据库等。

3) 三次信息资源。

三次信息资源是指借助于二次信息的帮助对大量的一次信息进行搜集、分析、加工、整理的信息资源,如网络上存在的大量电子字典、词典等。

(2) 按性质分类。

按照性质,可将网络信息资源分为正式出版物信息、半正式出版物信息和非正式出版的信息三类。

1) 正式出版物信息。

正式出版物信息也可称商用信息资源,是指由正式出版机构或出版商发行的,受到一定知识产权保护、信息质量可靠、必须购买才可使用的收费信息资源,包括各种网络数据库、大部分电子期刊、电子图书等。如我国用户使用较多的 SDOS、EBSCO 等英文数据库以及万方数据库、重庆维普数据库、中国期刊网等中文数据库，Apabi 电子图书、超星电子图书等都属于收费的正式出版物；也有部分正式出版物不用付费就可以自由使用，如大部分的图书馆目录、部分网上电子报刊等。

2）半正式出版物信息。

半正式出版物信息又称灰色信息，是指受到一定的知识产权保护但没有纳入正式出版物系统的信息，完全面向用户开放、免费使用。如各企业、政府机构和国际组织、学术团体、教育研究机构、行业协会等各种网站所提供的尚未正式出版的信息。其他一些资源，如图书馆、教育机构、政府机关的一些特色制作，如特色数据库、教学课件等，在一定的范围内分不同层次发行，不完全向用户开放。

3）非正式出版的信息。

非正式出版的信息是指那些随意性强、流动性较大、质量和可信度难以保证的动态信息，不受任何的知识产权保护。如 BBS、新闻组、网络论坛、电子邮件等上的信息。

(3) 按主题分类。

网络信息资源按主题划分比较复杂，对具体信息的划分也没有统一的标准，因而不同网站对信息主题的划分也各有自己的特点，但总体来讲大同小异，总结起来主要有以下几类信息。

1）新闻。

互联网改变了人们获取新闻信息的方式，互联网在同一时间内向全世界传播最新发生的新闻，人们可以不受限制地获取世界上任何地区的新闻，各类门户网站和新闻网站是人们获取新闻的主要途径，如我国的互联网三大门户网站（网易、新浪与搜狐）、凤凰卫视、大洋网等新闻网站可以浏览国内国际的政治、体育、娱乐、财经、教育、军事等行业新闻。

2）政府信息。

政府信息包括政府预算，政府资助项目，政府基金信息，各类政府公告，政府网站上有关标准、专利、统计资料、法律和知识产权等。

3）商业贸易和金融。

商业信息是互联网上非常重要也非常庞大的网络信息资源。它包括金融、股票、证券市场、贸易、房地产、商品广告、公司名录等。

4）科学技术与教育。

科学技术与教育包括科学技术信息、数学、物理、化学、天文学、航天与航空、农业、生物学、医疗卫生、环境保护、地质科学、计算机科学等，以及高校网站、教育机构、教育网站上的各类信息资源。

5）参考工具书和书目期刊索引。

参考工具书和书目期刊索引主要包括各类字典、词典、百科全书、指南、索引等。

6）娱乐。

娱乐包括音乐、明星、动漫、游戏、笑话、旅游等。

(4) 按采用的网络传输协议分类。

按照采用的网络传输协议，可将网络信息资源分为 WWW 信息资源、Telnet 信息资源、FTP 信息资源、用户服务组信息资源和对等传输信息资源五类。

1) WWW 信息资源。

WWW（World Wide Web）信息资源也称 Web 信息资源，于 1989 年由欧洲粒子物理实验室 CERN（the European Laboratory for Particle Physics）发展出来的主从结构分布式超媒体系统。采用客户端/服务器（Client/Server）工作模式，将超文本传输协议 HTTP 作为浏览器与 Web 服务器相互之间的通信协议，以超文本标记语言 HTML 作为其描述语言。界面友好，使用简单，功能强大，能方便迅速地浏览和传递分布于网络各处的文字、图像、声音和多媒体超文本等信息资源。WWW 信息资源目前是网络信息资源最主要、最常见的形式。

2) Telnet 信息资源。

Telnet 信息资源是指在远程登录协议 Telecommunication Network Protocol 的支持下，用户计算机经由互联网与远程计算机连接，并在权限允许的范围内检索和使用远程计算机系统中的各种软、硬件资源。可以通过 Telnet 访问远程计算机的硬件资源（如超级计算机、精密绘图仪、高档多媒体输入/输出设备等）和软件资源（如大型的计算程序、图形处理程序、大型数据库、联机公共检索目录等）。

3) FTP 信息资源。

FTP（File Transfer Protocol）是互联网上使用的一种文件传输协议，以文件方式在互联网计算机之间传输的信息资源。该协议的主要功能是实现文件从一个系统到另一个系统的完整复印。不仅允许从远程计算机上获取、下载文件，也可将文件从本地计算机传到远程计算机上，实现信息资源的互惠与共享。

4) 用户服务组信息资源。

各种各样的用户服务组是互联网上非常受欢迎的信息交流形式，包括新闻组（Usenet 或 News Group）、邮件列表（Mailing List）、专题讨论组（Discussion Group）、兴趣组（Interest Group）等。用户服务组信息资源相对其他信息资源具有信息交流广泛性、交互性、直接性等特点，因此也成了一种最丰富、最自由、最具有开放性的资源。

5) 对等传输信息资源。

对等传输 P2P 让人们通过互联网直接交互。可以直接链接到其他用户的计算机交换文件，而不是像过去那样链接到服务器去浏览与下载信息资源。P2P 在下载的同时，自己的计算机还要继续作为主机上传，这种下载方式，人越多速度越快，但其缺点是对硬盘损伤比较大，并且占用内存比较多，影响整机速度。最受欢迎的 P2P 软件有 BitTorrent（简称 BT）、eMule 等。

3.2.2　网络信息资源获取

获取网络资源的基本环节概括起来是：查询资源、浏览资源、保存资源。获取网络资源的常用方式是：网页浏览、文件传输、电子邮件、远程登录等。网页浏览是最基本的获取方式，不但能够查看基本的 Web 资源，并能通过超链接了解更多的相关信息；文件传输协议（FTP）能够在互联网上提供文件传输服务，既能把网站上的资源下载到本地脱离网络使用，也能把本地资料上传到网站；电子邮件（E-mail）利用网络进行通信服务，不但能够传送文本资料，而且能够传送多媒体文档；远程登录（Telnet）主要是通过网络使用远程的计算机资源，就像使用本地计算机一样方便；另外，还可以通过新闻论坛、新闻组、电子公告栏、网上即时通信（如 QQ、MSN）等进行资源的交流和获取。

1. 网络信息资源的收集方法

针对网络信息资源庞杂、无序及动态性等特点，为解决用户查找信息不便等问题，在此归纳了以下几种网络信息资源的收集方法。

（1）利用网上搜索引擎。

通过搜索引擎对网络信息资源进行查找是获取网络信息资源的主要方式。搜索引擎是用来对网络信息资源管理和检索的一系列软件，是一种在互联网上查找信息的工具。查找信息资源时，在其中的搜索框中输入查找的关键词、短语，或者是其他相关的信息，再通过超级链接，逐一访问相关网站，就可能查找到所需要的信息资源，如 Google、百度、Yahoo！等搜索引擎，是以搜寻网络信息资源为目标，在一定程度上满足了人们对网络信息资源的查询需求，给用户搜寻信息带来方便，减少了网络浏览的盲目性。

（2）利用权威机构的网站。

如果用户熟悉网络资源的特点和分布状况，了解常用信息资源的发布方式，可以通过国内外重要的科研机构、信息发布机构、学会的网址，及时而准确地获得这些权威机构发布的信息。如要了解关于医药研究方面的信息，可以到美国国立研究院（http：//www.nih.gov）或世界卫生组织（http：//www.who.int）以及其他一些重要的卫生医药学会、协会的网站上查找。这些权威机构、学会的网站可以帮助读者及时了解和掌握最新的科研动态。

（3）利用网络专业信息资源导航库。

专业信息导航库比搜索引擎更具专指性。如中国高等教育文献保障系统（CALIS）本着共知、共建、共享的原则，以全国高等院校为依托，建立起 CALIS 工程中心重点学科导航库和 CALIS 文理中心重点学科导航库，积累了国内外政府部门、高等院校、科研机构、学术团体的各专业网站地址，覆盖的学科全面，学术价值高，信息可靠性强，通过有效链接可以直接进入各学科专业网，既节省了查询时间，又提高了查询的准确性。

（4）利用各高校图书馆的网络资源。

高校图书馆是网络信息资源的主要发布阵地，尤其是针对学术信息资源。图书馆根据读者需求，编制网络资源导航系统，建立学科导航库和中外文网络数据库链接，筛选网上信息，剔除重复和无用的网络资源，引导读者最大限度地利用有效的信息资源，将读者从繁杂、无序的信息海洋中解脱出来，有效地遏制信息泛滥给读者造成的影响。如建立网络信息资源链接列表、建立数据库的镜像服务网站，将信息资源按水平、质量、来源、相关度等加以排列，指明文献可利用程度，同时编制各种网上"指南""索引"或"联机帮助"，指导读者有效地利用网络信息资源。

以上这些方法可以作为寻找网络信息资源的常规方法，当然，在庞杂、无序及动态的信息中寻找自己所需要的信息，除了要掌握这些基本方法外，还需要掌握一定的技巧，具体问题具体分析，了解不同数据库的特点，充分运用各种逻辑检索规则准确表达检索要求，通过运用多种方法和进行多种尝试，最终收集到有用、可靠的信息。

2. 网络信息资源的检索

互联网的广泛应用和发展，使世界范围内的信息交流、信息资源共享成为现实，它打破了时空的限制，拓展了人类信息空间。因为缺乏统一的组织和控制，网络上的信息纷乱，鱼龙混杂，要想从大量纷繁复杂、千变万化的信息海洋中及时、准确地找到并获取所需的信息，就需要借助各种类型的信息搜索工具。

网络检索工具是指在互联网上提供信息检索服务的一类网站或服务器,其检索的对象是存在于互联网信息空间中的各种类型的网络信息。

一般来说,网络检索工具按索引方式主要可以分为目录型检索工具和搜索引擎两大类。

(1) 目录型检索工具。

目录型检索工具(Subject Directory Catalogue)是由信息管理专业人员在广泛搜集网络资源,并进行加工整理的基础上,按照某种主题分类体系编制的一种可供检索的等级结构式目录。在每个目录分类下提供相应的网络资源站点地址,使用户能通过该目录体系的引导,查找到有关的信息。

目录型检索工具的主要优点是所收录的网络资源经过专业人员的选择和组织,可以保证质量,减少了检索中的"噪声",从而提高了检索的准确性。但由于是人工收集整理信息,因此花费的人力和时间成本相对较多,难以跟上网络信息的迅速发展,所涉及信息的范围有限,其数据库的规模也相对较小。

创建于1994年的Yahoo!(也称"雅虎")(http://www.yahoo.com/),是最早、最有代表性的目录型检索工具。目前,Yahoo!已经开发出多种语言版本以提供区域性的服务。Yahoo!的中文站点(http://cn.yahoo.com)于1998年5月推出。Yahoo!将网络资源按内容分为14个大类:艺术与人文、商业与经济、计算机与互联网、教育、娱乐、健康与医药、政府与政治、休闲与生活、参考资料、区域、科学、社会科学、社会与文化、新闻与媒体。每个大类下又逐级链接多个小类,最后与相应的Web页相连。Yahoo!除了提供目录方式链接浏览检索外,还提供关键字检索,并具备高级检索功能。Yahoo!站点的主页如图3-1所示。

图3-1 Yahoo!站点的主页

(2) 搜索引擎。

搜索引擎(Search Engine)使用自动索引软件来发现、收集,并标引网页、建立数据库。以网页形式提供给用户一个检索界面,供用户输入检索关键词、词组或短语等检索项。代替用户在数据库中查找出与其提问匹配的记录并返回结果,且按其相关度排序输出。

使用搜索引擎检索时，而无须判断类目、归属，使用比较方便。另外，搜索引擎也存在一些缺陷，例如人工干预过少使其准确性较差，检索结果中可能会有很多冗余信息。

搜索引擎的工作过程主要包括信息采集、存储、加工、处理输出等几部分。

1）搜索引擎的检索功能。

搜索引擎的检索功能包括一般检索功能和特殊检索功能。

① 一般检索功能。

一般检索功能是搜索引擎最基本的作用所在。通常情况下，布尔逻辑检索、词组检索、截词检索、限制检索、字段检索等都属于一般检索功能。

- 布尔逻辑检索："与 AND""或 OR""非 NOT"。
- 词组检索：将一个词组当作一个独立运算单元，进行严格匹配。
- 截词检索：分为左截、右截、中间截断和中间屏蔽四种，通常只提供右截法，而且搜索引擎中的截词符通常采用星号"＊"。
- 限制检索：通过限制检索范围，达到优化检索结果的方法。
- 字段检索：限制检索的一种，多表现为限制前缀符的形式。

② 特殊检索功能。

- 自然语言（Natural Language）检索：直接采用自然语言中的字、词或句子提问式进行检索。
- 多语种检索：提供多语言种类的检索环境供检索者选择，系统可按指定的语种进行检索，并输出相应的检索结果。
- 区分大小写（Case-Sensitive）的检索：主要针对检索词中含有人名、地名等专有名词的检索。

2）搜索工具的语法规则。

搜索引擎一般是通过搜索关键词来完成自己的搜索过程，即填入一些简单的关键词来查找包含此关键词的文章或网址。这是使用搜索引擎最简单的查询方法，但返回结果并不是每次都令人满意的。如果想要得到最佳的搜索效果，就要使用搜索的基本语法来组织要搜索的条件。

搜索引擎中常用的操作逻辑符是 AND、OR、NOT。一般这些操作符要大写，以区别要搜索的关键词。

① AND 表示逻辑"与"的概念，也可以用"&"表示。它表示要查询的资料要满足用户给出的所有的关键词才被列出。例如，在查询中，给出的条件是"教育技术 AND 中学物理教学"，表示查找的资料中必须既包含"教育技术"，又要包含"中学物理教学"，只有两个关键词都同时满足的资料才能被查出。

② OR 表示逻辑"或"的概念，也可以用"｜"表示。它表示一份资料只要满足用户给出的关键词中的一个就可以被查询到。例如，给出条件"小学 OR 学科整合"，表示只要包含有"小学"或"学科整合"的其中之一的资料都是符合搜索意图的信息。

③ NOT 表示逻辑"非"的概念，也可以表示为"！"。它表示搜索含有 NOT 之前的关键词的资料，但是排除里面含有 NOT 之后的关键词的资料。例如，在查询中，给出条件"课程改革 NOT 中学"，这表示查找包含有"课程改革"，但没有出现"中学"的所有资料。

3）搜索引擎举例。

① Google 搜索引擎。

"Google"（谷歌）（http：//www.google.com）是目前最为著名的搜索引擎，该搜索引擎建立于 1998 年。2000 年 7 月，Google 替代 Inktomi 成为 Yahoo! 公司的搜索引擎。同年 9 月，Google 成为中国网易公司的搜索引擎。从 1998 年至今，Google 已经获得了 30 多项业界大奖。

Google 支持简体中文和繁体中文在内的 132 种语言；Google 有 10 000 多台服务器为其服务；它的专利网页级别技术 PageRank 能够大大提高搜索结果的命中率；Google 的搜索结果中摘录了查询网页的"含有关键字的内容"，而不仅仅是网站简介；Google 网站的页面十分简洁，它那智能化的"手气不错"功能，提供可能最符合要求的网站；Google 的"网页快照"功能，能从 Google 服务器里直接取出缓存的网页。此外，Google 还具备强大的"图像"搜索功能，据称可以检索 3 亿多张图片，是"互联网上最好用的图像搜索工具"。另外，Google 还提供了有效的"新闻群组（USENET）"搜索功能，以及"网页目录"搜索功能。Google 的检索界面如图 3-2 所示。

图 3-2　Google 的检索界面

② 百度搜索引擎。

百度是全球最大的中文搜索引擎，2000 年 1 月由李彦宏、徐勇两人创立于北京中关村，致力于向人们提供"简单，可依赖"的信息获取方式。"百度"二字源于中国宋朝词人辛弃疾的《青玉案·元夕》词句"众里寻他千百度"，象征着百度对中文信息检索技术的执着追求。

百度的网址：http：//www.baidu.com。其搜索功能完备，搜索精度高，搜索功能包括新闻搜索、网站网页链接、MP3 搜索、图片搜索等。百度是目前最常用的搜索引擎之一。其检索界面如图 3-3 所示。

③ 搜狗搜索引擎。

搜狗网址：http：//www.sogou.com。搜狗搜索是搜狐公司于 2004 年 8 月 3 日推出的全球首个第三代互动式中文搜索引擎。搜狗搜索是中国领先的中文搜索引擎，致力于中文互联网信息的深度挖掘，帮助中国上亿网民加快信息获取速度，为用户创造价值。

图3-3 百度站点的主页

搜狗的其他搜索产品各有特色。音乐搜索有小于2%的死链率，图片搜索有着独特的组图浏览功能，新闻搜索能及时反映互联网的热点事件，地图搜索有着全国无缝漫游的功能，这使搜狗的搜索产品极大地满足了用户的日常需求，体现了搜狗的研发策略。

④ 新浪搜索引擎。

新浪网址：http://search.sina.com.cn/。新浪搜索引擎是面向全球华人的网上资源查询系统。新浪搜索提供网站、网页、新闻、软件、游戏等查询服务。网站收录资源丰富，分类目录规范细致，遵循中文用户习惯。目前共有16大类目录，一万多个细目和二十余万个网站，是互联网上规模最大的中文搜索引擎之一。

3. 网络信息资源下载

文件下载就是通过网络进行传输，把服务器中的文件保存到本地计算机上的一种活动。使用下载软件，能够更加快速、方便地将所需要的资源下载到自己的计算机上。

(1) 网页信息下载。

用IE浏览器浏览网页时，如果发现自己感兴趣的内容，可以通过"文件"下拉菜单的"另存为"一项将当前页面的内容保存到硬盘上，既能以.HTML文档（.HTM/.HTML）或文本文件（.TXT）的格式存盘，又能实现完整网页的保存，供以后慢慢阅读。IE浏览器内容的保存方式共有以下四种。

1) Web页，全部（*.htm；*.html）方式。

如果保存为这种格式，IE将把当前浏览的页面保存到指定位置的文件中，同时生成一个同名文件夹，在该文件夹中保存了当前网页显示的文件资料。使用该方式保存的网页脱机浏览时，看到的效果与原来网页一样，只是有些链接不能打开。

2) Web档案，单一文件（*.mht）方式。

这个格式把当前网页上的所在内容都保存在一个用.mht作为扩展名的单一文件中，不会出现像第一种方式那样的文件夹,这个文件由于保留了网页的所有内容,所以也比第一种方式的文件要大得多。

3) Web 页,仅 html(*.htm;*.html)方式。

与第一种方式相比,这种方式只是生成一个 htm 文件而不会创建同名的文件夹,所以它将不保存网页中的图片等信息。如果只想保存网页中的文字内容或当前网页是纯粹的文字,可以保存为这种方式。

4) 文本文件(*.txt)方式。

如果用这种方式保存,IE 会删除当前页面中所有的页面格式。只把文字内容留下,和"Web 页,仅 html(*.htm;*.html)"方式不同的是,它最后得到的是一个纯文本文件,这种方式保存的文件最小,也最便于和其他程序交换数据,所以应当是收集网页文字信息的最佳选择。

随着浏览器技术的不断发展,现在越来越多的浏览器带有自己专用的下载管理器。如搜狗高速浏览器的"搜狗高速下载"、谷歌浏览器的"下载内容"、IE 浏览器和超速浏览器的"文件下载"、360 浏览器的"新建安全下载"、傲游浏览器的"下载文"、Opera 浏览器和火狐浏览器的"下载"。采用浏览器下载获取网络信息资源,当浏览器软件安装后,一般不再需要单独设置,就可以实现下载时自动打开下载管理器页面的功能。如有特别需要,也可以进行单独设置,如修改下载保存信息资源的位置。需要特别注意的是,由于部分浏览器采用了更为先进的下载技术,因此采用浏览器下载获取信息资源时,其下载速度往往要快于一般的专用下载工具。

(2) 网络信息下载方式。

目前,网络流行的下载方式主要有 WEB、P2P、P2SP 三种,三种下载模式都有自己的代表软件,如 FlashGet(网际快车)、BitComet、迅雷都是目前流行的下载软件,在下载网络信息资源时,可以根据需要选择合适的软件下载资源。

1) 下载原理解析。

WEB 下载方式分为 HTTP 与 FTP 两种类型,它们分别是 Hyper Text Transfer Protocol(超文本传输协议)与 File Transfer Protocol(文件传输协议)的缩写,它们是计算机之间交换数据的方式,也是两种最经典的下载方式。该下载方式原理非常简单,就是用户通过两种规则(协议)和提供文件的服务器取得联系,并将文件搬到自己的计算机中来,从而实现下载的功能。其工作原理如图 3-4 图 A 所示。

P2P 下载方式与 WEB 方式正好相反,该种模式不需要服务器,而是在用户机与用户机之间进行传播,也可以说每台用户机都是服务器,讲究"人人平等"的下载模式,每台用户机在下载其他用户机上文件的同时,还提供被其他用户机下载的作用,所以使用该种下载方式的用户越多,其下载速度就会越快。其工作原理如图 3-4 图 B 所示。

P2SP 下载方式实际上是对 P2P 技术的进一步延伸,它不但支持 P2P 技术,同时还通过多媒体检索数据库把原本孤立的服务器资源和 P2P 资源整合到了一起,这样下载速度更快,同时下载资源更丰富,下载稳定性更强。其工作原理如图 3-4 图 C 所示。

2) 下载资源区别。

下载原理的不同决定了三种不同下载方式的资源有所区别。

WEB 下载方式是通过下载服务器进行下载,同时下载资源须由专人上传到服务器后,方可进行下载,受到下载服务器的限制,其资源有限。

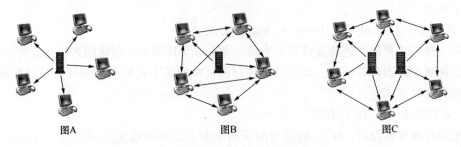

图A　　　　　　　　　　图B　　　　　　　　　　图C

图3-4　网络下载工作原理图

　　P2P下载是通过种子的方式进行传播,如果有人想把文件提供下载,只要通过软件把文件制作成种子而且发布到页面上就可以了,同时种子体积非常小,便于发布。种子发布后,只要有一个人提供共享,那么其他人就可以通过P2P软件进行下载。

　　P2SP可以把所有的P2P共享资源与各个下载服务器进行整合,所以其下载资源远远大于WEB方式,同时P2SP采用的多媒体搜索引擎技术还可以把服务器端的同一个文件的各个镜像同时找到,能够实现各个服务器同时下载,如此可以说,下载资源是非常丰富的。

　　3) 下载速度比较。

　　WEB方式下载可以借助FlashGet等工具软件实现多线程下载,但由于其下载资源来自单一服务器,一旦下载的人数增多,其下载速度就会变得非常慢,甚至能够让服务器死机,所以WEB方式限制了文件的下载速度,不过当前下载的主流还是以WEB方式为主。

　　P2P方式下载则不然,下载的人数越多,其下载速度就会越快,从而实现飞速下载。当下载人数减少时,特别是现在很多人下载完成后,就不想再做种子为他人服务,这时下载速度就会急剧下降。

　　P2SP方式下载通过独特的多媒体搜索引擎技术,把各个服务器端的文件整合到一起,实现同时从多个服务器端下载文件,而不像WEB方式那样只从一个服务器端多线程下载,这样就可以有效地使用其他服务器,为能够提供稳定高速下载提供了保障。

　　P2P方式下载虽然能够实现高速度下载,但当人数减少时,其速度也并不理想,其稳定性受到限制,同时其可控性也没有采用服务器方式更安全,而WEB方式在下载人数增多时,其速度也会变得非常慢,甚至出现链接不上的问题,其效果也不是很理想。但这两种下载方式也并不是不能使用,我们可以使用BT下载种子数多且热门的一些软件、电影等;而下载一些小文件,可直接采用WEB方式进行下载;对于一些大文件,我们可以使用P2SP方式下载,实现多服务器、多线程快速下载,从而满足不同的下载需要。

　　(3) 常用下载工具软件。

　　1) FlashGet。

　　FlashGet(网际快车)是一个快速下载工具。FlashGet全面支持BT、HTTP及FTP等多种协议。P2P和P2S无缝兼容,全面支持BT、HTTP及FTP等多种协议。它采用多线程技术,把一个文件分割成几个部分同时下载,从而成倍地提高下载速度。

　　网际快车提供了对下载文件进行归类管理的功能,可以为下载文件创建不限数目的类别,每个类别指定单独的文件目录,不同类别的文件下载任务完成后,文件就会保存到相应的磁盘目录中,从而实现下载文件的分类管理。网际快车还支持拖拽、更名、查找等功能,使管理文件更加得心应手。可以说，网际快车是为数不多的集速度与管理于一体的王牌下载软件之一。

2）BitComet。

BitComet（比特彗星）是一个完全免费的BT下载管理软件，也称BT下载客户端，同时也是一个集BT/HTTP/FTP为一体的下载管理器。BitComet拥有多项领先的BT下载技术，有边下载边播放的独有技术，也有方便自然的使用界面。最新版又将BT技术应用到了普通的HTTP/FTP下载，可以通过BT技术加速普通下载。

BitComet不只是一个强大的BT下载软件，还具有独有的长效种子功能，能显著提高下载速度，延长种子寿命。

3）迅雷。

迅雷是目前网络上最流行的下载软件之一，是一款基于多资源超线程技术的下载软件，作为"宽带时期的下载工具"，迅雷针对宽带用户做了优化，并同时推出了"智能下载"的服务。迅雷7主界面如图3-5所示。

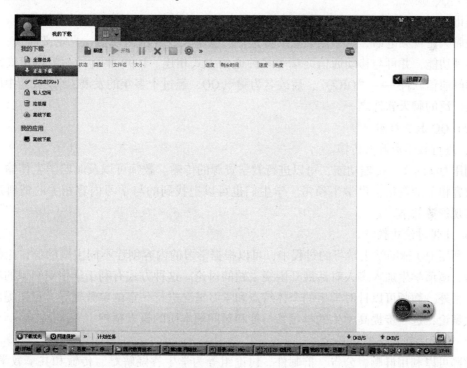

图3-5 迅雷7主界面

迅雷利用多资源超线程技术基于网格原理，能将网络上存在的服务器和计算机资源进行整合，构成独特的迅雷网络，使各种数据文件以最快的速度进行传递，比普通的单线程下载软件要快5~7倍，且使用简单，容易上手。

注册并用迅雷ID登录后可享受到更快的下载速度，拥有非会员特权（如高速通道流量的多少、宽带的大小等），迅雷还拥有P2P等特殊下载模式。

迅雷的缺点：比较占用内存，迅雷配置中的"磁盘缓存"设置得越大（自然也就更好地保护了磁盘），占用的内存就会越大；广告太多，迅雷7之后的版本更加严重，广告一度让一些用户停止了对迅雷7的使用，倒回来用迅雷5的较稳定版本。

3.2.3 网络交流工具

1. 电子邮件

电子邮件（Electronic Mail，简称 E-mail）是指利用计算机网络交换的电子媒体信件。E-mail 提供了一种简捷、快速、价廉的方法，通过互联网实现了文本、图形、声像、动画、视频等各种信息文件的传送、接收、存储等处理。它是随着计算机网络而出现的，依靠网络的手段实现普通邮件信息的传输。

电子邮件是网络世界使用人数最多、应用最频繁的互联网工具。很多门户网站都提供免费的电子邮件，如新浪、网易、搜狐、腾讯等，只要在相应的网站上注册一个电子邮箱，就可以使用了。另外，人们也经常使用电子邮件客户端软件来收发邮件，最常用的有微软公司的 Outlook Express 和国产的 Foxmail 等。

2. QQ

（1）QQ 概述。

腾讯 QICQ（简称"QQ"）是腾讯公司开发的一款基于互联网的即时通信软件。QQ 支持在线聊天、视频电话、点对点断点续传文件、共享文件、网络硬盘、自定义面板、QQ 邮箱等多种功能，并可与移动通信终端等多种通信方式相连。1999 年 2 月，腾讯正式推出第一个即时通信软件——"OICQ"，后改名为腾讯 QQ，经过十多年的发展，QQ 成为中国目前使用最广泛的聊天软件之一。

（2）QQ 教育应用。

1）进行教学资源的传输。

利用 QQ 的文件传输功能，可以进行教学资源的传输。教师可以及时给学生传输一些与学习内容相关的资料，供学生参考。学生们也可以把找到的与学习内容相关的资料进行传递，实现资源共享。

2）开展讨论式教学。

在利用 QQ 辅助学生学习的过程中，可以根据学习的内容创建不同主题的群讨论组让学生参与，邀请学生加入多人对话展开围绕主题的讨论。这种方式有利于学生对知识的巩固和拓展。另外，教师可以针对学生的个体特点和学习情况进行一定的单独辅导，可以提出问题和学生辩论，进一步提高学生的学习参与度和对问题本质的探索精神。

3）构建课外教学辅导平台。

教师可以利用群聊、公告、群邮件、讨论组等为学生答疑解难、传输和共享教学资源、发布教学通知或公告以及上传与下发作业等，使师生不用见面也可以实现实时交流。

4）搭建远程教学支撑平台。

利用文字、语音、视频三方面的特点，开展远程协助，有效展开教学的各个环节，实时指导学生参与学习，使教学更具针对性。利用 QQ 个人空间，建立学生个人电子档案，展示自我学习情况。

5）促进学生的认知策略。

在利用 QQ 进行远程辅助教学中，同样有着丰富的表情、声音、图像和视频来满足学生在认知中的直观性，虽然是在虚拟空间，但学生可以完全感受到如现实般的情境，并且具有积极主动、独立自主等特点，这就为学生认知策略的发展提供了可行性。

6）促进教师反思的研讨。

通过QQ群，教师把自己的教学困惑、教学观点、教学经验与大家一起分享，能凝聚更多人的智慧，达到一种更高的学术层次，促进普通教师与优秀教师的广泛交流。

7）进行交互讨论式学习。

利用QQ在线讨论，打破了现实中的时空限制。当有开展讨论式学习的需要时，即便是学生放假期间，也可以利用QQ开展活动。不论是异地同时，还是异地异时，学生都可以利用网络与其他学习者就自己疑惑的问题进行探讨。

8）促进网络教学中的情感互动。

利用QQ开展师生交流、生生交流，促进网络教学的情感互动，对提高教学质量、降低成本都具有十分重要的现实意义。

3. BBS

BBS（Bulletin Board System），即电子公告板系统，是互联网上的一种电子信息服务。BBS为网络用户提供一个公共区域，每个用户都可以在上面发布信息或回复评论。国内很多ISP和网站都提供这项服务。在大学校园中，BBS更是风靡一时，如清华大学的"水木清华"、北京邮电大学的"鸿雁传情"、复旦大学的"日月光华"等。

像是日常生活中的黑板报一样，BBS按不同的主题分成很多个布告栏，布告栏设立的依据是大多数BBS使用者的要求和喜好，使用者可以阅读他人关于某个主题的最新看法，也可以将自己的想法毫无保留地贴到布告栏中。同样，别人也可以回应你的帖子。各个BBS站点涉及的主题和专业范围各有侧重，用户可根据自己的需要选择BBS站点参与讨论、发表意见、征询建议和结识朋友。

互联网上的BBS为大家提供一个全面、实时的交流场所，彻底冲破了时间和空间的束缚。在BBS上可以自由发表文章，阐述对某一个问题的看法，而这可能会引发一场激烈的讨论，对此话题有兴趣的人都可加入进来，从而获得一般途径无法得到的知识。任何人都可能成为你的老师，你也可以是任何人的老师，大家相互切磋、共同提高。利用BBS能很好地组织课堂讨论，学生更容易获取别人的经验、更深入地掌握课程知识。

4. 微博

微博，即微博客（Micro Blog）的简称，是一个基于用户关系信息分享、传播以及获取平台，用户可以通过WEB、WAP等各种客户端组建个人社区，以140字左右的文字更新信息，并实现即时分享。最早也是最著名的微博是美国的Twitter。2009年8月，中国门户网站新浪推出"新浪微博"内测版，成为门户网站中第一家提供微博服务的网站，微博正式进入中文上网主流人群视野。

（1）微博特点。

微博草根性强，广泛分布在桌面、浏览器和移动终端等多个平台上，多种商业模式并存。但无论哪种商业模式，都离不开用户体验的特性和基本功能。

1）信息获取具有很强的自主性、选择性。用户可以根据自己的兴趣偏好，依据对方发布内容的类别与质量，来选择是否"关注"某用户，并可以对所有"关注"的用户群进行分类。

2）微博宣传的影响力具有很大弹性，与内容质量高度相关。其影响力基于用户现有的被"关注"的数量。用户发布信息的吸引力、新闻性越强，对该用户感兴趣、关注该用户的人数也越多，影响力就越大。只有拥有更多高质量的粉丝，才能让你的微博被更多人关注。此外，微博平台本身的认证及推荐亦有助于增加被"关注"的数量。

3）内容短小精练。微博的内容限定为140字左右，内容简短，不需长篇大论，门槛较低。

4）信息共享便捷迅速。可以通过各种连接网络的平台，在任何时间、任何地点即时发布信息，其信息发布速度超过传统纸媒及网络媒体。

(2) 微博教育应用。

微博在教育中的应用主要体现在以下几方面。

1）鼓励互动，提高课堂学习的积极性。

通过微博能尽情表达各种想法，畅所欲言，在学习过程中分享彼此的意见。学生通过熟悉的网络或手机接口，在微博上发送信息，能快速跟上课堂节奏。除了热烈的发言外，教室前面设有大屏幕，显示所有人的响应，教师实时补充和回复同学们的疑问。通过微博网络平台来组织大家发表评论，提出观点，将所有的观点整理并进行讨论，采用这种方式比过去传统的教学更能培养学生的创新思维能力。

2）进行移动学习，扩展课堂学习。

微博在学习中的应用，能有效体现移动学习的作用。学生可以躺在床上，行走在路上，或在篮球场上等地方随时和同学、伙伴探讨问题，可以快速形成庞大的网状学习群体。通过微博，学生的学习时间和地点几乎不受任何限制，有了突发的疑问或者对某个问题的看法，可以随时随地发出信息；微博平台的其他群组人员如教师可以随时接收，并可以使参与移动学习的群体扩展到无限，学生可以随时与专家、教师、学习伙伴及他们的粉丝取得联系，一个问题可以在这个庞大的学习团队中迅速解决，体现了移动学习中对问题处理、知识传播和习得的高效性。这种学习方式是传统的Web工具所无法比拟的。

3）利于团队合作，促进协作学习。

基于微博的协作学习，是指借助于微博功能，在教育组织者的引导下，由多个学习者以小组形式针对共同学习目标进行彼此交互和协作，以团队合作的形式完成知识建构的学习模式。协作学习有竞争、角色扮演、辩论、讨论、协同、伙伴、设计、小组评价和问题解决9种基本模式。协作学习的所有模式都可以利用微博功能来完成，不需要借助于其他软件或渠道，可实现无障碍操作。如微博发布、转发与话题功能可用于协作学习中的辩论、讨论与竞争模式，群组、点名和关注功能可用于协同、伙伴与小组评价模式。

4）帮助学生累积资料，促进知识结构的改变。

微博为学生积累材料提供了方便，如果脑海里突然闪现灵感，可利用手机随时上传到微博记载。由于微博具有共享性，自己收集的材料可提供给所有微博的关注者和粉丝，他们在享用这些材料的同时，可以写入自己的观点和自己收集的其他材料。这样，用微博收集材料不仅是一种个体行为，更是将个体行为纳入一个组织中，形成更大的效应和价值。

5）作为师生之间便捷有效的沟通工具。

信息传播的渠道很多，一个人不可能在有限的时间内掌握所有的信息和技术，封闭的思想和教学方式难以适应时代发展的需要。教师应该实现与学生之间真正的"零距离"沟通，从而获得信息利用最大化。微博是电子邮件、即时通信工具和论坛的潜在替代品之一，可作为与学生交流的一种方式。在中小学阶段，可以利用微博提醒学生完成家庭作业、防范过失和其他事情,当学生把手机号码和微博绑定之后,任何一位"好友"更新微博,手机都会提醒他们。

6) 作为学校图书馆的有力工具。

学校图书馆可以公布一个微博账号,教师和学生都可以关注这个账号,及时了解图书馆的最新事件、新书的情况等;可以利用微博进行图书信息传播,并为读者提供图书借阅、信息查询、培训教育等职能服务;可以利用微博与读者进行互动,通过微博回答读者服务咨询、书目查询、到期书目查询等,让读者在第一时间通过手机等终端看到相关信息,建立一种更深的互动交流服务关系。

5. Wiki

Wiki 一词来源于夏威夷语的"Wee Kee Wee Kee",发音 Wiki,原本是"快点快点"的意思,被译为"维基"或"维客",是一种多人协作的写作工具。Wiki 站点可以有多人维护,每个人都可以发表自己的意见,或者对共同的主题进行扩展或者探讨。Wiki 也指一种超文本系统,这种超文本系统支持面向社群的协作式写作。例如,百度百科、维基百科等都是 Wiki 技术的应用。

由于 Wiki 可以调动最广大的网民的群体智慧参与网络创造和互动,它是 Web2.0 的一种典型应用。它也为教师和学生的知识共享提供了高效的平台,实现了快速广泛的信息整合。

(1) Wiki 特点。

1) 使用方便。

快速创建、更改网站各个页面内容,基础内容通过文本编辑方式就可以完成,使用少量简单的控制符还可以加强文章显示效果。通过简单的标记可以直接产生内部链接,外部链接的引用也很方便。

2) 有组织。

同页面的内容一样,整个超文本的相互关联关系也可以不断修改、优化。系统内多个内容重复的页面可以被汇聚于其中的某个,相应的链接结构也随之改变。

3) 可增长。

页面的链接目标尚未存在,通过点击链接,我们可以创建这些页面,使系统得以增长。记录页面的修订历史,页面的各个版本都可以被取得。

4) 开放性。

社群内的成员可以任意创建、修改或删除页面,系统内页面的变动可以被来访者清楚地观察到。

(2) Wiki 教育应用。

可将 Wiki 运用到教育教学中,特别是课堂教学之外的学生的学习中。作为课堂教学的延伸,Wiki 发挥着极其重要的作用。参与 Wiki 的人能够形成协作、交流的社区,建立沟通交流的畅通渠道,即教师与学生间、学生与学生间、学生与社会之间搭建起交流平台,加强他们之间知识的交互、信息的交流。在 Wiki 中,参与者既是阅读者,又是写作者,既能被动接收信息,也能主动发布信息。

计算机网络信息技术的发展,突破了课堂教学的时空与信息资源的局限性,使教师与学生、学生与学生互相交流和获取信息实时化和便捷化。在利用 Wiki 的教育教学中,教师与学生可以获得相辅相成的发展。Wiki 开放、自由、信息创建、信息共享的特点，能够拓展学生视野、培养学生的创新思维。Wiki 上修修改改的便捷，没有传统的限制，更适合学生与老师间进行平等交流。Wiki 可以用于学生问题解答、"头脑风暴"、主题学习、研究性学习等各个方面。

Wiki 在目前师生交流方式中具有独特的优势，使其充分发挥网络交流平台的作用，将提高学校教育教学效率、教学质量和教学水平。它提供了一个比传统的师生交互更加高效的网络实时交互环境，它更加方便、快捷，达到了调动多人智慧、多人参与讨论、共享知识、共享资源的目的。

(3) Wiki 网站。

1) 国内 Wiki 网站。

中国 Wiki 网站主要有：百度百科、互动百科、搜搜百科。

百度百科是百度公司推出的一部内容开放、自由的网络百科全书，旨在创造一个涵盖各领域知识的中文信息收集平台。百度百科强调用户的参与和奉献精神，充分调动互联网用户的力量，汇聚上亿用户的头脑智慧，积极进行交流和分享。同时，百度百科实现与百度搜索、百度知道的结合，从不同的层次上满足用户对信息的需求。

2) 国外 Wiki 网站。

国外著名 Wiki 网站有：维基百科（Wikipedia）。维基百科是一个内容自由、公开编辑且多语言的网络百科全书协作计划，通过 Wiki 技术使得所有人都可以简单地使用网页浏览器修改其中的内容。"Wikipedia" 这一单词是由该网站核心技术 "Wiki" 和具有百科全书之意的 "Encyclopedia" 共同创造出来的新混成词。

6. 微信

微信是腾讯公司推出的一个为智能终端提供即时通信服务的免费应用程序。微信支持跨通信运营商、跨操作系统平台，通过网络快速发送免费（需消耗少量网络流量）语音短信、视频、图片和文字。

微信提供公众平台、朋友圈、消息推送等功能，用户可以通过摇一摇、搜索号码、附近的人、扫二维码等方式添加好友和关注公众平台，同时微信能将用户看到的内容发送给好友及微信朋友圈。

微信适用于互动式的学习。考虑到现在的生活节奏较快，不论是教师还是学习者，都无法抽出连续的时间进行一对一的沟通和学习。而微信所提供的免费聊天环境和实时留言、消息推送等功能，适合学习者随时随地地向教师提问，以及教师对学生反馈的快速响应。教学双方在不断的留言交流中，可以实时地建立一对一的沟通环境，而无须专门的预约和安排。

微信平台提供的朋友圈功能，是传统教学模式的良好辅助。任何一个在现实中实际存在的班级学习组织，都可以通过微信平台提供的圈子在网上建立实时交流和分享的平台。通过班主任和教师发送消息，可以实现学习内容的快速分享。而不同兴趣爱好者之间通过搜索功能，可以在微信上建立虚拟班级和虚拟课堂。

微信平台可以通过其强大的分享能力，将网络上的所有教学资源整合起来。通过二维码、推送等功能，学习者可以通过微信连接到互联网上的几乎所有学习资源，进而实现了学习资源的有效利用。

3.3 网络技术教育应用

网络技术应用于教育教学工作，能为多媒体教学带来丰富的资源，新技术在教育教学中的应用，会使教育途径更加丰富多样，使教育更加适应信息社会的需要，使信息技术更加深入地影响到教育。

3.3.1 网络课程

1. 网络课程概述

网络课程就是通过网络表现的某门学科的教学内容及实施的教学活动的总和，是信息时代条件下课程的一种新的表现形式。它是包括按一定的教学目标、教学策略组织起来的教学内容和网络教学支撑环境。其中网络教学支撑环境特指支持网络教学的软件工具、教学资源以及在网络教学平台上实施的教学活动。网络课程具有交互性、共享性、开放性、协作性和自主性等基本特征。其主要形式有精品课、视频公开课、网络微课等。

(1) 网络课程的基本构成。

根据《现代远程教育资源建设技术规范》的定义，网络课程包括两个部分：教学内容与网络教学支撑环境。

1) 教学内容。

教学内容是以知识点为基本教学单元，以文本、图像、动画、音频和视频为综合表现手段的课程内容，应具有科学性、系统性、先进性，表达形式应符合国家的有关规范标准，符合本门课程的内在逻辑体系和学生的认知规律。

每一个教学单元的内容都应该包括如下部分：学习目标、课时安排、学习方法说明、教学内容、练习题、测试题和相关资源（包括相关文章、网站、视频、动画等教学资源）。

2) 网络教学支撑环境。

网络教学支撑环境是指支持网络教学的教学资源、教学平台以及在网络教学平台上实施的教育活动。

教学资源：依据教育部信息化技术标准委员会发布的《现代远程教育技术标准（DLTS）术语规范（草案）》，网络课程中的教学资源是指与网络课程相关的媒体素材、题库、课件、试卷、案例、文献资料、常见问题解答库和资源目录索引等资源。

教学平台：指支持网络课程教学的各个环节的教学软件工具，是一个统一的教学/学习、内容整合、网上辅导及讨论、自我测验的系统平台。

教学活动：网络课程的核心内容。完整的网络课程需要如下教学活动：实时讲座、实时答疑、分组讨论、布置作业、作业讲评、协作解决问题、探索式解决问题、练习自测、考试阅卷和教学分析等。

(2) 网络课程的功能。

1) 开放式教学。

网络课程支持各类开放式教学，开放不仅指突破课堂教学、时间空间的限制，也指教学方法的变革和教学模式的转型。

2）大规模资源集成。

网络课程将各类与课程相关的图、文、声像资源集成到一起，形成一个支持课程学习的资源库。既有静态的各类相关知识资源，也有教师和学生的思维智慧等动态资源，为学生提供充分选择的自由。

3）多维化信息交互。

交互性是网络课程的重要特性。交互不仅仅是学习者与教师、学习者与学习者之间的交互，还包括页面之间的交互。页面的交互是指交互图标。合理运用交互图标可使每个页面整合为一个整体，学习者可以很自由地在网络课程中学习。网络课程为学生自主学习提供多种渠道的信息交互信息途径，有实时的、非实时的，有视听方式的、文本方式的。

4）全日制教学的一种重要辅导手段。

以往的教育实践活动以及将来的教育实践活动中，分班级的课堂教学是全日制教学活动的主要方式，网络课程成为全日制教学活动的一个重要辅助手段。可以用于学生自学、测验、答疑和作业，同时也可以用于强化课堂授课效果，如用多媒体手段演示相关教学内容。

(3) 网络课程的设计原则。

这里所说的原则，不是从技术角度出发，而是从教育角度出发，也就是网络课程的设计如何符合现代教学的原理的问题。网络课程设计的基本原则如下。

1）开放性原则。

所谓开放性，包含以下几层含义：一是学习者参与的开放性，学习者可以按需参与，不应当有过多的限制；二是教学内容的开放性，教学内容应当体现各个知识的领域的相互关联性；三是课程资源的开放性，要为学习者提供所需要的资源，既要便于学习者获取资源，也要便于教师随时补充资源；四是网络课程教学支撑平台的开放性，教师可以根据学习者的学习情况，以课程内容的发展情况来动态调整教学策略与教学设计。

2）自主性原则。

网上教学应该坚持以学习者为主体，营造一种有助于学习者探究性学习的环境，促进一种自主学习的文化。学习者可以根据自己的需要和实际情况，自主地选择学习内容、学习方式、学习时间以及学习地点等。学习者自主学习活动包括自学知识、观察演示、观察案例、寻找信息、探索问题解法、交流研讨、构建作品、自我评价等。

3）交互性原则。

所谓交互性，包含以下两层含义：一是在教学内容和教学方式上，要改变传统教学和前两代远程教学的集中式和灌输式的教学方式，不能简单地把教学内容"推送"给学习者，而是要通过人机交互和人际交互的方式进行学习，网络课程应当及时对学习者的学习活动做出相应的反馈，而不是教材的电子搬家；二是要尽可能地为教学双方以及学习者的相互交流创造便利条件，使学习者可以方便地发表自己的见解、寻求帮助和相互讨论，有利于培养学习者的高级认知能力以及合作精神。目前的交互方式有基于文本的 E-mail、讨论区和 BBS 等，还有基于文本和图像的电子白板、应用程序的共享等方式。

4）便利性原则。

所谓便利性原则，就是在课程设计过程中充分考虑学习者的需要，为学习者提供尽可能便利的学习条件。例如，提供简洁明了的导航设计，使学习者不必经过培训即可使用；提示信息要详细、准确和恰当，不会引起歧义；媒体运用尽可能提高适应性，在主流机器和主要的操作系统上都可以方便地调用；交互方式要适合绝大多数人的习惯，使一般人都能够得心应手地使用。

5) 可评价性原则。

对学习者的学习情况和学习效果提供真实、有效的评价和反馈，可以比较确切地指出学习者学习中的问题以及相应的解决方法，充分调动学习者的积极性，激发学习者对学习的兴趣。贯彻可评价性原则，要求在设计网络课程的时候，应当提供考试的得分、错误答案的分析以及指导教师对习题作业的批阅结果等功能。

2. 精品开放课程

2003年4月，教育部下发了《教育部关于启动高等学校教学质量与教学改革工程精品课程建设工作的通知》，由此精品课程建设工作正式启动。截至2010年年底，已累计建设国家级精品课程3 700余门，覆盖了全国31个省、自治区、直辖市的近1 000所高校，并带动起近10 000门省级精品课程和校级精品课程。

(1) 精品课程概念。

精品课程是具有一流教师队伍、一流教学内容、一流教学方法、一流教材、一流教学管理等特点的示范性课程，是高等学校教学质量与教学改革工程的重要组成部分，分校、省、国家三级精品课程。

(2) 精品课程建设内容。

1) 教学队伍建设。逐步形成一支以主讲教授负责的、结构合理、人员稳定、教学水平高、教学效果好的教师梯队，按一定比例配备辅导教师和实验教师。

2) 教学内容建设。教学内容具有先进性、科学性，及时反映本学科领域的最新科技成果。

3) 先进的教学方法和手段。相关的教学大纲、教案、习题、实验指导、参考文献目录等内容放在网上并免费开放，实现优质教学资源共享。

4) 教材建设。精品课程教材要形成系列化的优秀教材，精品课程主讲教师可以自行编写、制作相关教材，也可以选用国家级优秀教材和国外高水平原版教材。鼓励建设一体化设计、多种媒体有机结合的立体化教材。

5) 实验建设。大力改革实验教学的形式和内容，鼓励开设综合性、创新性实验和研究型课程，鼓励本科生参与科研活动。

6) 机制建设。形成相应的激励和评价机制，鼓励教授承担精品课程建设，有新的用人机制保证精品课程建设等。

(3) 精品开放课程的应用。

为充分发挥精品课程的示范性作用，利用现代教育技术手段实现教育资源的共享，在精品课程的基础上，发展形成了精品开放课程。

精品开放课程就是面向社会尤其是高等教育系统开放的精品课程。教育部在《关于国家精品开放课程建设的实施意见》中指出：“国家精品开放课程包括精品视频公开课与精品资源共享课，是以普及共享优质课程资源为目的、体现现代教育思想和教育教学规律、展示教师先进教学理念和方法、服务学习者自主学习、通过网络传播的开放课程。"

精品开放课程包括精品视频公开课与精品资源共享课。

1）精品视频公开课。

精品视频公开课是以高校学生为服务客体，同时面向社会公众免费开放的科学、文化素质教育网络视频课程与学术讲座。精品视频公开课着力推动高等教育开放，弘扬社会主义核心价值体系，弘扬主流文化，宣传科学理论，广泛传播人类文明优秀成果和现代科学技术前沿知识，提升高校学生及社会大众的科学文化素养，服务社会主义先进的文化建设，增强我国文化软实力和中华文化国际影响力。

精品视频公开课的建设以高等学校为主体，以名师名课为基础，以选题、内容、效果及社会认可度为课程遴选依据，通过教师的学术水平、教学个性和人格魅力，着力体现课程的思想性、科学性、生动性和新颖性。

2）精品资源共享课。

精品资源共享课是以高校教师和学生为服务主体，同时面向社会学习者的基础课和专业课等各类网络共享课程。精品资源共享课旨在推动高等学校优质课程教学资源共建共享，着力促进教育教学观念转变、教学内容更新和教学方法改革，提高人才培养质量，服务学习型社会建设。

精品资源共享课建设以课程资源系统、完整为基本要求，以基本覆盖各专业的核心课程为目标，通过共享系统向高校师生和社会学习者提供优质教育资源服务，促进现代信息技术在教学中的应用，实现优质课程教学资源共享。

相对于以往的精品课程，精品资源共享课和精品视频公开课的建设标准更加精细，也有许多不同点。精品资源共享课和精品视频公开课是在精品课程的基础上建设起来的。精品课程在许多地方的主要受众群体还是同行的老师，许多学校的精品课程甚至不对外开放，公开性具有一定的局限性；而精品资源共享课和精品视频公开课的受众主要是学生，甚至辐射到社会人员，这对课程网站的开放程度和流畅度都有较高的要求标准。

3. 视频公开课

（1）视频公开课概念。

视频公开课是以视频的形式记录有组织、有计划、有目的地面向特定人群做正式的、公开的课程讲授形式活动。公开课的活动主题鲜明、任务明确，除了学生参加听课外，一般还有领导及其他老师参加，是老师展示教学水平、交流教学经验的一次有益的研究活动。

在新课程改革的背景下，公开课必须体现先进的教育教学理念，要转变、更新课堂观念。教学目标的确定就应以学生的成长与发展作为出发点，通过师生的共同努力、相互交流才能促使"知识与能力、过程与方法、情感态度价值观""三维"课程目标的全面达成，真正在课堂上体现教师的主导作用和学生的主体作用，正确处理学生的发展与教师的引导之间的关系。

（2）主要视频公开课介绍。

目前，流行的视频公开课主要有以下几种。

1）世界名校视频公开课。

汇集耶鲁大学、斯坦福大学、麻省理工学院、剑桥大学、哈佛大学、普林斯顿大学、西雅图太平洋大学、牛津大学、加利福尼亚大学伯克利分校等世界名校的视频公开课，可从百度视频、新浪教育网、网易公开课的专栏中访问相关视频。

2）中国大学视频公开课。

中国大学视频公开课汇集国内知名高校，即香港公开大学、北京大学、清华大学、浙江大学、南京大学、武汉大学、华中科技大学、西安交通大学、中国人民大学等高校的名师授课视频，内容涉及文学艺术、哲学历史、经管法学、基础学科、工程技术、农林医药、职业教育等。具体内容可访问国家精品课程资源网视频专区：http://video.jingpinke.com/。

3）TED。

TED（是 Technology、Entertainment、Design 在英语中的缩写，即技术、娱乐、设计）是美国的一家私有非营利机构，1984 年由理查德·温曼和哈里·马克思共同创办。自 1990 年开始，每年在美国加州的蒙特利举办一次 TED 大会，召集众多科学、设计、文学、音乐等领域的杰出人物，分享他们关于技术、社会、人的思考和探索。如今，在世界的其他城市也会每半年举办一次，邀请世界上的思想领袖与实干家来分享他们最热衷从事的事业。1998 年，媒体大亨克里斯·安德森买下了 TED 会议，把这个会议变成非营利机构，并把大会演讲做成视频放在互联网上，供全球观众免费分享。2001 年，安德森将 TED 演讲者从原先的技术、娱乐、设计三个领域扩展到了各行各业，邀请了科学家、哲学家、艺术家、探险家、心理学家、语言学家、宗教领袖、慈善家等加入，使 TED 成为超越会议性质的世界品牌。

凡有机会来到 TED 大会现场做演讲的均有非同寻常的经历，他们或是某一领域的佼佼者，或是某一新兴领域的开创人，或是做出了某些足以给社会带来改观的创举，因此 TED 公开视频课内容引领世界潮流，经久不衰。TED 官方网址：http://www.ted.com/。网易网站也可访问，网址：http://open.163.com/ted/。

4）网易公开课。

2010 年 11 月 1 日，中国领先的门户网站网易推出"全球名校视频公开课项目"。2011 年 11 月 9 日，网易在公开课项目中正式推出"中国大学视频公开课"。作为可汗学院在中国唯一官方授权合作的门户网站，网易公开课对外推出了"可汗学院"课程。截至 2014 年，网易公开课栏目拥有"国际知名公开课""中国大学视频公开课""TED""可汗学院""赏课""Coursera""公开课策划""中国大学 MOOC"等内容，并在此基础上不断完善，成为国内在视频公开课领域的领先者。

网易公开课官网：http://open.163.com/。

5）新浪公开课。

新浪公开课 iPhone 客户端内容包含国外多所一流名校的公开课视频。在功能方面，新浪公开课将众多课程按照多门学科进行分类整合，提供快捷搜索和播放记录、翻译进度提示等功能，方便网友使用。在内容方面，新浪公开课拥有耶鲁大学、斯坦福大学、麻省理工学院等多所国际一流名校公开课优质视频，其中部分课程已被翻译成中文字幕，受到广大网友青睐。在受众方面，现今已有更多人群开始选择使用 iPhone 观看名校公开课程。如在校学生、各大院校的教师、白领人群，以及商界名流、学界专家等。

新浪公开课官网：http://open.sina.com.cn/。

4. 微课

（1）微课概念。

"微课"是指以网络为主要载体，通过视频记录教师在课堂内外教育教学过程中围绕某个知识点（重点、难点、疑点）或教学环节而开展的精彩教与学活动全过程。其核心组成内容是课堂教学视频，同时还包含与该教学主题相关的教学设计、素材课件、教学反思、练习测试及学生反馈、教师点评等辅助性教学资源，它们以一定的组织关系和呈现方式共同"营造"了一个半结构化、主题式的资源单元应用"小环境"。

南京师范大学张一春教授认为，"微课"是指为使学习者自主学习获得最佳效果，经过精心的信息化教学设计，以流媒体形式展示的围绕某个知识点或教学环节开展的简短、完整的教学活动。它的形式是自主学习，目的是最佳效果，设计是精心的信息化教学设计，形式是流媒体，内容是某个知识点或教学环节，时间是简短的，本质是完整的教学活动。因此，对于教师而言，最关键的是要从学生的角度来制作微课，而不是从教师的角度来制作，要体现以学生为本的教学思想。

（2）微课特点。

1）教学时间较短：教学视频是微课的核心组成内容。根据学生的认知特点和学习规律，"微课"的时长一般为 5~8 分钟，最长不宜超过 10 分钟。因此，相对于传统的 40 分钟或 45 分钟一节课的教学课例来说，"微课"可以称为"课例片段"或"微课例"。

2）教学内容较少：相对于较宽泛的传统课堂，"微课"的问题聚集、主题突出。"微课"主要是为了突出课堂教学中某个学科知识点的教学，或是反映课堂中某个教学环节、教学主题的教与学活动，相对于传统一节课要完成的众多复杂的教学内容，"微课"的内容更加精简，因此又可以称为"微课堂"。

3）资源容量较小：从大小上来说，"微课"视频及配套辅助资源的总容量一般在几十兆左右，视频格式须是支持网络在线播放的流媒体格式（如 .rm、.wmv、.flv 等），师生可流畅地在线观摩课例，查看教案、课件等辅助资源；也可灵活方便地将其下载保存到终端设备（如计算机、手机、MP4 等）上实现移动学习、泛在学习，非常适合于教师的观摩、评课、反思和研究。

4）资源使用方便，内容构成"情境化"："微课"选取的教学内容一般要求主题突出、指向明确、相对完整。它以教学视频片段为主线"统整"教学设计（包括教案或学案）、课堂教学时使用到的多媒体素材和课件、教师课后的教学反思、学生的反馈意见及学科专家的文字点评等相关教学资源，构成了一个主题鲜明、类型多样、结构紧凑的"主题单元资源包"，营造了一个真实的"微教学资源环境"。这使得"微课"资源具有视频教学案例的特征。广大教师和学生在这种真实的、具体的、典型案例化的教与学情境中可易于实现"隐性知识""默会知识"等高阶思维能力的学习，并实现教学观念、技能、风格的模仿、迁移和提升，从而迅速提升教师的课堂教学水平，促进教师的专业成长，提高学生学业水平。

3.3.2 WebQuest

1. WebQuest 概念

WebQuest 课程是 1995 年由美国圣地亚哥州立大学教育技术系伯尼·道格（Bernie Dodge）和汤姆·马奇（Tom March）创立的一种课程计划，目前全球已有相当多的教师建立了自己的 WebQuest 课程网页，并在课堂教学中广泛开展了实践。"Web"是"网络"的意思，"Quest"是"寻求""调查"的意思，而"WebQuest"在汉语中则还没有一个与之相匹配的词汇。WebQuest 是一种"专题调查"活动，在这类活动中，部分或所有与学习者互相作用的信息均来自互联网上的资源，因此我们可以称它为"网络专题调查"或"网络主题探究"。

2. WebQuest 的结构

在 WebQuest 中，呈现给学生的是一个开放性的问题或者任务，并为学生提供了一些相关的网络资源，要求学生通过对信息的收集、分析和综合来得出解决方案。

利用 WebQuest 开展研究性学习，需要制作一个专门的网页，一般都由简介、任务、过程、资源、评估和结论 6 个模块组成，其中每一个模块都自成一体，设计者可以通过改变各模块来实现不同的学习目标。

1）简介：WebQuest 的简介一般有两个目的：一是让学习者明确将要学习的是什么；二是通过各种方式提高学习者的学习兴趣。因此，应当注意使 WebQuest 研究主题与学习者过去的经验、学习者未来的目标密切相关，要具有吸引力，使之看起来有趣。引言应提供背景信息和动机因素，比如给学生分配角色："假设你是一位水下研究科学家""你是一位打算登月的宇航员"等。在这一部分的学习中，还要让学生了解学习目标。

2）任务：在这一部分，教师应清晰明了地告诉学生在学习结束时应完成的任务，即最终的结果，并且这个任务必须是有趣的、可行的。教师可以充分发挥他们的想象力。以下几类问题经常被当作 WebQuest 的任务：现实问题、评价历史、创造作品、处理生活中亲身经历的事件等。

3）过程：这一部分描述学习者完成任务所需要经过的步骤。在 WebQuest 的过程部分，应对学生所要完成任务的过程做详细描述。教师要列出每个角色完成任务所进行的所有活动。教师还能够在这个模块中为学习和交互过程提供指导。

4）资源：包括由教师选定的将有助于学习者完成任务的网页清单，其中大部分资源是包括在 WebQuest 文件中作为超链接指向万维网上的信息。需要注意的是，非网络性的资源也可以使用。资源包括录像、录音带、书籍、海报、地图、模型、操纵器、雕塑等，讲座、小组教学、实地考察等方法也可以采用。

5）评估：WebQuest 采用评价测评表来考查学生作品的不同方面。评价人员既可以是教师，也可以是家长或同学。另外，根据学习者学习任务的不同，评价测评表的形式也表现为书面作业、多媒体创建、网页和其他类型。每一项 WebQuest 都需要有一套评价标准对学生的行为进行评价。标准必须是公正的、清晰的、一致的，并且适合特定任务。

6）结论：WebQuest 的结论部分为总结学习内容和经验、鼓励对整个学习过程进行反思，以及对学习成果进行拓展和推广提供了一个机会，它的另一个作用是为教师提供可以在整个课堂讨论中使用的问题。这是学生进行反思、教师进行总结的阶段。根据建构主义的观点，教师要给学生留出讨论和应用的时间。在这一部分，教师应该鼓励学生提出一些不同的解决问题的方法。

为了方便用户应用 WebQuest，设计者还制作了相关的教学模板免费提供下载。关于 WebQuest 的使用方法、教学模板和应用实例，可以参见英文网站 WebQuest.sdsu.edu 或中文网站惟存教育（www.being.org.cn/WebQuest）。

3.3.3 远程教育

远程教育是为了弥补学校教育的不足而引入的一种教育形式，随着社会和技术的发展，远程教育的性质和特点都发生了重大的转变。远程教育在许多方面都比常规的学校教育更加灵活，而且十分经济，因此应用日益广泛。尽管远程教育不会取代或者超过常规学校教育，但是可以在组织和实施学校教育的过程中利用和发挥远程教育的优势，为学校教育服务。

1. 远程教育概述

远程教育也称为远距离教育，是师生凭借媒体所进行的一种非面对面的教育形式。教师与学生在时空上相对分离，以学生自学为主、教师助学为辅，教与学的行为通过各种教育技术和媒体资源实现联系、交互和整合。

远程教育由于信息传送方式和手段不同，其发展经历了三个阶段。

第一阶段是以邮件传输的纸介质为主的函授教育阶段。

第二阶段是以广播电视、录音录像为主的广播电视教学阶段。

第三阶段是通过计算机、多媒体与远程通信技术相结合的网络远程教育阶段。

随着电视、电话、计算机、互联网的逐步普及，网络远程教育离我们已越来越近，现阶段的远程教育主要指网络远程教育。

2. 远程教育的分类

远程教育是一种新型的教学形式，这种形式随着媒体和社会的发展变化而产生了多种多样的模式。从不同的研究角度出发，可以将远程教育划分成不同的教学模式。

（1）按教学媒体角度分类。

按照教学媒体角度不同，可将远程教育分为以下四类。

1）函授教学模式。这种模式主要借助于印刷媒体教材传送与呈现教学信息，这是最早的远程教育形式。在函授教学模式中，学生以自学印刷材料为主，并且定期或不定期地参加函授机构主持的面授与辅导、实验、实践和考试等。

2）无线电广播教学模式。利用无线电广播媒体来传送口头语言而传播教学信息，并辅之以印刷教材。这种模式很适合语言类和音乐类的课程教学，学习者按时收听广播，并且结合印刷教材进行自学。但收听时间安排的局限性较大，广播又是稍纵即逝，加之更先进的教学媒体冲击，使该类型模式目前没有太大的发展。

3）电视教学模式。这种模式主要以电视媒体作为传送教学信息的载体。电视媒体信息的表现特点使该类型模式从产生至今一直受到欢迎，是目前世界上最重要的远程教育形式之一。学员除了定时收看电视教学节目或通过录像带学习以外，还必须自学印刷媒体教学资料，定期到当地的学习中心参加面授，完成规定的教学计划及参加考试等。

4）计算机网络教学模式。运用多媒体网络技术作为教学媒体，这是最富于前景的远程教育模式。多媒体网络所到之处便形成一个大教室，几乎所有的教学活动都可以在网络上来完成。在这里，多媒体技术不仅可以融文字、声音、图像、视频于一体，而且可以消解时空距离，实现自由自在的对话，使师生之间、学员之间的双向交流成为可能，真正做到"足不出户，学所欲学"，从而使教学变得更富个别化。目前，这种模式的教学已在欧美、日本等一些国家和地方应用并取得了良好的成效，现在我国也已迈开了迅速发展的步伐。可以肯定的是，计算机多媒体网络技术的教学形式将是现代远程教育发展的必然方式。

（2）按感觉通道角度分类。

我们还可以从感觉通道的表现形式，将远程教育模式划分为以下四类。

1）阅读型远程教育模式。以印刷媒体为主要信息源的函授学校采用的就是这种类型。

2）听觉型远程教育模式。以无线电广播为主要信息源的广播学校采用的就是这种类型。

3）视听型远程教育模式。以广播电视、卫星电视和闭路电视为主要信息源的广播电视学校和教育电视台采用的就是该种类型。

4）交互型远程教育模式。这是一种以多媒体计算机网络为主要信息源的个别化学习类型或形式。

(3) 从办学和管理的角度分类。

按照此方法，将远程教育系统分为两种不同的大类。

1) 独立的远程教育机构。

2) 常规院校中的远程教育部门。

3. 现代远程教育的优势

现代远程教育是师生凭借网络技术和多媒体技术所进行的非面对面的教育，它是信息技术和互联网在远程教育领域的新兴应用。计算机技术、多媒体技术、通信技术的发展，特别是互联网的迅猛发展，促进了远程教育手段的革新，演变成为高新技术条件下的远程教育。现代远程教育的优势主要表现在以下方面。

(1) "五个任何"与主动学习。

网络应用于远程教育，其显著特征是：任何人、在任何时间、任何地点、从任何章节开始、学习任何课程。网络教育便捷、灵活的"五个任何"，在学习模式上最直接体现了学习和主动学习的特点，充分展现了发展中的现代教育和终身教育的基本要求。

(2) 双向互动、实时全交互。

互联网中信息资源与用户、用户与用户之间可以进行全方位的、能动式的实时互动，即主动、可控型交流。网络的这一重要特性，使网络教育成为唯一的、真正的在教师与学生、同学与同学之间，实现双向互动、实时全交互的远程教育方式。

(3) 内容丰富和多媒体生动表现。

计算机网络具有强大的采用文字、声音、图表、视频、动画等多媒体形式表现的信息处理功能，包括制作、存储、自动管理和远程传输。将多媒体信息表现和处理技术运用于网络课程讲解和知识学习各个环节，使网络教学具有信息容量大、资料更新快和多向演示、模拟生动的显著特征，这一点是有限空间、有限时间的其他传统教学方式所无法比拟的。

(4) 个性化教学。

现代远程教育中，运用计算机网络所特有的信息数据库管理技术和双向交互功能，一方面，系统对每个网络学员的个性资料、学习过程和阶段情况等可以实现完整的系统跟踪记录、储存；另一方面，教学和学习服务系统可基于系统记录的个人资料，进行针对不同学员的个别式、个性化学习建议，指导教学和应试辅导等。网络教育为个性化教学提供了现实有效的实现途径和条件。

(5) 自动化远程管理。

计算机网络的数据库信息自动管理和远程互动处理功能，被同样应用于网络教育的教学管理中。远程学生（用户）的咨询、报名、交费、选课、查询、学籍（历）管理、作业与考试管理等都可以通过网络远程交互通信的方式完成。

虽然现代远程教育发展前景广阔，但新的远程教育形态的出现与应用并不意味着否定和抛弃原有的远程教育形态，函授教育和广播电视教育等形式也有其独特的优势，而且将继续发挥作用。

4. 现代远程教育应用方式

现代远程教育的形式是多种多样、灵活多变的。当前，现代远程教育的应用方式主要有以下几种。

(1) 讲授型方式。

讲授型方式又可分为同步式讲授和异步式讲授。

同步式讲授：教师、学生不在同一地点上课，利用视频会议系统，学生可在同一时间聆听教师讲授，进行一些简单的交互，类似传统教学模式。

异步式讲授：教师将教学要求、教学内容以及教学评测等教学材料，编制成 HTML 文件，存放在 Web 服务器上，学生通过浏览这些页面来达到学习的目的；或将教师课堂授课的情况实际拍摄下来，经过适当剪辑后，制作成流式媒体的课件，供学生在线点播，当学生在学习过程中遇到疑难问题时，便以电子邮件的方式询问教师并获得指导。

（2）个别辅导方式。

个别辅导方式通过基于网络的 CAI 软件以及教师与单个学生之间的密切通信来实现。个别辅导可以在学生和教师之间通过电子邮件异步非实时地实现，也可以通过互联网上的在线交谈方式实时实现。

（3）讨论学习方式。

在网络上实现讨论学习，最简单实用的方法是利用现有的电子布告牌系统（BBS）以及在线聊天系统（CHAT）。这种模式一般是由专职教师监控，即由各个领域的专家或专业教师在站点上建立相应的学科主题讨论组，学生可以在自己学习的特定主题区内发言，并能针对别人的意见进行评论，每个人的发言或评论都即时地被所有参与讨论的学习者所看到。这种学习过程必须由具有特权的教师或领域专家监控，以保证学生的讨论和发言符合教学目标的要求，防止讨论偏离当前学习的主题。整个讨论学习过程均由教师组织引导，讨论的问题皆由教师提出。

讨论教学的设计通常有两种情况：一是异步讨论；二是在线讨论。前一种情况，由于学生有足够长的时间对所讨论的问题进行思考，所以一般都是以文章的形式发言，而且，讨论也比较深入全面。后一种情况，由于发言能够实时显示，整个在线讨论的时间有限，所以发言的时间不长，一般都是简短的语句，就像我们日常生活中的交谈一样。

（4）探索学习方式。

探索学习的基本出发点是，认为学生在解决实际问题中的学习要比教师单纯教授知识有效，思维的训练更加深刻，学习的结果更加广泛（不仅是知识，还包括解决问题的能力，独立思考的元认知技能等）。探索学习要经过如下五个基本阶段：问题分析阶段—信息收集阶段—综合阶段—抽象提炼阶段—反思阶段。

探索学习是一个积极的、能动的过程，是一个知识建构的过程，是一个元认知思考的过程，是一个社会建构的过程。

（5）协作学习方式。

协作学习是一种为了促进学习、由某些学生协作完成某个给定学习目标的教学方法。在协作学习过程中，个人学习的成功与他人的成功密不可分，学习者之间以融洽的关系、以相互合作的态度，共享信息和资源，共同担负学习责任。协作学习的形式主要有以下几种。

竞争：指两个或多个学习者针对同一学习内容或学习情境，通过网络进行竞争性学习，看谁能够首先达到教学目标的要求。

协同：指多个学习者共同完成某个学习任务，在共同完成任务的过程中，学习者发挥各自的认知特点，相互争论、相互帮助、相互提示或者是进行分工合作。

伙伴：没问题时各做各的；有问题时相互讨论，利用网络可以结识很多学习伙伴。

角色扮演：让不同的学生分别扮演学习者和指导者的角色，学习者负责解答问题，而指导者则检查学习者在解题过程中是否有错误。

(6) 自主学习方式。

自主学习模式包括四个要素：问题、信息资料、提示（学习指南）、反馈。其过程是：首先，教育机构要对学生提出要解决的问题或要完成的任务；其次，向学生提供大量的与问题、任务有关的信息资料，供学生在学习过程中随时查阅。再次，允许学生在碰到困难时和有关教师或领域专家联系，教师或专家给予适当的启发、提示，并在精神上予以鼓励。最后，对学生上交的作业应当进行及时的评价，给予学生明确的反馈。

只要利用电子邮件的功能即可实现自主学习，比较适合高等教育和成人教育，有着广阔的应用前景。

5. 远程教育对学习者的要求

远程教育的特点决定了远程学习以自学为主、教师为辅的教育形式，学生的大部分学习时间与教师、同学是分离的，没有教室，更没有课堂的氛围，这些特点会使许多刚刚开始远程学习的学生不可避免地遇到一些困难或有些不习惯。因此，远程学习要求学习者首先应具备以下两个方面的能力。

1) 始终保持自发的学习动力。参加远程学习的学生绝大部分是成人，他们的学习动机各式各样，但不外乎提高学历、增加技能、在职充电、扩展职业范围等。他们一般具有较强的学习动机和较明确的学习目的，但是在以后长达几年的学习过程中能否保持住由此产生的学习动力是决定其学习成败的关键。

2) 主动探索的精神。成人学生应该有能力确定自己在学习上投入多少时间，制订自己的学习计划，选择并逐渐适应一种学习方法。学会学习已成为 21 世纪教育的四大支柱之一，是远程学习者必需的能力。在具体的学习过程中，面对一个问题，积极的学习者不会只接受一个答案，或是等待老师告诉他该持什么样的观点或立场；也不会只局限于到某本书或教材的某章某节中去寻找答案。积极的学习者会主动尝试多种解决方法，建立自己的想法，经过主动探索后决定自己要做什么、该怎么做。

此外，随着信息化社会、学习化社会的形成和知识经济时代的来临，教育正在经历深刻的变革。因此，参加远程教育的学习，有必要变革自己的学习观念和认识。

3.3.4 数字图书馆

1. 数字图书馆概述

传统的图书馆以印刷资料为主，计算机的应用使图书馆进入自动化时期。20 世纪 70 年代出现了一批联机编目和检索服务系统；20 世纪 80 年代由于局域网的广泛应用，人们可以在一定区域（如办公室）访问图书馆的信息；20 世纪 90 年代国际互联网的迅速发展，使图书馆的概念开始由物理形式向电子化、虚拟化、数字化转变。

数字图书馆（Digital Library）是用数字技术处理和存储各种图文并茂文献的图书馆，实质上是一种多媒体制作的分布式信息系统。它把各种不同载体、不同地理位置的信息资源用数字技术存储，以便于跨越区域、面向对象的网络查询和传播。它涉及信息资源加工、存储、检索、传输和利用的全过程。通俗地说，数字图书馆就是虚拟的、没有围墙的图书馆，是基于网络环境下共建共享的可扩展的知识网络系统，是超大规模的、分布式的、便于使用的、没有时空限制的、可以实现跨库无缝链接与智能检索的知识中心。

2. 数字图书馆基本组成

数字图书馆由以下内容组成。

1) 一定规模并从内容或主题上相对独立的数字化资源。
2) 可用于广域网（主要是互联网）服务的网络设备和通信条件。
3) 一整套符合标准规范的数字图书馆赖以运作的软件系统，主要分信息的获取与创建、存储与管理、访问与查询、动态发布以及权限管理五大模块，完成数字图书馆的维护管理和用户服务。

3. 数字图书馆特征

数字图书馆的主要特征有以下几点。

(1) 信息储存空间小，不易损坏。

数字图书馆是把信息以数字化形式加以储存，一般储存在电脑光盘或硬盘里，与过去的纸制资料相比占地很小。而且，以往图书馆管理中的一大难题就是，资料经多次查阅后会发生磨损，一些原始的比较珍贵的资料，一般读者很难看到。数字图书馆就避免了这一问题。

(2) 信息查阅检索方便。

数字图书馆都配备有电脑查阅系统，读者通过检索一些关键词，就可以获取大量的相关信息。而以往图书资料的查阅，都需要经过检索、找书库、按检索号寻找图书等多道工序，烦琐而不便。

(3) 远程迅速传递信息。

图书馆的建设是有限的。传统型图书馆位置固定，读者往往要花费大量的时间在去图书馆的路上。数字图书馆则可以利用互联网迅速传递信息，读者只要登录网站，轻点鼠标，即使和图书馆所在地相隔千山万水，也可以在几秒钟内看到自己想要查阅的信息，这种便捷是以往的图书馆所不能比拟的。

(4) 同一信息可多人同时使用。

众所周知，一本书一次只可以借给一个人使用。在数字图书馆中则可以突破这一限制，一本"书"通过服务器可以同时借给多人查阅，大大提高了信息的使用效率。

4. 数字图书馆功能

数字图书馆提供的对外服务是以先进的网络环境为基础的开放服务。数字图书馆系统采用浏览器—服务器的方式，向终端用户提供数字图书服务。在网上的任意用户都可以使用 Web 浏览器来访问数字图书馆，完成系统登录、检索图书、阅读图书、评论图书、维护书签等操作。用户提出的服务请求和系统响应都是通过标准的 HTTP 协议进行的。目前先进的数字图书馆都具有以下功能。

(1) 海量信息。

互联网是世界上最大的数字化图书馆，世界各地的数字化信息资源通过互联网或以一个内容丰富、结构清晰、使用极为方便的目录引导形式展现在读者面前。

(2) 资源共享。

服务对象分布在校园、全国、世界各地，用户无须考虑自身的物理位置即可获取远地的共享资源。

(3) 使用方便、快捷。

标准友好的用户界面使读者无须特殊训练即可对付各种信息资源的检索操作，最好最快地获得信息。互联网上一些信息检索工具使用了菜单、图标、超文本等友好的可视化界面及近于自然语言的询问检索。

(4) 多媒体化的信息和全文检索功能。

信息内容不局限于目录、文摘,能获得全文和影像多媒体信息。

(5) 提供自行服务和请求帮助的数字化咨询系统。

前者通过一定软件自动引导读者使用数字化图书馆资源;后者随时提供给读者帮助,如各种信息专家接受联机访问咨询,有的使用人工智能的计算机专家系统来解决疑难问题。

5. 数字图书馆的应用

目前,我国许多学校采用引进和自建数据库的方式构建了相当规模的数字化信息资源,通过数字图书馆、多媒体阅览室和校园网、互联网等多种途径为广大师生提供越来越方便的信息服务,大大提升了我国教育科研队伍获取信息和知识的能力。

(1) 学校数字图书馆的主要应用。

1) 科研。科研课题从立项到完成,都需要大量的信息资源做支撑。通过数字图书馆的科研课题导航索引,将分布在网络各信息点上的相关信息资源进行集中、分类、整理、加工,为课题提供系统的导航索引,使研究人员不断获得该领域的前沿研究动态和最新进展资料,从而使零散无序的信息变成整体有序的宝库,让数字图书馆充分发挥其科研服务的功能。

2) 教学。数字图书馆中丰富的学科资源是教师备课和开展教学研究活动的主要教学资源,教师从学科资源中下载自己所需要的素材,经过加工整理,最后形成 PowerPoint 课件或者基于网络的 CAI 课件、专题学习网站、网络课程等网络教学资源,用于教学或供学生在线学习。

3) 素质教育。数字图书馆为开展自主探究式学习、专题研究式学习和小组项目协作式学习等多种学习模式提供了丰富的资源,为开展多种素质教育活动提供了良好的环境,有利于培养学生的信息素养、学习能力、合作能力和创新能力。例如,教师向学生提出问题或任务,提供相关背景和素材,学生可利用数字图书馆搜寻大量与问题或任务有关的素材、资料,自行检索、分析、整理形成报告(或完成作品)后,再由教师来组织学生交流、讨论和评价,最后总结归纳。与传统教学相比,这种问题探究式的学习模式,使学生发掘和掌握的知识量呈倍数级增加,而且易于记忆和理解,充分发挥了学生的主观能动性,培养了学生多方面的能力。

4) 远程教育。目前,在互联网中已拥有大量大型联网图书馆,其中有丰富多彩的网络学习资源,如网络期刊、电子图书、参考工具资料、政府信息、新闻、图书馆网上公共目录、学位论文数据库、电子论坛及各类网络学习资源指南等,为人们终身学习和实施远程教育提供了丰富的可共享的信息资源,学生在如此海量的信息中将会如鱼得水。数字图书馆可以将学习的课堂延伸到任何时间、空间领域,改变了传统教学场地的单一性、授课方式的被动性、学生学习的压抑性,大大激发了学生自主学习的兴趣和热情,为培养自主学习能力、建立终身学习体系创造了良好的平台以及条件。

从教育角度来看,数字图书馆是一个巨大的教育资源库,同时也是一个学习环境,数字图书馆不仅给学校带来了学习资源,而且带来了信息时代的学习观念、习惯和模式。在新学习理念的指导下,学生的研究性学习、自主性学习、合作性学习等学习模式将日益普及与流行,学生的科研能力、自学能力、协作能力等将得到有效地培养。随着数字图书馆内容的不断丰富,功能的不断完善、提升,它必将会为未来教育发挥更大的作用。

(2) 我国主要的数字图书馆。

1) 中国数字图书馆。这是以国家巨额财政投入建立的国家数字图书馆工程为基础，依托中国国家图书馆丰富的馆藏资源和国家数字图书馆工程资源建设联盟成员的特色资源，借助遍布全国的信息组织与服务网络，建立起来的目前中国规模最大的数字图书馆。该网站内容覆盖经济、文学、计算机技术、历史、医药卫生、工业、农业、军事、法律等22个门类，图书数量也在不断增加。中国数字图书馆推出网上读书系统（Ver3.0），由图书检索引擎、中国数图浏览器、后台服务管理、后台用户管理构成，适用于公共图书馆、高校图书馆、智能化社区等局域网用户。可以满足各局域网用户单位快速、便捷、经济地享用数字图书馆上的读书服务的需求。

2) 中国期刊网。1998年，世界银行提出了国家知识基础设施（National Knowledge Infrastructure, NKI）的概念，倡导发展中国家利用互联网等信息基础设施，建设自己的"国家知识基础设施"，提高民族创新能力和民族素质。中国知识基础设施工程（China National Knowledge Infrastructure）以实现全社会知识资源传播共享与增值利用为目标，建设中国学术期刊网（CNKI）。中国学术期刊网（CNKI）是由清华同方光盘股份有限公司、中国学术期刊（光盘版）、光盘国家工程研究中心等单位，于1999年6月在《中国学术期刊（光盘版）》和中国期刊网（CJN）全文数据库建设的基础上，研制开发的一项规模更大、内容更广、结构更系统的知识信息化建设项目。CNKI亦可解读为"中国知网"（China National Knowledge Internet）的英文简称。

中国学术期刊网的主要产品有中国期刊全文数据库、中国重要报纸全文数据库、中国博硕士论文全文数据库、中国重要会议全文数据库、中国图书全文数据库、中国年鉴全文数据库、中国引文数据库等。

中国期刊全文数据库是CNKI知识创新网中最具特色的一个文献数据库。中国学术期刊网是目前世界上最大的连续动态更新的中国期刊全文数据库，收录1994年至今国内8 000多种重要期刊，以学术、技术、政策指导、高等科普及教育类为主，同时收录部分基础教育、大众科普、大众文化和文艺类刊物，内容覆盖自然科学、工程技术、农业、哲学、医学、人文社会科学等各个领域，全文文献总量3 000多万篇。产品分为十大专辑：理工A、理工B、理工C、农业、医药卫生、文史哲、政治军事与法律、教育与社会科学综合、电子技术与信息科学、经济与管理。十大专辑下又分为168个专题和近3 600个子栏目。

除以上几个规模比较大的数字图书馆外，我国很多单位建立的数字图书馆也在不断地完善与发展之中。

3.3.5 移动学习

1. 移动学习概述

移动学习（Mobile Learning）是指在终身学习的思想指导下，利用现代通信终端，如手机、PDA等设备（通常不包括具备无线上网功能的笔记本电脑）进行远程学习。移动学习在数字化学习的基础上，通过有效地结合移动计算技术，带给学习者随时随地学习的全新感受。移动学习被认为是一种未来的学习模式，或者说是未来学习不可缺少的一种学习模式。正确理解移动学习的内涵，应该从以下几个方面来把握。

首先，移动学习是在数字化学习的基础上发展起来的，是数字化学习的扩展，它有别于一般学习。Sun公司的E-learning专家Michael Wenger针对移动学习提出了独到的见解，他认为，移动学习并不是什么新鲜事物，因为在传统学习中，印刷课本同样能够很好地支持学习者随时随地进行学习，可以说课本在很早以前就已经成为支持移动学习的工具，而移动学习也一直在我们的身边。由此可见，移动学习作为一个新事物、新概念在现在提出，它必须与传统学习相区别，否则将失去它的意义。

其次，移动学习除具备了数字化学习的所有特征之外，还有它独一无二的特性，即学习者不再被限制在电脑桌前，可以自由自在、随时随地进行不同目的、不同方式的学习。学习环境是移动的，教师、研究人员、技术人员和学生也都是移动的。

最后，从它的实现方式来看，移动学习实现的技术基础是移动计算技术和互联网技术，即移动互联技术；实现的工具是小型化的移动计算设备，如移动电话、PDA、笔记本电脑等。Sariola 等人在对移动学习的概念进行讨论的过程中，对移动学习实现的设备从特征上做了这样一个分析：可携带性（Portability），即设备形状小、重量轻，便于随身携带；无线性（Wireless），即设备无须连线；移动性（Mobility），指使用者在移动中也可以很好地使用。

2. 移动学习特点

移动学习是移动计算机与数字化学习的结合，它包括随时随地的学习资源、强大的搜索能力、丰富的交互性、对有效学习的强力支持和基于绩效的评价。它是通过掌上电脑、个人数字助理或移动电话等信息设备所进行的数字化学习。谈到移动学习，最明显的特征就是它的移动性，即学习者能突破时空的限制。

（1）移动性。

这是移动学习与传统的数字化学习之间最大的区别。学习者不再被限制在电脑桌前，只要能够实现其通话的无线通信连接，就可以随时随地进行不同方式的学习。即任何人可在任何时间、任何地点学习任何学习资源。

（2）情境性。

移动学习的移动性使得学习者可以携带移动设备在真实或仿真环境中进行体验式学习，有助于学习者形成背景性经验，从而促进知识的理解和运用。

（3）片段性。

学习者可以充分利用零碎的时间片段（例如等车或者步行时）进行学习。但由于时间片段短，学习者学习内容也容易缺乏连续性，因而设计者就需要考虑到这一问题。

（4）及时性。

学习者可以根据自身需要及时学习，解决问题。同时，学习者也可与学习内容提供者或其他学习者进行及时的交流和反馈，不断调整自己的学习方法。

（5）混合性。

移动学习并不是孤立的，我们可以以移动学习为主要学习方式，以其他学习方式为辅；移动学习也可以与其他学习方式混合。

3. 移动学习的应用模式

移动学习的应用模式主要分为在线类移动学习和脱机类移动学习。在线类移动学习主要借助于移动网络进行在线式的移动学习；脱机类移动学习主要借助于电子存储设备进行存储式移动学习。

（1）在线类移动学习。

在线移动学习又可分为以下几种模式。

1）模式1：SMS（Single Message System）模式。

基于短消息的移动学习模式，主要应用于通信数据少、简单文字描述的学习活动。它是目前普遍的一种移动学习途径，技术也相对比较成熟，费用较低，用户数量也最多。

通过短信系统，学校可以及时提供各种服务信息，但短信内容只能是文字，而且字数有限，所以应用范围限于通知的发送、简短信息的查询。

理论基础：信息的单通道传输，更有利于学习者集中注意力，强化传送的学习内容或者通知等信息。

资源形式：文字信息。

适用终端：带有短消息功能的手持移动设备，如 PDA、移动电话等。

学习者需求：学习者参加一定课程的学习，需要及时地收取通知、公告、课程成绩查询结果、概念性知识片段等信息。

适用情境：上班路上、出差途中等零碎的时间段。

交互方式：以"推送"方式的单向交互为主；一定程度上的文字性双向交互。

评价方式：系统对送达信息进行反馈。对于学习内容，使用 SMSQuiz（短消息测试）检验学习效果。

2）模式 2：MMS（Multiple Message System）模式。

基于多媒体的移动学习模式主要应用于表达丰富信息，需要使用图像、声音、动画等多媒体信息的学习活动。

理论基础：信息的多样化方式传达，多通道接收的学习方式，优化学习效果。

资源形式：语音、图片、图像、简短动画。

适用终端：带有摄像功能，支持 MMS 图片、图像、语音存储和传输的 PDA、移动电话以及笔记本电脑。

学习者需求：生动的多媒体信息的学习需求与交互。

适用情境：学习者在学习现场将观察到的事物或者场景录制或拍摄下来，上传到教学平台，与教师和学生共享。

交互方式："推送"并接收更加生动的多媒体信息，例如，布置特定的学习任务让学习者完成，并按照要求上传语音、图片等学习资源，作为学习者参与课程学习的一部分内容。

评价方式：作为课程作业的选修部分，供有条件的学习者完成。

3）模式 3：基于浏览、链接的模式。

这种类型的移动学习模式又包括两类，一类是 WAP 及移动互联网业务；另一类是移动宽带业务。

理论基础：基于交流与协作的实时交互学习。

资源形式：班级社区、Blog、图文资料的浏览、教学教务组织、远程交互、课程下载、流媒体课件点播、定位等。

适用终端：PDA、移动电话、笔记本电脑。

学习者需求：学习者需要以在线的方式与老师、同学或者教学资源实现实时交互；在交流和协作的情况下进行学习。

适用情境：在出差时期参加课程的实时学习；利用空闲时间访问在线资源并下载资源等情境。

交互方式：以在线的方式实现学习者与学习内容、教师、学生之间的相互交流。

评价方式：追踪学习者在线学习的时间、学习内容等信息，对学习者的学习行为做出反馈，给出适当的信息提示。

(2) 脱机类移动学习模式。

存储携带模式。

这种模式是指将电子书、多媒体课件、图文课件等数字化内容存储在便携式移动设备上，帮助学习者进行随时随地的学习。

理论基础：非正式学习、无意识、记忆规律。

资源形式：文档、图片、音频、视频、课件、流媒体等。

适用终端：MP3、PDA、学习机、带存储扩展卡的移动电话、笔记本电脑。

学习者需求：利用工作、休息之外的时间片段进行学习。

适用情境：工作繁忙，又需要充电，上班路上、出差途中等零碎时间段学习。

交互方式：主要是学习者与学习资源之间的交互。

评价方式：提供针对学习内容的练习与测试，对学习者的学习结果进行检验。

本 章 小 结

计算机网络是计算机技术与通信技术相结合的产物，人们可以通过多种方式，将自己的个人电脑、PDA 或手机通过电话线、网络线等有线方式或通过无线移动网等无线方式连接到互联网，充分享受互联网所提供的各种各样的服务，如浏览 Web 页面、远程上传与下载文件、发送或接收电子邮件、网上实时交谈、网络游戏等。

网络信息资源是指通过计算机网络可以利用的各种信息资源的总和。获取网上资源的基本环节包括查询资源、浏览资源、保存资源。获取网上资源的常用方式有网页浏览、文件传输、电子邮件、远程登录等，网页浏览是最基本的获取方式。

通过搜索引擎对网络信息资源进行查找是获取网络信息资源的主要方式，网络检索工具主要可以分为目录型工具和搜索引擎两大类，常见的有 Yahoo!、Google、百度等搜索引擎。

传统的网络交流工具有电子邮件、QQ、BBS 等，现代的网络交流工具有微博、Wiki、微信等，这些网络交流工具已在教育方面得到广泛的应用。

网络课程是通过网络表现的某门学科的教学内容及实施的教学活动的总和，是信息时代条件下课程新的表现形式。它包括按一定的教学目标、教学策略组织起来的教学内容和网络教学支撑环境。网络课程具有交互性、共享性、开放性、协作性和自主性等基本特征。其主要形式有精品课、视频公开课、网络微课等。

WebQuest 课程是一种以探究为取向的学习活动，学习者使用的多数信息来源于万维网（Web），是一种基于网络的探究性学习。WebQuest 一般都由简介、任务、过程、资源、评估和结论 6 个模块组成，其中每一个模块都自成一体，设计者可以通过改变各模块来实现不同的学习目标。

远程教育是师生凭借媒体所进行的一种非面对面的教育形式，教师与学生在时空上相对分离，学生自学为主、教师助学为辅，教与学的行为通过各种教育技术和媒体资源实现联系、交互和整合。按教学媒体的不同，远程教育可分为：函授教学模式、无线电广播教学模式、电视教学模式、计算机网络教学模式。现代远程教育是师生凭借网络技术和多媒体技术所进行的非面对面的教育，它是信息技术和互联网在远程教育领域的新兴应用。现代远程教育具有开放性、技术先进性、自主灵活性、资源共享性等特征。

数字图书馆是用数字技术处理和存储各种图文并茂文献的图书馆，实质上是一种多媒体制作的分布式信息系统。它把各种不同载体、不同地理位置的信息资源用数字技术存储，以便于跨越区域、面向对象的网络查询和传播。它涉及信息资源加工、存储、检索、传输和利用的全过程。通俗地说，数字图书馆就是虚拟的、没有围墙的图书馆，是基于网络环境下共建共享的可扩展的知识网络系统，是超大规模的、分布式的、便于使用的、没有时空限制的、可以实现跨库无缝链接与智能检索的知识中心。

移动学习是在无线移动计算设备的帮助下进行的学习，学习者不受时空限制。移动学习模式主要分为在线类移动学习和脱机类移动学习。

本章习题

(1) 结合实际，说出你知道的几种网络搜索引擎。
(2) 网络信息资源分哪几种类型？
(3) 网络信息资源的收集方法有哪些？
(4) 微博在教育应用方面有哪些内容？
(5) QQ在教育教学中的应用主要有哪些？
(6) 网络课程的功能有哪些？
(7) 请你介绍几种流行的视频公开课。
(8) 微课的主要特点有哪些？
(9) 远程教育有哪些特征？
(10) 数字图书馆有哪些应用？

第 4 章

教学设计与评价

学习目标

(1) 正确解释教学设计的基本概念。
(2) 理解学习教学设计的意义。
(3) 说明教学设计的一般过程和基本环节。
(4) 掌握教学设计前期分析的基本方法。
(5) 结合实际教学内容,陈述相应的教学目标。
(6) 掌握教学策略的基本类型。
(7) 结合实际教学内容,说明教学媒体选择的依据。
(8) 结合自己的所教专业,编写一份教学设计方案。
(9) 理解教学评价的相关概念和主要类型。
(10) 指出形成性评价和总结性评价的含义及其区别。
(11) 能根据需要选用合适的教学评价工具和方法。
(12) 掌握说课的内容和方法。

教学设计是 20 世纪 60 年代以来逐渐形成和发展起来的一门新的实践性很强的应用科学,是教育技术学领域中很重要的一个分支。教学设计最早萌芽于第二次世界大战中的军队和工业培训领域,到 20 世纪 60 年代才逐渐被引入学校教育中。目前,教学设计在正规的学校教育、全民的社会教育和继续教育,以及遍及工业、农业、金融、军事、服务等各行业、各部门的职业教育和培训领域中都得到了广泛的应用。本章介绍的教学设计理论和方法主要涉及的是中小学课堂教学的领域。

4.1 教学设计概述

4.1.1 教学设计的基本概念

在教学活动中,教师的教学过程是各项要素组成的一个有机系统,这个系统主要包括三个要素,即教学准备、教学实施和教学评价。在进行实际教学和教学评价之前,教师首先要对即将实施的教学活动进行周密的思考和精心的安排,要考虑教什么、怎么教、如何评价教学效果等问题;要研究教学对象的特点、教学目标、教学内容、教学策略、教学媒体等问题,最后制定出一个教学工作的整体方案。

1. 教学设计的定义

教学设计(Instructional Design,简称 ID),亦称教学系统设计,是连接教学理论、学习理论和教学实践的桥梁，那究竟什么是教学设计呢？历史上不少专家曾经下过一些相关的定义，借鉴前人有关教学设计含义的阐释，我国目前比较一致的看法是把教学设计定义为：教学设计是以教学过程为研究对象，以促进学习者的学习、优化教学的效果为目的，以系统理论、传播理论、学习理论和教学理论为理论基础，运用系统方法分析教学问题和确定教学目标，建立解决教学问题的策略方案、试行解决方案、评价试行结果和对方案进行修改的过程。

教学设计是以解决教学问题、优化学习为目的的特殊设计活动。它不是为了发现客观存在的、尚不为人所知的教学规律，而是运用已知的教学规律去创造性解决教学中的问题。其成果或产物包括专业培养计划、企业培训方案、课堂教学实施方案、多媒体课件、网络课程、电视教材等。

2. 学习教学设计的意义

作为沟通心理学和教学实践而出现的教学设计理论和方法，对教师和教学的影响都是直接的，我们可以从不同角度来理解和学习教学设计的意义。

（1）沟通教学理论与教学实践。

教学设计是教学理论与教学实践的桥梁。教学理论偏重于理论上的描述和完善，对于改进教学只能产生指导性的、非直接的作用，因为理论到实践是有距离的，而且实践是有丰富情境、发展变化的，套用现成的理论也会使人失去对教学实践丰富性的认识。通过教学设计，可以把已有的教学理论和研究成果运用于实际教学中，指导教学工作的进行；当然也可以将教师的教学经验升华为教学科学，充实和完善教学理论，这样就把教学理论与教学实践紧密地结合起来了。

（2）促进教师专业化发展。

教师教学能力的掌握和提高，可以通过在教学实践中摸索，也可以通过有经验的教师"师傅带徒弟"的指导获得，但效果却是缓慢的、零碎的。综合了学习理论、教学理论、系统论和传播理论等多种理论的教学设计，将教学活动建立在科学的系统方法基础之上，使教学手段、教学过程成为可复制、可传授的技术和程序，老师通过学习可以迅速掌握教学的基本原理和方法，提高教学水平。因此，教学设计是教师专业化发展过程中应掌握的重要专业技能。

（3）促进新课程改革取得实效。

我国正在紧锣密鼓地进行新一轮的课程改革，这次课改完全遵循素质教育的思想和目的，即坚持面向全体学生，促进每一个学生基本素质的全面发展，促使学生主动、生动、活泼地发展，使基础教育回归原有的本质，充分发挥基础教育培养、提高学生素质的功能，以适应时代发展对人才的需求。教师作为新课程改革实施的主体，能否深入贯彻实施新课程改革，将直接关系到新课程改革的成败。而新课程改革要求的师生关系、学生的主体地位、知识与能力的关系、各科教学目标的三个维度等，都需要教师进行教学设计。

4.1.2 教学设计的过程模式

模式是再现现实的一种理论性的简约形式。教学设计过程模式，则是在教学设计实践中逐渐形成的，运用系统方法进行教学设计的理论性的简约形式。

1. 教学设计过程的基本要素

不论哪一种教学设计模式，教学对象、教学目标、教学策略、教学评价都是构成教学设计过程诸多要素中最基本的要素。

（1）教学对象。

教学系统的服务对象是学习者。为了做好教学工作，必须认真分析、了解学习者的情况，掌握他们的一般特征和初始能力，这是做好教学设计的基础。

（2）教学目标。

通过教学活动以后，学习者应该掌握哪些知识和技能，培养何种态度和情感，用可观察、可测定的行为术语精确表达出来。同时，也要尽可能地表明学习者内部心理的变化。

（3）教学策略。

为了完成特定的教学目标，所采用的教学模式、程序、方法、组织形式和对教学媒体的选择与使用的总体考虑。

（4）教学评价。

教学评价包括诊断性评价、形成性评价和总结性评价三部分，它的目的是了解教学目标是否达到，从而作为修正设计的依据。

2. 教学设计的基本内容

教学设计的基本内容可以概括为以下四部分。

1）进行前期分析，包括学习需要分析、学习者分析和学习内容分析。
2）确定教学目标。
3）设计教学策略。
4）进行教学评价。

由此，也可以将教学设计的基本内容表述为："为何教""教什么""如何教"和"教得怎样"四项内容。

3. 教学设计过程的一般模式

教学设计从20世纪60年代产生至今，许多专家学者通过文字或图解的方式对教学设计的过程进行了描述，以简要表述对教学设计过程的认识，这就是教学设计的模式。迄今为止，已出现的教学设计模式有数百个之多。通过对这些教学设计模式的共同特征以及要素的分析、归纳和总结，就形成了一个具有一定代表性的一般模式，如图4-1所示。

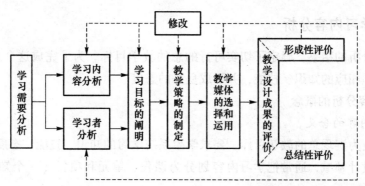

图4-1 教学设计过程的一般模式图

图中所示的教学设计过程的一般模式，全面反映了教学设计的各项主要工作和实施步骤，以及相互之间的关系。掌握了这个模式，也就掌握了教学设计的全过程。

4.2 教学设计的前期分析

前期分析是美国学者哈里斯在 1968 年提出来的一个概念，它的主要任务是在教学设计过程开始的时候，对直接影响教学设计的若干因素进行具体的分析，主要包括学习需要分析、学习内容分析和学习者分析三个方面。利用这三项分析，我们可以有的放矢地确定教学目标、制定教学策略、选择教学媒体、设计教学模式、实施教学评价，科学地完成教学设计。

4.2.1 学习需要分析

进行学习需要分析是教学设计工作的起点，旨在发现教学中存在的和需要解决的问题，并通过鉴别与分析认清问题的本质及其根源，这是决定教学设计能否成功的一个基本前提。

(1) 学习需要的含义。

学习需要在教学设计中是一个特定概念，是指学习者目前的学习状况与所期望达到的状况之间的差距。这里的期望可能是学习者本人的期望，也可能是他人或社会的期望。目前的学习状况是指学习者在能力素质方面已达到的水平。

(2) 学习需要分析的含义。

学习需要分析是一个系统化的调查研究过程，主要进行三个方面的工作：一是深入调查研究，分析教学中需要解决的问题是什么；二是通过分析问题产生的原因，以确定教学设计是否是解决这个问题的必要途径；三是分析现有的资源和制约因素条件，明确设计教学方案以解决该问题的可行性。所以，学习需要分析的实质就是发现教学问题，分析教学设计的必要性和可行性。

学习需要分析主要解决的问题是：为什么要开展某一教学（有关教师"为何教"、学习者"为何学"的问题）；教学方案总的教学目标是什么；实施该教学方案需具备什么条件等。

4.2.2 学习内容分析

学习需要分析的结果，确定了切实可行的总的教学目标。为了完成这个总的教学目标，学习者必须掌握相应的知识、技能，并形成良好的态度。

1. 学习内容分析的概念

(1) 学习内容的含义。

学习内容是为实现总的教学目标，要求学生系统学习的知识、技能、态度和行为经验的总和。在教学设计领域，通常把学习内容划分为课程、单元和项目（一个知识点或一项技能）三个层次。

(2) 学习内容分析的含义。

学习内容分析是围绕着总的教学目标，确定学习内容的范围和深度，揭示学习内容各部分之间的联系的过程。它包括两个方面的工作：其一是选择教学内容，确定内容的范围和深度，与"教什么"有关；其二是揭示教学内容各个部分之间的关系，安排呈现序列，与

"如何教"有关。学习内容分析的结果,可使教师明确学生学习完之后,必须知道什么,能做什么,为达到这样的教学目标学生需要哪些先决知识、技能和态度,以及学科内容的结构与最佳教学顺序。

2. 学习结果的分类

美国当代著名教育心理学家加涅把学习结果分成五种类型:言语信息、智慧技能、认知策略、动作技能和态度。不同类型的学习结果,学习者在理解和接受的过程中所采用的方法也是不一样的,教师应当根据学习结果的不同类型采取不同的教学策略,从而帮助学生快捷地获得不同类型的学习结果。

(1) 言语信息。

言语信息又称陈述性知识,是指学习者通过学习能够记忆诸如事物的名称、地点、定义、符号、对事物的描述等具体的事实知识,并在需要时将这些事物表达出来。

(2) 智慧技能。

智慧技能又称为程序性知识,是学生运用习得的符号(如基本概念、原理、规则等)解决实际问题的能力。智慧技能的学习涉及的是回答"怎样"或"怎么办"的知识,是从简单到复杂、从低级到高级的过程。

1) 辨别:将刺激物的一个特征和另一个特征,或者将一个符号与另一个符号加以区别的一种习得能力。辨别包括视觉、听觉、嗅觉、触觉、味觉等方面的辨别,如儿童能辨别三角形和正方形等几何图形、学习地质学的大学生能区别不同性质的岩石标本等。辨别技能的重要性在于它是学习其他技能的必要前提。

2) 概念:在一系列事物中找出共同属性并给同类事物赋予同一名称的一种习得技能。概念又分为具体概念和抽象概念,反映具体事物的概念是具体概念,如汽车、水果等;反映对象各种属性的概念是抽象概念,加涅把其称为定义概念,如"安全""教育""正义""勇敢"等。

3) 规则:规则学习实质上就是学习一些定律、定理和原理,并能应用其解决一些实际问题。在规则的掌握中,它的意义并不在于学习者能够将规则的内容精确描述出来,而在于能应用它来解决在实际生活中碰到的问题。例如,在数学学习中,有 $a \times c + b \times c = (a+b) \times c$,在掌握了这些规则后,如果学生遇到了诸如"$31.64 \times 66 + 68.36 \times 66$"之类的复杂运算时,他们应当能够运用简单算法得出运算结果。

4) 高级规则:综合运用多种规则解决一些复杂的问题的能力。例如,在学生学完三角形的相关规则之后,呈现这样一个问题:"一棵树高 40 米,投影长度为 52 米,求太阳光线与地平线之间的夹角。"学生应当能综合运用多个有关三角形规则来解答该题目。

(3) 认知策略。

认知策略是学生用来指导自己注意、学习、记忆和思维的能力,是学生在应对环境事件的过程中控制自己的"内部的"行为的策略。例如,采用谐音来记忆圆周率;考试时合理安排答题顺序、分配答题时间等。

比较以上三个方面的认知学习,可以认识到:在感、知觉基础上通过记忆,学生获得大量的言语信息,是较简单的认知学习;在感、知觉基础上,通过思维,获得有关外部事物的概念、规则乃至高级规则,并将这些概念、规则应用于实践,解决实际问题,这是比较复杂的认知学习。在上述学习的同时,学生还要学会如何控制自己的认知过程,即学会如何学习、如何思维，这是更高级的认知学习，是形成学生创造能力的核心。

（4）动作技能。

动作技能是一种反映学生的实际操作的能力，如实验。我们不仅要求学生能完成某种规定的运动，而且要求他们的动作必须有一定的连贯性和精确性。如打字、做物理或化学演示实验、进行体育锻炼等。

（5）态度。

态度是人们对事情的看法和采取的行动。作为一种学习结果，在教育心理学中态度被定义为：习得的、影响个人对特定对象做出行为选择的有组织的内部准备状态。特定对象包括事物、人和活动。当教学目标是使学习者形成先前未有的态度，或改变当前积极的或消极的态度时，这意味着我们要求学习者从事一项有关态度的学习任务。如学生选择古典音乐就是一种态度。态度决定了人类的行动模式，例如，有的人喜欢在闲暇时听音乐，有的人习惯于在喧闹的环境下看书，有的人可能喜欢在课间休息时记英语单词等。

3. 学习内容分析的步骤

学习内容具有一定的层次结构。教师在进行学习内容分析时，是针对课程、单元及知识点这三个层次的学习内容进行的。不论是哪一个层次的学习内容，一般都采用以下几个步骤进行分析。

（1）确定学习类型。

通过对学习需要的分析，我们已经形成了总的教学目标，为了实现这一总的教学目标，应该向学习者传输哪些知识单元，知识单元中有哪些具体的知识结构，教师在进行教学设计之前应认真考虑，以使学生明确要学习哪些内容。因此，学习内容分析的第一步就是把总的教学目标分成具体的目标，然后利用学习结果的分类方法来确定这些具体目标的类型。例如，要求学习者背一首诗，让学习者证明一个几何定理等，它们是有质的区别的学习内容。

（2）确定教学内容。

在选择教学内容时，尽可能多地收集与教学目标有关的教学资料，要注意及时补充相关新内容，要合并相关内容或删除那些过时的或者没有定论的内容。明确了"教什么"之后，再根据课程标准的规定，结合自己的教学经验和本班学生水平分析教学内容中的重点、难点。确定教学重点、难点是为了进一步明确教学目标，以便在教学过程中突出重点、突破难点，更好地为实现教学目标服务。

（3）编排教学内容。

教学内容的编排是对已选定的学习内容进行组织安排，使之具有一定的系统性或整体性。在基本确定了学生需掌握的学习内容及其深度和广度之后，就要分析这些内容的内在联系，然后再根据学生的特点对内容进行编排。每门课程都有各自的特点，我们在具体组织编排教学内容时，要注意符合以下几个方面的基本原则。

1）由整体到部分，由一般到个别，不断分化。

一般来说，从已知的、较一般的整体中分化出细节要比从已知的细节中概括整体容易些。例如，掌握了植物的概念后，就有利于对树、果树、梨树等包容性较小和越来越分化的概念的掌握。

2）确保从已知到未知。

如果学习的内容在与学习者认知结构中已有的概念不能产生从属关系时，就应采取由浅入深、由易到难、由具体到抽象、由较简单的先决技能到复杂技能的原则，排成一个有层次或有关联的系统，使前一部分的学习为后一部分的学习提供基础，成为后续学习的"认知固着点"。这特别表现在数学等学科领域，因为这类学科的知识结构在序列上极为严密，如果不懂得前一个概念就不可能懂得后一个概念。

3）按事物发展的规律排列。

如果学习内容是线性的，可以通过向前的、进化的、按年代发展或从起源出发的方法来编排。这样的组织方式与研究的社会现象、自然现象的变化顺序和客观事物本身发展的顺序相一致，符合事物的运动变化规律，能使学习者对自然和社会现象的发展过程有比较全面的认识。

4）注意教学内容之间的横向联系。

安排学习内容时，不仅要注意概念纵向发展之间的联系，还要注意从横向方面加强概念原理、单元课题之间的联系以及知识、技能、情感各部分内容之间的协调衔接，以促进学习者融会贯通地去学习。有些学习内容虽然是相对独立的，但也不能忽视横向的联系，否则学习者就不能区别相似概念之间的差异，新的内容含混不清，就会导致遗忘，也不利于学习的迁移。

4.2.3 学习者分析

学习者作为学习活动的主体，其具有的认知、情感、社会等特征都将对学习过程产生影响。因此，要取得教学设计的成功，必须重视对学习者的分析。对学习者分析的目的是了解学习者的学习准备情况及其学习风格，为教学内容的选择和组织、教学目标的阐明、教学活动的设计、教学方法与媒体的选用等教学外部条件适合于学习者的内部条件提供依据，从而使教学真正促进学习者智力和能力的发展。

1. 学习者一般特征的分析

学习者的一般特征是指他们具有与具体学科内容无关，但影响其学习的生理、心理和社会等方面的特点，包括年龄、性别、认知成熟度、学习动机、生活经验等内容。在教学设计过程中，分析学生的一般特征，以此作为制定教学策略、选择教学方法和媒体等工作的依据。了解学习者一般特征的主要方法有观察、面试、填写学生情况调查表和开展态度调查、查阅学习者的人事或学习档案等。

2. 初始能力的分析

初始能力是学生在学习某一特定的学科内容时，已经具备的相关知识和技能等，以及他们对这些学习内容的认识和态度。分析初始能力的意义在于它可以帮助我们确定教学起点。初始能力包括技能与态度两个方面，而技能又可分为预备技能与目标技能两种。

（1）预备技能分析。

学生在开始新的学习之前，已经掌握的知识与技能就是预备技能，它为新的学习提供了必要条件。预备技能分析就是在开始进行新的学习之前，了解学生掌握预备技能的情况，然后根据调查结果适当调整学习起点，在已经安排好的学习内容中，补充学生尚未具备的预备技能，删除他们已经掌握的那些预备技能。

（2）目标技能分析。

在教学目标中规定，学生必须掌握的知识和技能就是目标技能。在开始新的学习之前，学生有可能已经掌握了一部分目标技能，有的甚至是全部的目标技能，所以此时有必要对学生进行目标技能分析，以便删除他们已经掌握的那一部分目标技能，这有助于在确定教学内容方面做到详略得当。

（3）学习态度分析。

学习态度分析是指了解学生对特定学习内容的学习是否有思想准备、是否感兴趣、是否会产生偏见、误解或抵触情绪等。在教学之前通过学习态度分析，便可以有针对性地提高他们对学习的认识，端正学习态度。

通过对学生进行谈话、问卷调查等一般性了解或在新课程开始之前用预先编制好的测试题目测试一下学生，就可以确定学生的初始能力。

3. 学习风格分析

媒体技术的发展和教学资源的丰富与共享，使大规模地开展个别化教学成为可能。学习风格是学习者特征的重要组成部分，了解学习者的学习风格是强调个别化教学设计的一个重要方面。

（1）学习风格的含义。

学习风格是学习者持续一贯的带有个性特征的学习方式，是学习策略和学习倾向的总和。其中学习策略是指学习方法；学习倾向是指学习者的学习情绪、态度、动机、坚持性以及对学习环境、学习内容等方面的偏爱。

（2）学习风格的构成。

学习风格的构成包括生理、心理和社会三个层面。

1）生理层面：主要指个体对外界环境中的生理刺激，对一天的时间节律以及接受外界信息时对不同感觉通道的偏爱。例如，在生理刺激方面，有的学习者需要绝对安静的学习环境，而有的学习者则喜欢在带有背景音乐的环境中学习；在时间规律方面，有些人喜欢在清晨学习，而有一些人则在晚上或深夜学习兴趣高、精力足。

2）心理层面：包括认知、情感和意志动机三个方面。认知要素具体表现在认知过程中信息的顺序加工与同时加工、场依存性和场独立性、分析与综合、深思与冲动等方面。情感要素具体体现在理性水平的高低、学习兴趣或好奇心的高低、成就动机的差异、内控与外控以及焦虑性质与水平的差异等方面。意志动机要素则表现为学习坚持性的高低、言语表达能力的差异、冒险与谨慎等方面。

3）社会层面：包括个体在独立学习与结伴学习、竞争与合作等方面所表现出的特征。例如，有些人喜欢独立学习，与其他人一起则难以集中注意力；有些人则相反，喜欢和他人一起学习。

对于学习风格的测定，通常需要采用专门的"风格测定量表"来完成。

4.3 教学目标的阐明

在教学设计的前期分析阶段，通过对学习需要的分析，明确了"为什么教"和总的教学目标；通过对学习内容的分析，明确了"教什么"，也就是完成教学目标必须掌握的知识及其内在联系；通过对学习者的特征分析，明确了教学的起点。在此基础上进行教学活动的设计，其首要工作是阐明教学目标，并分析与编写具体的教学目标。

4.3.1 教学目标概述

1. 教学目标的概念

教学目标是对学习者通过学习后应该表现出来的可见行为的具体、明确的表述，它是预先确定的、通过教学可以达到并且能够通过技术手段测量的教学结果。

2. 教学目标的分类

根据布卢姆的目标分类理论，教学目标可分为认知、动作技能和情感三大领域，每一领域又可根据目标要求高低不同划分为若干层次。

（1）认知领域目标分类。

在教育领域中，运用最为广泛的是认知领域，包括有关信息、知识的回忆和再认，以及智力技能和认知策略的形成。布卢姆将认知领域的教学目标，按智力特征的复杂程度分为六个层次。

1）知识（Knowledge）：指记忆、回忆或重复以前呈现过的信息的能力。
2）理解（Comprehension）：用自己的语言来解释或说明所获得的信息的能力。
3）应用（Application）：应用信息、概念、原理或定律等来解决新的问题的能力。
4）分析（Analysis）：将复杂的知识进行分解，并能找出各个独立的部分之间的关系的能力。
5）综合（Synthesis）：将孤立的知识单元进行综合，形成新的整体或新的模式的能力。
6）评价（Evaluation）：在已有知识和已给出的标准的基础上，进行判断和鉴定的能力。

（2）动作技能领域目标分类。

动作技能涉及骨骼和肌肉的运用、发展和协调。在实验课、体育课、职业培训、军事训练等科目中，这通常是主要的教学目标。辛普森等人于1972年提出该领域的分类系统，是目前应用较为广泛的一种分类体系。他将动作技能目标分为七个等级。

1）感知：指运动感官获得信息以指导动作，主要了解某动作技能的有关知识、性质、功用等。
2）准备：指对固定动作的准备，包括心理定向、生理定向和情绪准备（愿意活动）。
3）有指导的反应：是指复杂动作技能学习的早期阶段，包括模仿和尝试错误。通过教师评价或一套适当的标准可判断操作的适当性。
4）机械动作：指学习者的反应已成习惯，能以某种熟练和自信水平完成动作。这一阶段的学习结果涉及各种形式的操作技能，但动作模式并不复杂。
5）复杂的外显反应：指包含复杂动作模式的熟练操作。操作的熟练性以精确、迅速、连贯协调和轻松稳定为指标。
6）适应：指技能的高度发展水平，学习者能修正自己的动作模式以适应特殊的设施或满足具体情境的需要。
7）创新：指创造新的动作模式以适合具体情境。要有高度发展的技能为基础才能进行创新。

（3）情感领域目标分类。

情感是对外界刺激的肯定或否定的心理反应，如喜欢、厌恶等。个体的情感会影响他做出行为上的选择。情感学习对于形成或改变态度、提高鉴赏能力、更新价值观念、培养高尚情操等密切相关。克拉斯伍等制定的情感领域的教育目标分类于 1964 年发表，他依据价值内化的程度将该领域的目标分为五级。

1）注意：指学习者愿意注意某特定的现象或刺激。例如，静听讲解、意识到某问题的重要性等。学习结果包括从意识到某事物的存在的简单注意到选择性注意，是低级的价值内化水平。

2）反应：指学习者主动参与，积极反应，表现出较高的兴趣。例如，完成教师布置的作业，参加小组讨论，遵守校纪校规等。

3）价值判断：指学习者用一定的价值标准对特定的现象、行为或事物进行评判。例如，欣赏文学作品，在讨论问题中提出自己的观点，刻苦学习外语等。

4）组织化：指学习者在遇到多种价值观念呈现的复杂情境时，将价值观组织成一个体系，对各种价值观加以比较，确定它们的相互关系及相对重要性，形成个人的价值体系。例如，先处理集体的事，然后考虑个人的事。

5）价值或价值复合体的个性化：指学习者通过对价值体系的组织，逐渐形成个人的品性。个人言行受该价值体系的支配，观念、信仰和态度等融为一体，最终的表现是个人世界观的形成。例如，保持谦虚态度和良好的行为习惯，在团体中表现出合作精神等。

在实际教学中，大多数学习都包含这三个领域的目标成分，但是以其中某一个领域的目标为主。例如，数学的学习主要是认知领域中的智力技能，可是始终离不开学生对学习数学的态度问题，教师在教学中应当在注重知识传授的同时，注重培养学生对学习的兴趣爱好。

3. 新课程三维教学目标

根据布卢姆等的教育目标分类理论，结合我国的教育教学实际，新课程将教学目标分为知识与技能、过程与方法、情感态度与价值观三个维度。

（1）知识与技能。

知识与技能强调的是学科的基础知识与基本技能，这两个方面就是过去常说的"双基"。知识是指学生必须掌握的该学科所特有的基本事实、概念、规律、规则、原理、定理等。技能是指各学科所要求学生必须掌握的该学科所特有的操作技能，如语文的听、说、读、写，数学的测量、运算，物理和化学的实验操作，生物的解剖观察，地理的勘察制图，以及音乐的演唱，体育的运动，美术的绘画，手工的制作等。

（2）过程与方法。

过程与方法目标强调的是了解和体验问题探究的过程和方法，并初步掌握发现问题、思考问题和解决问题的基本方法，真正学会学习。

（3）情感态度与价值观。

情感态度与价值观目标关注的是形成积极的学习态度，健康向上的人生态度，具有科学精神和正确的世界观、人生观、价值观，成为有责任感和使命感的社会公民等。

基础教育课程改革要从单纯注重传授知识转变为注重引导学生学会学习，学会做人。强调学生学习的过程与方法，是引导学生学会学习的关键。更为重要的是，要在学习知识的过程中潜移默化地培养学生正确的价值观、人生观和世界观。

4.3.2 教学目标的编写方法

既然教学目标是学生在学完一个指定的教学单元之后能够做些什么事情的具体的、明确的表述，因此教学目标的编写十分重要。教育心理学家一致认为，用传统方法表述的教学目标含混不清，不利于指导教与学。对如何描述教学目标，行为主义强调用可以观察或可以测量的行为来描述教学目标，认知心理学强调用内部心理过程来描述。虽然这两种观点不同，但他们却一致认为，教学目标的重点应说明学生行为或能力的变化。

1. ABCD 编写方法

马杰以研究行为目标而著名，他认为，一个教学目标应包括行为、条件和标准三个要素，有的学者在此基础上增加了教学对象的描述，他们把编写学习目标的基本要求简称为 ABCD 模式。ABCD 编写方法基本上反映了行为主义的观点，强调用行为术语来描述教学目标。下面是依据 ABCD 法编写的教学目标实例，并用符号标明了它的构成要素：

小学一年级的学生，能解一位数加法的题，用心算，在一分钟内 10 道题
　　　A　　　　　　　B　　　　　　　C　　　D

中能答对 8 道。

初中二年级的学生在观看各种云的图片时，应能将卷云、层云和雨云分
　　　A　　　　　　　C　　　　　　　B

别标记出来，准确率达 90%。
　　　　　　D

1）A 代表教学对象。教学目标的陈述是为了证实学生学完某一内容之后的行为，由于各个年级、各个学生所表现的行为可能不一样，有必要在教学目标中注明特定的教学对象。

2）B 代表实际的行为及其结果。它说明了学生通过学习所能够完成的特定而可观察的行为及其内容。描述行为及其结果的基本方法是使用一个动宾结构的短语，其中表述行为的动词说明学习的类型，宾语则用来说明学生的行为结果或学生所做的事情。

3）C 代表行为的条件。学生在证实其相应的行为及其结果时，总是在一定的情境条件下进行的。例如，"可以借助字典""通过小组讨论"等都包含有相关条件。

4）D 代表行为的标准。行为的标准是指行为完成质量的可接受的最低衡量依据。在教学目标编写时采用什么程度的标准要依据教学内容的实际要求，应当以大多数学生在经过必要的努力之后都能做到的事情作为行为的标准。行为的标准一般从行为的速度和准确性等方面进行描述。例如，"在 5 分钟以内""误差在 1mm 以内""准确率达 90%"都包含了教学目标中的有关标准。

在一个教学目标中，实际的行为及其结果是基本组成要素，不能省略，而教学对象、条件和标准是可选择的要素，编写教学目标时不一定一一列出。

2. 内外结合法

行为目标虽然避免了用传统方法表述目标的含糊性，但它也存在一些缺点，例如，只注重学生外在行为的变化而忽略其内在能力和情感的变化。由于学生因学习而产生的比较持久的变化除包括行为的变化以外，还包括认识、能力和心理倾向方面的变化，并且认识、能力和心理倾向的变化又很难行为化，因此为了全面准确编写教学目标，描述学生内部心理操作的术语就不可完全避免，采用内部过程和外显行为相结合编写教学目标的方法便应运而生。

1978 年教育心理学家格朗伦就指出，在编写教学目标时应首先明确陈述（如理解、记忆、欣赏、掌握等）内在的心理变化，然后再列举反映这些内部变化的行为表现样例。例如，理解杠杆的原理：

1）能举出三种生活中采用杠杆原理的实例。
2）能用自己的语言说明杠杆的平衡条件。
3）能写出杠杆实例中的力臂和力矩的关系式。

这里"理解杠杆的原理"是教学目标的一般陈述，而理解是一个内部的心理过程，不能直接测量和观察。例中为了使"理解"能够得到测量和观察，利用了三个能证明学生是否具备"理解"能力的行为实例进行描述。格朗伦的内外结合法，既避免了用内部心理过程表述目标的抽象性，也避免了行为目标的局限性。

4.4 教学策略的制定

通过前面几节的阐述，我们已经明确了为什么要教学（需要），教学从哪里开始（起点），教学的目标是什么（终点），从"起点"到"终点"需要教哪些东西（内容）四个问题。那么，为了实现目标、满足需要，应采取哪些教与学的行动，即回答一个"如何教"的问题，这就需要制定教学策略。

4.4.1 教学策略概述

1. 教学策略的定义

教学策略是对完成特定的教学目标而采用的教学活动的程序、方法、形式和媒体等因素的总体考虑，也就是在不同的教学条件下达到不同的教学结果所采用的不同的方式、方法、媒体等。

教学策略的制定是教学设计中最核心的环节，直接反映了设计者的教学思想与观念，也是最能体现教学设计创造性的环节。

2. 教学策略的分类

教学策略的分类方法有很多种，依据不同的角度和标准就会有不同的分类。我们认为，学习是一系列的信息加工过程，根据信息控制者不同，我们可以把教学策略分为替代性教学策略（教师控制）和生成性教学策略（学习者控制）。

（1）替代性教学策略。

在学习过程中，教师代替学生处理信息，为学生提供学习目标、选择教学内容、安排教学顺序以及设计教学活动等。这种策略在传统教学中比较常用。

替代性策略可以使学生的学习较好地集中在预定的学习目标上；有较高的学习效率，学生可以在短时间内学习更多的内容；先天知识不足和学习策略有限的学生可以借助这种方法获得成功的学习。这种策略的缺点在于：学生的智力投入较少，信息处理的深度不够，容易导致被动地接受；由于教学安排得过于周到和缺乏独创性，所以对学生挑战性不大，一些学生的学习动机水平不高。

（2）生成性教学策略。

生成性策略是指让学生作为学习的主要控制者，学生自己形成学习目标，自己对学习内容进行组织加工、安排学习活动的顺序，并鼓励学生自己从教学中建构具有个人特有风格的学习。教师在此作为学习的指导者和帮助者，为学生提供一些必要的教学支持。学生主要依靠自己的力量，通过探究活动进行学习。

生成性策略的主要优点是：学生在学习过程中可以积极主动地建构认知结构，对信息的处理过程比较深入，有利于知识的记忆和迁移；允许学生使用和改善他们的学习策略。可以提高学生学会学习的能力；还可以激发学生的学习兴趣。当然，这种策略也有它的局限性：对学生的认知能力有较高的要求，即有较高的智力投入，这可能导致一部分学生认知超载和情绪低落；需要学生花费大量的时间进行学习，学习周期较长；学习的成功依赖学生以前具有的相关内容的知识和学生具有的学习策略水平；按照这种方式获得的学习结果具有较明显的个人风格，对学习内容的理解带有较浓的个人色彩。

由此可以看出，两种策略之间的关系不存在谁更科学、更可取的问题，而是应注重如何在教师控制—学生控制的两极之间，选择一个恰当的控制点，即把两种策略结合起来使用，取长补短，从而用最适当的策略实现教学目标。

4.4.2 常用教学策略

教学是一种外部事件，教学设计的目的是科学地影响学习的内部过程。所以，合理地组织和安排教学事件，优化教学程序，是制定教学策略的重要内容。国内外教育专家、心理学家及广大教师，依据长期的教学活动程序化探索，总结出了许多具有应用价值的教学策略。

1. 以教为主的教学策略

以教为主的教学策略主要有以下几种形式。

（1）先行组织者教学策略。

先行组织者教学策略是指安排在学习任务之前呈现给学习者的引导性材料。奥苏贝尔认为，能促进有意义学习的发生和保持的最有效策略，是利用适当的引导性材料对当前所学新内容加以定向与引导。这类引导性材料与当前所学新内容之间在包容性、概括性和抽象性等方面应符合认知同化理论要求，即便于建立新、旧知识之间的联系，从而能对新学习内容起固定、吸收作用。这种引导性材料被称为"先行组织者"。先行组织者不仅有助于建立有意义学习的心向，而且能帮助学习者认识到当前所学内容与自己头脑中原有认知结构的实质性联系，从而有效地促进有意义学习的发生和习得意义的保持。

（2）五段教学策略。

这种教学策略的主要步骤是：激发动机→复习旧课→讲授新课→运用巩固→检查效果。它源于赫尔巴特学派的"五段教学法"，后经苏联凯洛夫的改造而传入我国。其优点是：能充分发挥教师的主导作用，使学生在较短时间内掌握较多的系统知识，所以在实践中长盛不衰，至今仍是学校教育中的主要教学策略之一。其缺点是：学生在这种教学过程中往往处于被动地位，不利于他们学习主动性的发挥，为此，多年来在这方面一直受到批评与指责。然而，正如奥苏贝尔指出的，"接受学习"不一定是机械、被动的，关键是能否转化为"有意义学习"，即能否建立起新、旧知识之间的联系。因此，"五段教学策略"能否扬长避短，继续在教学领域发挥作用，并不取决于策略本身，而是取决于运用这种策略的教师能否做到以下两点：一是传递新知识时要与学生原有认知结构建立有意义的联系；二是传递新知识时应激发学生主动地从自身的认知结构中提取出有关的旧知识来同化新知识。

（3）掌握学习教学策略。

这是由布卢姆等人提出的一种教学策略，旨在把教学过程与学生的个别需要和特征联系起来，让大多数学生都能够掌握教学内容，达到预定的教学目标。掌握学习教学策略的实施步骤如图 4-2 所示。

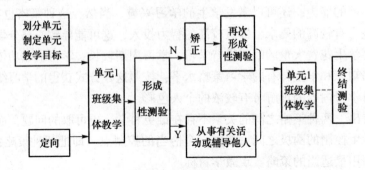

图 4-2 掌握学习教学策略的实施步骤

由图可知，形成性测验是掌握学习的一个重要手段，但这个手段不是用来对学生区分等级的，而是验明每个学生是否掌握了完成下一个学习任务所必需的知识技能。同时，布卢姆等人认为，只要提供需要的时间和帮助，绝大多数学生都能够掌握教学目标的要求，只是不同学生对学习特定内容所需的时间和媒体种类的适应可能会不一样。

(4) 九段教学策略。

这是美国著名心理学家加涅将认知学习理论应用于教学过程的研究而提出的一种教学策略。加涅认为，教学活动是一种旨在影响学习者内部心理过程的外部刺激，因此教学程序应该与学习活动中学习者的内部心理过程相吻合。他把每一个学习行动分解成九个阶段，相应的教学基本过程则也是九个步骤。其中教与学的对应关系如表 4-1 所示。

表 4-1 教学活动与学习阶段的关系

教学活动的步骤	学习阶段
1. 引起注意	接受
2. 告诉学生目标	期望
3. 刺激对先前学习的回忆	工作记忆检索
4. 呈现刺激材料	选择性知觉
5. 提供学习指导	语义编码
6. 诱发学生行为	反应
7. 提供反馈	强化
8. 评定行为	检索和强化
9. 促进记忆和迁移	检索和归纳

九段教学策略由于有认知学习理论做基础，所以不仅能使教师发挥主导作用，也能激发学生的学习兴趣，在一定程度上调动学生学习的积极性、主动性。

(5) 示范—模仿教学策略。

示范—模仿教学策略也是教学中常用的一种策略，它主要用于动作技能类的教学内容，包括一些操作技能的学习。该策略主要由以下几个步骤组成。

1) 动作定向：教师向学生阐明需要掌握的行为技能及技能的操作原理，同时向学生演示具体的动作，使学生明确要学会的行为技能的要求。

2）参与性练习：教师指导学生模仿练习一个个分解动作，并及时提供反馈信息，消除不正确的动作，强化正确的动作，使学生对所学的动作由不够精确、熟练逐渐走向精确、熟练。

3）自主练习：在这一阶段，学生已基本掌握了动作要领，可以将单个的技能结合成整体技能，通过反复练习，使技能更加熟练。

4）技能的迁移：学生动作技能基本达到自动化的程度，不需要思考便能完成行为技能的操作步骤，并通过反复练习，使技能更加熟练。

（6）情境—陶冶教学策略。

情境—陶冶教学策略有时也称为暗示教学策略，由保加利亚心理学家洛扎诺夫首创，主要通过创设某种与现实生活类似的情境，让学生在思想高度集中但精神完全放松的情境下进行学习。这是一种主要用于情感领域教学目标的教学策略，该教学策略主要由以下几个步骤组成。

1）创设情境：教师通过语言描绘、实物演示和音乐渲染等方式或利用教学环境中的有利因素为学生创设一个生动形象的场景，激起学生的情绪。

2）自主活动：教师安排学生加入各种游戏、唱歌、听音乐、表演、操作等活动中，使学生在特定的气氛中积极主动地从事各种智力操作，在潜移默化中进行学习。

3）总结转化：通过教师启发总结，使学生领悟所学内容主题的情感基调，达到情感与理智的统一，并使这些认识和经验转化为指导其思想、行为的准则。

2. 以学为主的教学策略

在教育信息化环境下的教学设计中，自主学习策略的设计是最核心的环节，是促进学生主动完成意义建构的关键环节。目前，在国内外比较流行的自主学习策略主要有以下几种。

（1）支架式教学策略。

支架式教学策略来源于苏联著名心理学家维果斯基的"最近发展区"理论，目的是为学习者对知识的理解建构一种概念框架。这种框架中的概念是为发展学习者对问题的进一步理解所需要的。为此，事先要把复杂的学习任务加以分解，以便于把学习者的理解逐步引向深入。

支架式教学策略由以下几个步骤组成。

1）搭脚手架：围绕当前学习主题，按"最近发展区"建立概念框架。

2）进入情境：将学生引入一定的问题情境，即概念框架中的某个层次。

3）独立探索：让学生独立探索，探索开始时要先由教师启发引导（如演示或介绍理解类似概念），然后让学生自己去分析；探索过程中教师要适当提示，帮助学生沿概念框架逐步攀升。

4）协作学习：进行小组协商、讨论，在共享集体思维成果的基础上获得对当前所学概念比较全面、正确的理解，即最终完成对所学知识的意义建构。

5）效果评价：对学习效果的评价包括学生个人的自我评价和学习小组对个人的学习评价，评价内容包括自主学习能力、对小组协作学习所做出的贡献、是否完成对所学知识的意义建构等。

（2）抛锚式教学策略。

抛锚式教学策略是由温特比尔特认知与技术小组开发的，要求这种教学策略建立在有感染力的真实事件或真实问题的基础上。确定这类真实事件或问题的过程被形象地比喻为"抛锚",因为一旦这类事件或问题被确定,整个教学内容和教学进程也就被确定(就像轮船被锚固定一样)。

学习者要想完成对所学知识的意义建构,最好的办法是自己到现实世界的真实环境中去感受、去体验(即通过获取直接经验来学习),而不是仅仅聆听别人(如教师)关于这种经验的介绍和讲解。由于抛锚式教学要以真实事例或问题为基础,所以有时也被称为"实例式教学策略"或"基于问题的教学策略"。

抛锚式教学策略由以下几个步骤组成。

1)创设情境:使学习能在和现实情况基本一致或相类似的情境中发生。

2)确定问题:选择与当前学习主题密切相关的真实性事件或问题作为学习的中心内容,让学生面临一个需要立即去解决的现实问题。

3)自主学习:由教师向学生提供解决该问题的有关线索(例如,需要搜集哪一类资料、从何处获取有关的信息资源以及现实中专家解决类似问题的探索过程等),并要特别注意发展学生的自主学习能力。

4)协作学习:讨论、交流,通过不同观点的交锋,补充、修正、加深每个学生对当前问题的理解。

5)效果评价:由于抛锚式教学要求学生解决现实问题,学习过程就是解决问题的过程,即由该过程可以直接反映出学生的学习效果。对这种教学效果的评价往往不需要进行独立于教学过程的专门测验,只需在学习过程中随时观察并记录学生的表现即可。

(3)随机进入式教学策略。

由于事物的复杂性和问题的多面性,要做到对事物内在性质和事物之间相互联系的全面了解和掌握,即真正达到对所学知识的全面而深刻的意义建构是很困难的,往往从不同的角度考虑可以得出不同的理解。为此,学习者可以随意通过不同途径、不同方式进入同样教学内容的学习,从而获得对同一事物或同一问题的多方面的认识与理解,这就是所谓的"随机进入教学"。

随机进入教学的基本思想源自建构主义学习理论的一个新分支——认知灵活性理论。这种理论的宗旨是要提高学习者的理解能力和他们的知识迁移能力(即灵活运用所学知识的能力)。随机进入式教学策略主要包括以下几个步骤。

1)呈现基本情境:向学生呈现与当前学习的基本内容相关的情境。

2)随机进入学习:依据学生"随机进入"学习所选择的内容,呈现与当前学习主题不同侧面特性相关联的情境。在此过程中,教师应注意发展学生的自主学习能力,使学生逐步学会自己学习。

3)思维发展训练:由于随机进入学习的内容通常比较复杂,所研究的问题往往涉及许多方面,因此在这类学习中,教师还应特别注意发展学生的思维能力。

4)小组协作学习:围绕依据不同情境所获得的认识展开小组讨论。在讨论中,每个学生的观点在和其他学生以及教师一起建立的社会协商环境中受到考查、评论。同时,每个学生也对别人的观点、看法进行思考并做出反应。

5)学习效果评价:包括自我评价与小组评价,评价内容与支架式教学中相同。

由以上介绍可见,自主学习策略尽管有多种形式,但是又有其共性,即它们的教学环节中都包含有情境创设、协作学习,并在此基础上由学习者自身最终完成对所学知识的意义建构。

3. 协作式教学策略

协作学习(Collaborative Learning)是学习者以小组形式参与,为达到共同的学习目标,在一定的激励机制下,为获得个人和小组最大化的习得成果而合作互助的一切相关行为。而如何促进学生协作,学生如何通过协作来学习和提高就是协作式教学策略。

学生学习中的协作活动有利于发展学生个体的思维能力,增强学生个体之间的沟通能力以及对学生个体之间差异的包容能力。常用的协作式教学策略有以下几种。

(1) 竞争策略。

竞争策略是指两个或多个学习者针对同一学习内容或学习情境,进行竞争性学习,看谁能够首先达到教学目标的要求。由于学习者的竞争关系,学习者在学习过程中,会很自然地产生人类与生俱来的求胜本能,会全神贯注,易于取得良好的学习效果。在运用这种协作学习策略时,教师须注意恰当选择竞争对象,巧妙设计竞争主题,一方面要避免学生产生受挫感;另一方面又能巧妙利用学生不愿服输的心理刺激其进一步的学习。竞争策略最好采用组内合作、组间竞争的形式。

(2) 辩论策略。

协作者之间围绕给定主题,首先确定自己的观点。在一定的时间内借助图书馆或互联网查询资料,以支持自己的观点。辅导教师(或中立组)对他们的观点进行甄别,选出正方与反方,然后双方围绕主题展开辩论。辩论的进行可以由对立的双方各自论述自己的观点,然后针对对方的观点进行辩驳。最后由中立者对双方的观点进行裁决,观点论证充分的一方获胜。也可以不确定正反双方,而是由不同小组或成员叙述自己的观点,然后相互之间展开辩论,最终能说服各方的小组或成员获胜。辩论策略有利于培养学生的批判性思维。

(3) 协同策略。

多个协作者共同完成某个学习任务,在任务完成过程中,协作者之间相互配合、相互帮助、相互促进,或者根据学习任务的性质进行分工协作。不同协作者对任务的理解及其观点不完全一样,各种观点之间可以相互补充,学习者对学习内容的理解和领悟就在这种与同伴沟通与协作的过程中逐渐形成,从而圆满完成学习任务。

(4) 伙伴策略。

伙伴策略是指协作者之间为了完成某项学习任务而结成的伙伴关系,它可以使学生在学习过程中相互支持、相互帮助、相互交流、相互鼓励,并从对方那里获得问题解决的思路与灵感。在现实生活中,学生常常与自己熟识的同学一起做作业。当遇到问题时,大家相互讨论,从中得到启发和帮助。

协作学习伙伴可以是学生,也可以由计算机充当。由计算机充当的学习伙伴需要人工智能的支持,即根据一定的策略,由计算机模拟的学习伙伴对学习者的学习状态进行判断,对学习者提出问题或为问题提供答案。智能化程度高的协作学习系统可以具有多种不同类型的虚拟学习伙伴,学习者可以自由选择或由计算机根据学习者的特征动态确定学习伙伴。

(5) 角色扮演策略。

通常有两种角色扮演形式:一是师生角色扮演;二是情境角色扮演。师生角色扮演就是让不同的学生分别扮演学习者和指导者的角色,学习者被要求解答问题,而指导者则检查学习者在解题过程中是否有错误。当学习者在解题过程中遇到困难时,指导者帮助学习者解决疑难。在学习过程中,他们所扮演的角色可以互换。情境角色扮演是要求若干个学生,按照与当前学习主题密切相关的情境分别扮演其中的不同角色,以便营造一种身临其境的气氛,使学生能设身处地去体验、去理解学习的内容和学习主题的要求。

在设计协作教学策略以及协作学习过程中,要注意以下几个方面的问题。

1) 建立合适的协作小组。

协作学习是学习者组成一个群体,相互帮助,共同学习,通过协商和辩论,加深对问题的认识。在分组方式上,有的采用同质分组的方法,更多的是采用异质分组,即把不同能力水平、不同兴趣爱好、不同背景的学生分到一组中,使他们能取长补短,充分发挥各自的优势。

2) 学习主题具有挑战性,问题具有可争论性。

协作学习的主题可以由教师指定,也可以由学生自行确定。学习者协作解决的问题可以是围绕主题的能引起争论的初始问题,可以是深化主题的问题,也可以是稍超前于学生的智力发展水平的问题,这些问题是否具有可争论性关系到是否有必要组织协作学习。

3) 重视教师的主导作用。

协作学习的设计和学习过程都需要教师的组织和引导,教师要设计能够引起有争论的问题,设计评价方式。在协作过程中,教师还要关注每位学生的表现,对学生表现出的积极因素及时反馈和鼓励;如果学生的讨论出现离题或纠缠于枝节问题时,要及时加以正确引导,将其引回主题;对于学生在讨论过程中暴露出来的概念模糊或认识不正确的问题,要用适当的方式进行引导;对于整个协作学习的过程,教师要做出恰当的评价。

4.4.3 教学方法

教学方法是教师和学生为了达到预定的教学目标,在教学理论与学习理论的指导下,借助适当的教学手段(如工具、媒体或设备)而进行的师生交互活动的总体考虑。常见的教学方法有以下几种。

1. 讲授法

讲授法是指教师通过口头语言,辅助以板书、挂图、投影等媒体向学生传递语言信息的方法,是一种教师讲、学生听的活动。讲授法的优点是能在短时间内让学生获得大量系统的科学知识;缺点则是学生比较被动,师生都难以及时获得反馈信息,个别差异也很难全面照顾。

2. 演示法

演示法是教师在课堂上借助实物、图片或使用投影、电视、电影等手段或进行示范性实验,让学生通过观察获得感性认识的教学方法。演示教学能使学生获得生动而直观的感性知识,加深对学习对象的印象,把书本上的理论知识和实际事物联系起来,形成正确而深刻的概念;能提供一些形象的感性材料,引起学习的兴趣,集中学生的注意力,有助于对所学知识的深入理解、记忆和巩固;能使学生通过观察和思考,进行思维活动,发展观察力、想象力和思维能力。

3. 讨论法

讨论法是在教师的指导下,由全班或小组学生围绕某一问题进行交流、切磋,从而相互学习的方法。这种方法既可以发挥教师的主导作用，也可以有效地体现学生的主体地位，是师生交流最为直接的一种方法。学生在群体思考过程中，相互启发、相互激励，可以有效地加深学生对所学知识的理解。

4. 训练和实践法

训练和实践法是让学生通过一系列设计好的实践活动来进行练习，运用所学知识解决同类任务，以增加技能的熟练程度或增加新能力的方法。使用这种方法的前提是假设学习者在练习之前已基本掌握了与某种训练有关的概念、原理和技能。现代多媒体技术、人工智能技术和虚拟现实技术可以为学习者创设逼真的学习和实践情境，使学习者在真实的情境中进行练习和实践。

5. 示范模仿法

示范模仿法是以教学示范和学生模仿的方式来促进学生有效地获得某种技能的方法，适用于动作技能领域的学习。为了让学生加深对动作要领的理解，防止学生机械、盲目地模仿，教师在示范时要给予适当的讲解，只有将示范与讲解相结合，才能有效地促进学习者对技能的学习。

6. 发现法

发现法是指教师向学生提出有关问题，引导学生学习、搜集有关资料，通过积极思考，自己体会，发现概念和原理。它是一种以培养学生独立思考、发展探究性思维为目标，以基本材料为内容，使学生通过再发现的步骤来进行学习的教学方法。

7. 实验法

实验法是学生在教师的指导下，使用一定的设备和材料，通过控制条件的操作过程，引起实验对象的某些变化，从观察这些现象的变化中获取新知识或验证知识的教学方法。在物理、化学、生物、地理和自然常识等学科的教学中，实验是一种重要的方法。通过实验法，既可以使学生把一定的直接知识同书本知识联系起来，以获得比较全面的知识，又能够培养他们的独立探索能力、实验操作能力和科学研究兴趣。

以上介绍的几种教学方法，都有自己的特点、独特的性能、适用范围和条件，但没有一种教学方法是万能的，适用于一切范围和条件。因此，选择教学方法应全面、综合地考虑到教学目标、教学内容、学生特点、教师特点、教学环境和条件诸多因素，对多种教学方法进行有效组合应用。正是在教学方法的灵活组合下，教师的创造性得到了最充分的发挥。

4.4.4 教学组织形式

教学组织形式就是根据教学的主、客观条件，从时间、空间、人员组合等方面考虑安排教学活动的方式。不同的教学组织形式对教学可产生不同的影响，归纳起来，教学组织形式主要有以下三种。

1. 集体授课

集体授课是目前学校教育中最常见的教与学的形式，即教师在一定时间内，向一个班级学生传递教学信息。教师可以单纯口头讲授，也可以借助其他教学媒体配合讲课。这种形式下教师能同时面对大量学生授课，能在规定时间内呈现较多信息，有一定的规模效益。但整齐划一的教学难以适应学生的个别差异，学生通常只能被动接受信息。

2. 小组教学

小组教学是把学生分成若干个学习小组，由教师共同规定学习任务，并分派给各个小组，由小组成员共同协作完成的一种教学形式。这种形式是通过讨论、问答、交流等方式在师生之间、学生之间分享教学信息。这种形式给予教师和学生面对面密切接触和相互了解的机会，是培养学生健全人格、形成合作精神和良好人际关系、促进个体社会化的有效途径。但要使小组所有成员都积极参与有意义的活动有一定的困难，教学进度不容易控制。

3. 个别化学习

个别化学习是以学生自身独立学习为主的教学活动形式。学生自己阅读教科书、观看或聆听音像教材、与多媒体课件或网络课程交互等形式获得教学信息。克服了集体教学带来的难以照顾个体差异性的弊端，允许程度各异的学生都能够按自己的能力选择相应的学习条件；学习的时间和空间的灵活性大，特别适用于成人的、在职学生的学习。但这种形式要求学生应有较高的自觉性，否则会拖延学业；需要充足的资源作为支持，代价较高；如果长期单一地使用这种形式，会缺少师生之间和学生之间的相互交流，不利于个性健康发展。

以上三种教学组织形式都存在各自不同的优势与局限性。在教学过程中只采用一种形式显然是不可取的。因此，在设计教学策略时，应根据教学实际情况，把三种教学组织形式有机地组合使用，以便扬长避短，相互弥补和促进。例如，班级授课时可以结合提问、讨论，个别化学习中可以补充辅助性的小组相互作用等。

4.4.5 教学媒体的选择

在确定了教学内容、学习目标、教学活动和教学方法之后，教师要考虑采用何种媒体来传递教学信息。教学媒体的选择和运用，是教学设计的一个重要环节，是实施教学策略的一个重要组成部分。

1. 教学媒体的概念

教学媒体就是承载和传递教学信息的载体或工具。它是教师与学生之间信息传递的中介物，在教学过程中起着存储、传输、呈现教学信息的作用。

2. 教学媒体的分类

（1）按媒体作用于人的感官分类。

按照媒体作用于人的感官，可将教学媒体分为以下几类。

1) 听觉媒体：指发出的信息主要作用于人的听觉器官的媒体，如广播、录音等。

2) 视觉媒体：指发出的信息主要作用于人的视觉器官的媒体，如幻灯、投影等。

3) 视听媒体：指发出的信息主要作用于人的听觉器官和视觉器官的媒体，如电影、电视等。

4) 交互多媒体：指使用多种器官且具有人机交互作用的媒体，如多媒体计算机等。

（2）按媒体的物理性质分类。

按照媒体的物理性质，可将教学媒体分为以下几类。

1) 光学投影类媒体：这类媒体主要通过光学投影，把小的透明或不透明的图片、标本、实物投射到银幕上，呈现所需的教学信息，包括静止图像和活动图像。这类媒体主要有幻灯机和幻灯片、投影机和投影片、电影和电影片等。

2) 电声类媒体：指将教学信息以声音的形式储存和播放传送的媒体。这类媒体主要有录音机、扩音机、收音机、语言实验室以及唱片、磁带等。

3）电视类媒体：指储存与传送活动图像与声音信息的媒体。这类媒体主要有电视机、录像机、影碟机、录像带、视盘、学校闭路电视系统和微格教学训练系统等。

4）计算机类媒体：指以计算机为主要工具，实现信息的储存、传递等功能的媒体。这类媒体主要有计算机、多媒体计算机、计算机网络教室、计算机校园网、计算机辅助教学软件等。

（3）按其历史发展分类。

按照媒体的历史发展，可将教学媒体分为以下两大类。

1）传统教学媒体：传统教学中常用的媒体称为传统教学媒体，一般指黑板、粉笔、教科书、模型、挂图等。这类媒体的特点是历史悠久，使用方便，一直担当着传递教育教学信息的重要角色。

2）现代教学媒体：20世纪以来利用科技成果发展起来并被引入教育领域的电子传播媒称为现代教育媒体。这类媒体主要包括幻灯、投影、广播、录音录像、电影、电视、计算机等，现代教学媒体是一个发展的概念。

3. 教学媒体的特征

关于教学媒体的特性，可以从多个角度进行描述，这里我们主要从媒体对客观事物（信息）的表现力、重现力、接触面、参与性和受控性等方面进行比较，如表4-2所示。

表4-2 教学媒体特性一览表

教学特性	媒体种类	教科书	板书	模型	无线电	录音	幻灯	电影	电视	录像	计算机
表现力	空间特性			✓			✓	✓	✓	✓	✓
表现力	时间特性	✓	✓		✓		✓	✓	✓	✓	✓
表现力	运动特性							✓	✓	✓	✓
重现力	即时重现		✓			✓				✓	✓
重现力	事后重现	✓		✓		✓	✓	✓		✓	✓
接触面	无限接触	✓			✓				✓		
接触面	有限接触		✓	✓		✓	✓	✓		✓	✓
参与性	感情参与				✓	✓		✓	✓		✓
参与性	行为参与	✓	✓	✓			✓				✓
受控性	易控	✓	✓	✓		✓	✓			✓	✓
受控性	难控				✓			✓	✓		

1）表现力。媒体的表现力主要指媒体对事物的空间、时间和运动等特性的表现能力。

2）重现力。重现力是指媒体不受时间、空间的限制，把记录、存储的内容随时重新使用的能力。重现力包括即时重现和事后重现两类。

3）接触面。接触面是指媒体把信息同时传递到接受者的范围。它可分为有限接触面和无限接触面两类。

4)参与性。这是指各种媒体使用性不同,即学生参与活动的机会的大小不等。参与性分为感性参与和行为参与两类。

5)受控性。这是指教学媒体受使用者操纵的难易程度不同。受控性包括易控和难控两类。

上表列出了各类媒体的不同教学特性,在教学活动中应根据教学内容、教学对象等选择合适的媒体,充分发挥各媒体的长处,取得良好的教学效果。

4. 教学媒体选择的依据

(1)依据教学内容。

各门学科的性质不同,适用的教学媒体会有所区别;同一学科内各章节内容不同,对教学媒体也有不同要求。例如,语文、历史等学科的教学中,可以借助图片、录像等媒体向学习者提供一定的情境,使学习者有身临其境的感受,唤起他们对课文中的人物、景象和情节的想象,使之加深理解和体会。

(2)依据教学目标。

任何教学活动都有一定的教学目标,比如要使学生了解某个概念或规则、掌握某项技能、形成某种态度等。为了达到不同的教学目标常需使用不同的媒体去传递教学信息。例如,外语教学中,让学生知道各种语法规则与使学生能就某个题材进行会话是两种不同的教学目标。前者往往采用教师讲解,辅以板书或投影材料,使学生在井井有条的内容安排中形成清晰的语法规则;后者往往采用角色扮演,并辅以幻灯或录像资料,使学生在情景交融的环境中掌握正确的语言技能。但假如是为了纠正学生的外语发音,则最好采用录音教学。

(3)根据教学对象。

教学对象因素包括年龄特征、兴趣爱好、学习能力、学习态度以及群体的规模等,它们都影响着媒体的选择与运用。例如,小学生的认知特点是偏重于直观形象思维,注意力不容易持久,对他们可以较多地使用幻灯、投影和录像。幻灯、投影片要生动形象、重点突出、色彩鲜艳,每个课时使用的片数不宜过多,解释要尽量详细;使用录像也宜选用短片,动画镜头可以多一些。

(4)依据教学条件。

教学中能否选用某种媒体,还要看具体条件,包括资源、环境状况、经济能力、教师技能、时间、使用环境和管理水平等因素。比如录像教学具有视听结合、文理皆适的优点,但符合特定课题需要的录像片不一定随手可得。语言实验室是一种很有效的外语教学媒体,但并非每个学校都能具备、每堂课都能用得上。又如使用计算机辅助教学前景看好,但也存在需要资金购买计算机、编制软件、培训教师等方面的问题。

5. 教学媒体选择的原则

(1)施兰姆公式。

美国传播学家施兰姆(Wilber Schramm,或译作宣伟伯)提出的决定媒体选择概率的公式,是选择媒体的理论依据。公式表示为:

$$媒体选择的概率(P) = \frac{媒体产生的功效(V)}{需付出的代价(C)}$$

用一句话来概括,就是低代价、高功能,即成本越低越好、效能越高越好。如果有两种媒体，其功效相同，我们应该选择代价小的媒体；如果需付出的代价相同，我们就应该选择多功能的媒体。

(2) 媒体最优选择决策模型。

根据施兰姆公式，我们可以用图4-3的模型来表示媒体的最优选择范围。图中纵坐标表示媒体的制作成本，横坐标表示媒体的效能。我们可以在图中形象地找出最优选择区、较优选择区和可选择区。

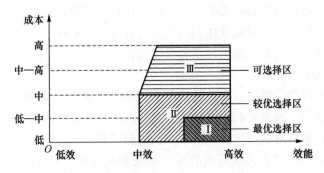

图4-3 教学媒体最优选择决策模型

4.5 教学评价

教学设计要以评价反馈为途径来检验计划实施的效果，并不断修订完善计划方案，教学评价是教学设计的有机组成部分。

4.5.1 教学评价概述

1. 教学评价的含义

教学评价是指以教学目标为依据，制定科学的标准，运用一切有效的技术手段，对教学活动的过程及其结果进行测定、衡量，并给予价值判断。

2. 教学评价的功能

正确认识教学评价，才能树立科学的评价观，教学评价具有以下功能。

(1) 反馈调节功能。

教学评价可以在师生之间形成双向反馈机制，通常对学生的测验、作业及日常观察的结果进行评价，可以将信息反馈回教师和学生身上，从而调整教与学的活动。教师通过评价搜集学生的学习状况和行为变化，并根据学生的情况及时调整自己的教学工作；学生通过评价，会对自己的学习情况有所了解。肯定的评价会使学生继续保持已有的发展方向；否定的评价会使学生发现自己的不足或缺陷，以便及时纠正，取得更好的教学效果。

(2) 诊断指导功能。

有效的教学取决于教师对学生的经验、能力、兴趣、动机和情感的了解，这种了解是提出现实的学习目标，并操纵适当学习情境去帮助学生达到既定目标的基础。通过在学期、学年或课程开始之前进行的测验，教师可以了解某个学生在特定学科的特定阶段，其知识、技能和能力已达到的水平和存在的问题，分析造成学生学习不利或有利的原因，从而据此确定对该学生的具体施教措施，设计适合该学生学习准备的教学目标和学习单元。此外，学期、学年或课程开始之前进行的诊断性测验，可以帮助教师和学校对学生分班分组，予以适当安置。

(3) 强化激励功能。

评价对教学过程有监督和控制作用，对教师和学生则是一种促进和强化。通过评价反映出教师的教学效果和学生的学习成绩。经验和研究都表明，在一定限度内，经常进行记录成绩的测验对学生的学习动机具有很大的激发作用。这是因为较高的评价能给教师、学生以心理上的满足和精神上的鼓舞，可激发他们向更高目标努力的积极性；即使评价较低，也能催人深思，激起师生奋进的情绪，起到推动和督促的作用。

(4) 教学提高功能。

评价本身也是一种教学活动。在这种活动中，学生的知识、技能将获得增长，甚至产生飞跃。例如，测验就是一种重要的学习经验，它要求学生事先对教材进行复习，巩固和整合已学到的知识技能；事后对试题进行分析，确认、澄清和纠正一些观念。另外，教师可以在估计学生水平的前提下，将有关学习内容用测试题形式呈现，使题目包含某些有意义的启示，让学生自己探索领悟，获得新的学习经验或达到更高的教学目标。

(5) 目标导向功能。

研究表明，学生在学习时间和学习力量上的分配，常常与考试中将要出现的各种知识的题目和性质成正比。测验内容、评价标准往往会成为学生学习的内容和标准，从而左右他们努力的方向、学习的重点和学习力量的分配。如果评价的标准和测验的内容能有效地反映教学大纲对学生的要求，并体现特定学科有代表性的内容，那么，学生受考试内容和评价标准引导的倾向便会有利于自己的学习，使其在向这些标准的努力中，在对这些内容的掌握中，逐步向特定学科教学的终极目标迈进。

3. 教学评价的类型

依照不同的分类标准，教学评价可以分为不同的类型。

(1) 按评价基准划分。

按照评价基准，可以将教学评价划分为以下三种类型。

1) 相对评价。

这种评价就是在被评价对象的群体或集合中建立基准，然后把各个对象逐一与基准进行比较，来判断群体中每一成员的相对优劣。对学习成绩的评定通常是以群体的平均水平为基准，以个人成绩在这个群体中所处的位置来判断。

为相对评价而进行的测验一般称作常模参照测验。它的试题取样范围广泛，命题方式直接明确，测验成绩主要表明学生学业的相对等级。由于所谓的常模实际上近似学生群体的平均水平，所以这种测验的成绩自然形成了正态分布。

利用相对评价来了解学生的总体表现和学生之间的差异，或比较群体学习成绩的优劣是一种不错的选择方法。但这种方法也有缺点，即没有一个预先设定的客观评价标准，评价标准根据评价对象群体的评价结果确定；但由于评价结果是相对的，不利于群体和群体之间的比较。

2) 绝对评价。

这种评价就是将教学评价的基准建立在被评价对象的群体或集合之外，把群体中每一成员的某种指标逐一与基准进行对照,从而判断其优劣。教学评价的标准一般是教学大纲以及由此确定的评判细则。

为绝对评价而进行的测验一般称作标准参照测验。它的试题取样就是预先规定的教学目标,测验成绩主要表明教学目标的达到程度,所以这种测验的成绩分布通常是偏态的。如低分多高分少,为正偏态,反之,则为负偏态。

3) 自身评价。

这种评价既不是在被评价群体之内确立基准,也不是在群体之外确立基准,而是对被评价的个体的过去和现在相比较,或者是对它的若干侧面进行比较。自身评价的优点是尊重个性优点、照顾个别差异,通过对个体内部的各方面进行纵横比较,判断其学习的现状和趋势。但由于被评价者没有经过与具有相同条件的其他同学做比较,难以判断它的实际水平和差距,激励功能不明显。因此,在实践中常把自身评价和相对评价结合起来使用。

(2) 按评价功能划分。

按照评价功能,也可将教学评价划分为以下三种类型。

1) 诊断性评价。

诊断性评价也称教学前评价或前置评价。一般是在某项教学活动开始之前,对学生的知识和技能、智力和体力,以及情感等状况进行"摸底"。其目的是设计可以满足不同起点水平和不同学习风格的学生所需要的教学方案和教学程序。

2) 形成性评价。

在某项教学活动的过程中,为使活动效果更好而不断进行的评价,它能及时了解阶段教学的结果和学生学习的进展情况、存在问题等,以便及时反馈、及时调整和改进教学工作。形成性评价进行得比较频繁,如课堂提问、课后作业、一个章节或一个单元后的小测验等。

3) 总结性评价。

总结性评价又称事后评价,一般是在教学活动告一段落时,为把握活动最终效果而进行的评价。如学期末或学年末各门学科的考核、考试,目的是验明学生的学业是否达到了各科教学目标的要求。总结性评价注重的是教与学的结果,借以对被评价者所取得的较大成果做出全面鉴定、区分等级和对整个教学方案的有效性做出评定。

4.5.2 教学评价的方法

1. 测验

测验是了解学生认知目标达标程度的最常用工具,它要求学习者在规定的时间内完成一定量的任务。通过测验,可以检测到学生对所学知识的掌握程度及综合运用知识的能力。

(1) 测验试题的设计。

测验试题的题型设计可分为两类:主观题和客观题。主观题一般为问答形式,拟题容易,学习者可自由发挥,但评分时易受评分者个人影响。主观题具体包括作文题、算术题和论述题等。在评价较高层次的理解能力、归纳能力、组织和表达能力方面,主观题比客观题效果好。客观题通常有选择题、是非题、填空题、匹配题等,可做到面广量多,评分也比较客观,但拟题复杂,猜题的可能性大。

(2) 鉴定测验质量的客观指标。

设计和编制任何一种测验,都必须使其在效度、信度、难度和区分度方面达到一定要求,即起码达到有效、可信。

1) 效度。

效度是指一个测验或测量工具能真实地测量出所要测量的事物的程度。一次测验是否有效,主要看其是否准确测量了它所要测量的东西。效度是个相对概念,任何一种评价工具只有对一定的目的来说才是有效的。例如,智力测验用来测学生的智力是有效的,但用来测学生的体力则无效。要提高测验的效度,编题时要避免题意不清或要求不明而造成学习者误解,并多采用客观试题。

2) 信度。

信度是表明评价工具质量的又一重要指标,它主要指测验结果的前后一致性程度。例如,如果一个学生多次参加某种测验都得到相近的分数,那么就可以认为,该测验稳定可靠,信度是较高的。要提高测验的信度,可适当增加试题量或测验次数。

3) 难度。

难度是指测验试题的难易程度。一般用试题的得分率或答对率表示,所以难度事实上是容易度或通过率。其值在 0~1,数值越大,说明试题越容易。

4) 区分度。

区分度是指试题对不同考生的知识、能力水平的鉴别程度。如果一个题目的测试结果使水平高的考生答对(得高分),而水平较低的考生答错(得低分),它的区分能力就很强。题目的区分度反映了试题这种区分能力的高低。区分度与难度紧密相关,测验过难或过易,会造成被试都通不过或都通过的结果,这样,测验也就无鉴别力可言了。

2. 调查

调查是通过预先设计的问题请有关人员进行口述或笔答,从中了解情况,获得所需要的资料。作为教学评价的重要手段,通过它可以了解学生的学习兴趣和态度、学习习惯和意向,了解各方面对教学过程和教学效果的意见,从而判断教学的有效程度,为改进教学提供依据。调查的主要形式有面谈和问卷调查两种。

(1) 面谈。

面谈用口头形式进行调查,因此也叫访问法,是指设计者或评价者通过当面接触"对象"来收集资料。这种形式提问灵活、回答快捷,特别是当调查对象人数较少或年龄较小时,它更能发挥长处。为使面谈取得较好效果,必须事先准备好谈话计划和纲要,对谈话的进程做到胸中有数。谈话开始时,重要的是建立平等的关系和融洽的气氛,减少对方的拘束。谈话要自然地按计划进行,不要随意远离纲要,注意话题之间的前后联系和衔接,不为无关宗旨的话语分散注意力。礼貌而自然地驾驭谈话过程,或使离谱的话题言归正传,或中止对方冗长而不得要领的回答。提问时,要措辞明确,不能有暗示或倾向表现,避免对方猜度和顺应调查者的心思。要简练地记下谈话内容,同时常可不带主观色彩地、以多少有点疑惑的语调重复对方的最后一句话,使谈话得以继续下去。

(2) 问卷调查。

它用书面形式进行调查,因此也叫征答法或填表法,是指设计者或评价者通过书面提问"对象"来收集资料。为了了解一些事实或意见,特别是一些比较简单的或者具体的事实性情况，可以向调查对象分发事先印好的表格和卷子，要求他们填写，然后收回来整理分析。它的优点是一般不受时间和空间的限制，能在短时间内获得较多资料，这些资料也比较容易整理。因为它可以用"无记名"方式进行，所以收集的资料真实可信。它的缺点是编制表格要求高，有一定难度，如果题目编得不巧妙，就很难得到所需的资料，有些比较繁杂的问题，靠几句书面回答往往说不清楚。

3. 结构化观察

结构化观察是指有目的、有计划地对在自然条件下所出现的现象进行考察的一种方法。所收集的资料自始至终都是被观察者的常态表现，都是自然的、真实的。用结构化观察的方法，主要是为了考察、记录学习者在教学过程中的反应和动作行为变化。

(1) 观察的方法。

结构化观察有两种形式：直接观察和间接观察。直接观察是通过感觉器官去观察对象，以获得感性材料的方法，如现场参观、听课、列席会议讨论等。间接观察是借助科学仪器设备，如照相机、闭路电视装置、电影摄影机等技术手段进行摄录观察的方法。它可以克服人的感官的局限性，使观察记录更加客观、全面和精确。

(2) 观察的取样和记录。

进行结构化观察，很难做到面面俱到，通常是通过取样进行，包括对观察对象、观察时间和观察场面的取样。例如，选定某一堂课，某一个小组的学习者，某一段时间和内容进行重点观察和记录。记录的方法，除了以笔记方式描述现象特征，如听课时发生的瞌睡、交头接耳、哄堂大笑，更多的是采用表格形式、现场打"√"的方式进行。表 4-3 是事先按观察计划设计好的一张观察记录表，以打"√"的方式记录在一堂课中出现的学习者注意力不集中的情况。

表 4-3 学习者注意力不集中行为的观察记录表　　　　　　　　分钟

学习者＼时间	0~5	5~10	10~15	15~20	20~25	25~30	30~35	35~40	40~45
S_2					√				
S_3						√			
S_4									
S_5									√
…									
S_m									

(3) 统计分析。

对观察记录的资料要进行科学的统计分析，才能获得有价值的评价意见。例如，对于上表所示的记录统计，可以得到不同时段中注意力不集中的学习者人数，然后计算出注意率分布曲线图，如图 4-4 所示。进一步分析教学过程，便可知道是什么原因使学习者的注意率下降，又是什么原因重新激起了学习者的兴趣，使其能够集中注意力。

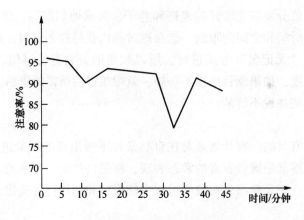

图 4-4 注意率分布曲线图

4. 量规

量规是一种结构化的定量评价标准，往往是从与评价目标相关的多个方面详细规定评级指标，具有操作性好、准确性高的特点。随着教育信息化的发展，越来越多的学习任务是以非客观性的方式呈现的。传统的客观性评价方法已被证明具有较大的局限性，因而，量规的应用逐渐受到重视。

在设计量规时应注意以下几条原则。

（1）设计量规的原则。

1）根据教学目标和学习者的水平来设计结构分量。

教学目标不同，量规的结构分量也应不同。例如，在评价学生的电子作品时，通常从作品的选题、内容、组织、技术、资源利用等方面考虑；而在评价学生的课堂参与性时，又会从学生的出勤率、回答问题情况、作业完成情况、小组合作情况等方面考虑。另外，学生的水平也是决定量规结构的一个重要方面，不符合学生水平的结构分量在评价时往往是没有意义的。

2）根据教学目标的侧重点确定各结构分量的权重。

对量规中各结构分量的权重（分数）进行合理的设置，不但可以帮助学生进行有效的评价，还可以引导学生把握好努力的方向，起到目标导向的作用。结构分量的权重设计与教学目标的侧重点有直接的关系。还是以电子作品的评价为例，如果教师的主要目的是教会学生学习制作电子作品的有关技术，那么赋予技术、资源利用结构分量的权重应该高些；如果教师的主要目的是让学生通过电子作品展示自己的调查报告，那么赋予选题、内容、组织等结构分量的权重则应高些。

3）具体的描述语言要具有可操作性。

在对量规的各结构分量进行解释时，应使用具体的、可操作性的描述语言，而避免使用抽象的、概念性的语言。

（2）评价量规实例。

1）学生教学设计方案评价量规。

在实际教学中，学生教学设计方案评价量规如表 4-4 所示。

表4-4 教学设计方案评价量规

结构指标	单项指标	评价等级				得分
		优 90分及以上	良 76~89分	一般 60~75分	差 60分以下	
选题 (20分)	新颖独特,体现创新性(10分)					
	具有现实意义与价值(10分)					
内容 (60分)	内容完备,包含教学目标、教学策略和教学评价等方面内容的设计(12分)					
	教学目标设计准确、恰当(16分)					
	教学策略设计合理,具有较强的针对性与实践性(16分)					
	教学评价设计体现多元化,反映知识、技能、情感和信息素养等方面的评价(16分)					
表达 (20分)	思路清晰明确,体现教学设计的基本思想(7分)					
	结构组织合理,具有逻辑性与层次性(7分)					
	语句表述科学、准确,符合规范(6分)					
总分						

2)学生多媒体演示文稿评价量规。

学生多媒体演示文稿评价量规,如表4-5所示。

表4-5 学生多媒体演示文稿评价量规

项 目	要 求	得 分
内容 (60分)	搜集的材料较好地表达了对所提问题的解释,并能联系有关知识做适当的讲解	60
	搜集的材料较好地表达了对所提问题的解释,但没有联系有关知识做适当的讲解	40
	搜集的材料较少或仅仅是把搜集材料进行简单的罗列	20

续表

项目	要求	得分
语法 （10分）	语言表达流畅，语法正确	10
	有少量语法错误，但不影响观众对表述内容的理解	8
	因为语法错误使观众对表述内容产生误解	5
技术 （30分）	布局合理，色彩搭配协调，图片数量适当且与表述内容有紧密的联系，恰当地应用了声音、动画等多媒体手段，较大地增强了文稿的表现力	30
	布局基本合理，色彩不单调，图片基本支持了所表述的内容，应用了声音、动画等多媒体手段，增强了文稿的表现力	20
	布局凌乱，色彩不协调或布局和色彩使观众的注意力分散，引用图片与表述内容无关，应用了声音、动画等多媒体手段，但与表述内容无关或分散了观众的注意力	10

5. 学生成长档案袋

（1）学生成长档案的含义。

学生成长档案袋是指用以显示有关学生学习成绩或持续进步信息的一连串表现、作品、评价结果以及其他相关记录和资料的汇集。通过对学生作品和其他证据的合理分析和解释，反映学生学习的成就、努力和进步，并通过反思促进学生的发展。

（2）学生成长档案袋的特点。

档案袋的基本成分是学生作品，而且数量很多；作品的收集是有意而不是随意的；档案袋应提供学生发表意见和对作品进行反省的机会；教师要对档案袋里的内容进行合理的分析和解释。

（3）学生成长档案袋的案例。

一个小学生在学习拉小提琴的过程中，家长在不同的阶段分别为他做了录音。例如："今天是×月×日，从今天起，我练习拉××曲子。"然后是，断断续续、不成曲调的曲子。接着是"今天是我练习××曲子的第十天"，接下来大家听到的是已经连贯的练习曲。这组录音的最后是小学生即将登台演出的前一天录的："明天是六一儿童节，我将在全校的庆祝会上演奏这首曲子。"这时候小学生拉出的这首曲子欢快流畅，已经十分娴熟。

学生成长档案袋是一种新兴的评价方式，这种评价方式迎合了新课程改革的要求和需要，克服了传统评价中的种种弊端，能够较好地反映学生的一些实际情况，因此被许多学校广泛采用。

新课程改革中，人们越来越认识到原有的教育评价体系已经不能适应新课程实施与发展的要求。依据新课标要求，从多元、主体、开放的评价理念出发，逐步建构评价内容多元化和评价方法多样化的评价体系，通过纸笔测验、活动表现、学习档案评价等多种形式，对学生的情感态度、价值观、能力发展水平、基础知识、基本技能进行综合测评，从而真正体现了以学生发展为本的理念。

4.6 教学设计方案的编写

在本节,可以将先前所学到的教学设计的理论、方法综合起来运用,设计一节规范、完整、清晰的教学设计方案。教学设计方案主要有两种编写格式:叙述式和表格式。

4.6.1 教学流程图

教学流程图是浓缩了的教学过程,它层次清楚、简明扼要、使人一目了然。但多数教师对教学流程图的设计重视不够、较随意,为了把课堂教学过程中各个要素的相互关系表现出来,我们可用规定的几种图形符号来表示。教学流程图图形符号的意义如表 4-6 所示。

表 4-6 教学流程图图形符号

图形	意义说明
(圆角矩形)	开始,结束
(矩形)	教师活动
(平行四边形)	学生活动
(菱形)	决策,判断
(D形)	教学媒体的应用
→	流程线

课堂教学过程结构流程图是教师实施教学活动的蓝图,而采用流程图方式表示课堂教学过程有较多优点,首先,它可以直观地显示整个课堂活动中各个要素之间的关系、比重;其次,教学中的重点和难点部分也可以简洁地呈现出来;最后,它也可以较好地反映出教师教学过程设计的逻辑性、层次性等。

4.6.2 叙述式教学设计方案模板

课题名称

设计者(姓名、通信地址)

一、概述

- 说明学科(数学、语言艺术等)和年级(中学、小学、学前等)。
- 简要描述课题来源和所需课时。
- 概述学习内容。
- 概述这节课的价值以及学习内容的重要性。

二、教学目标分析

从知识与技能、过程与方法、情感态度与价值观三个维度对该课题预计达到的教学目标做出一个整体描述。

三、学习者特征分析

说明学习者在知识与技能、过程与方法、情感态度三个方面的学习准备（学习起点），以及学生的学习风格。要注意结合特定的情境，切忌空泛。

并说明教师是以何种方式进行的学习者特征分析，例如，是通过平时的观察、了解；或是通过预测题目的编制使用等。

四、教学策略选择与设计

说明本课题设计的基本理念，以及主要采用的教学与活动策略，以及这些策略实施过程中的关键问题。

五、教学资源与工具设计

教学资源与工具包括两个方面：一是支持教师教的资源；二是支持学生学习的资源和工具，包括学习的环境、多媒体教学资源、特定的参考资料、参考网址、认知工具以及其他需要特别说明的传统媒体。

六、教学过程

教学过程是教学设计方案的主体，要说明教学的环节及所需的资源支持、具体的教学活动及其设计意图，最后，画出教学过程流程图。

七、教学评价设计

设计形成性评价或创建量规，向学生展示他们将如何被评价（来自教师和小组其他成员的评价）。另外，可以创建一个自我评价表，这样学生可以用它对自己的学习进行评价。

八、帮助和总结

说明教师以何种方式向学生提供帮助和指导，可以针对不同的学习阶段设计相应的帮助和指导，针对不同的学生提出不同水平的要求，给予不同的帮助。

在学习结束后，对学生的学习做出简要总结。可以布置一些思考或练习题以强化学习效果，也可以提出一些问题或补充的链接，鼓励学生超越这门课把思路拓展到其他内容领域。

4.6.3 表格式教学设计方案模板

表格式教学设计方案模板具体如表4-7所示。

表4-7 教学设计方案模板

案例名称			
科目		教学对象	
课时		设计者	
一、教学内容分析			

续表

二、教学目标分析

三、学习者特征分析

四、教学策略选择与设计

五、教学资源与工具设计

六、教学过程			
教学过程	教师活动	学生活动	设计意图及资源准备

教学流程图

七、教学评价设计

八、帮助和总结

4.7 说　课

说课作为一种教学、教研改革的手段，最早是由河南省新乡市红旗区教研室于 1987 年提出来的。实践证明，说课活动有效地调动了教师投身教学改革、学习教育理论、钻研课堂教学的积极性。说课是提高教师素质，培养造就研究型、学者型青年教师的最好途径之一。

4.7.1 说课的含义

说课就是教师口头表述具体课题的教学设想及其理论依据，也就是授课教师在备课的基础上，面对同行或教研人员，讲述自己的教学设计，然后由听者评说，达到互相交流、共同提高的目的的一种教学研究和师资培训的活动。通俗地说，说课其实就是说说你要教什么，是怎么教的，为什么要这样教。说课也是教师资格证考试和教师招聘考试中必需的环节。

4.7.2 说课的意义

1. 说课有利于提高教研活动的实效

通过说课活动，让授课教师说说自己教学的意图以及自己处理教材的方法和目的，让听课教师更加明白应该怎样去教，为什么要这样教。从而使教研的主题更明确、重点更突出，提高教研活动的实效。

2. 说课有利于提高教师备课的质量

一般来说，老师备课只是简单地备怎样教，很少有人会去想为什么要这样备，备课缺乏理论依据，导致了备课质量不高。通过说课活动，可以引导教师去思考。思考为什么要这样教学，这就能从根本上提高教师备课的质量。

3. 说课有利于提高课堂教学的效率

教师通过说课，可以进一步明确教学的重点、难点，厘清教学的思路。这样就可以克服教学中重点不突出、训练不到位等问题，提高课堂教学的效率。

4. 说课有利于提高教师的自身素质

一方面，说课要求教师具备一定的理论素养，这就促使教师不断地去学习教育教学的理论，提高自己的理论水平。另一方面，说课要求教师用语言把自己的教学思路及设想表达出来，这就在无形中提高了教师的组织能力和表达能力，提高了自身的素质。

5. 说课没有时间和场地等的限制

上课、听课等教研活动都要受时间和场地等的限制。说课则不同，它可以完全不受这些方面的限制，人多可以，人少也可以。时间也可长可短，非常灵活。

4.7.3 说课与讲课的区别

1. 对象不同

说课的对象是同行的老师、专家；而讲课的对象是学生。

2. 内容不同

说课的内容是解说自己对某执教课题的理解、教学设想、方法、策略以及组织教学的理论依据等；而讲课的内容是对某课程的内容进行具体的分析，向学生传授知识技能以及学习的方法。

3. 意义不同

说课的意义主要是提高课堂教学的效率以及教研活动的实效；讲课的意义是增加学生的基本知识以及引导学生领悟和应用新知识，掌握新技能。

说课是介于备课和上课之间的一种教学研究活动，对于备课是一种深化和检验，能使备课理性化，对于讲课是一种更为严密的科学准备。

4.7.4 说课的内容

1. 说教材

教材是教学大纲的具体化，是教师教、学生学的具体材料。因此，说课首先要求教师说教材。分析教材应从以下几方面来分析：教材的前后联系和所处的地位；教材的内容和作用；教学重点、难点等。

2. 说教学目标

教学目标是讲课的出发点和归宿，所以要制定得明确、具体，这样才能切实对课堂教学起到指导作用。制定目标时要根据课标要求和教材内容，准确地确定若干条，按照新课标的要求，应从知识与技能、过程与方法、情感态度与价值观三个维度来把握一节课的教学目标。

3. 说学生

学生是学习的主体，因此教师说课必须说清楚学生。对学生做出准确无误的分析，这是教学得以正确开展的基础。说学生包括以下几个方面情况：学生旧知识基础和生活经验；起点能力分析；一般特点与学习风格差异。

4. 说教学方法

（1）说教法。

教师说教法，不仅要说选择哪些教法，还要说清楚为什么。教师要说好课，就要研究教法，研究教法的选择和运用，教法的改进与创新。对于说教法要注意以下几个方面：一是要明确各种教学方法的特点和作用，做到教法合理优选，有机结合；二是教法的选择和运用应以启发式教学为指导思想；三是选择教法的理论依据要准确、具体、针对性强。

（2）说学法。

新课标倡导学生是学习的主体，强调学生自主学习的能力。学法指导是指教师在传授知识、发展能力的同时，对学生进行学习方法指导，使他们掌握一定的学习方法，并获得选择和运用恰当的学习方法进行有效学习的能力。对于说学法要注意以下几方面：一是准备教给学生什么学习方法，培养哪些能力和学习习惯；二是结合教学目标、教材特点和学生年龄，贴切并具体地说出理论依据。

5. 说教学过程

说教学过程是说课的重点部分，因为通过这一过程的分析才能看到说课者独具匠心的教学安排，它反映了教师的教学思想、教学个性与风格。也只有通过对教学过程的阐述，才能看到其教学安排是否合理、科学和艺术。教学过程要说清楚下面几个问题。

（1）说设计思路。

设计思路是对教学流程主要环节的概括。说设计思路有助于听者更清晰地了解和把握说课者关于教学活动的整体安排，既可以单独作为一个部分来说，也可以隐含在教学流程中。

(2) 说教学流程。

说教学流程,就是围绕教学设计思路,说具体的教与学双边活动安排及这样安排的理论依据。说教学流程不能像给学生上课那样详细讲解,而要力求详略得当,主要突出教学设计有创新之处,详细说明在教学过程中是怎样突出重点和突破难点的,并简单说明理论依据,使听者明了这节课要"教什么""怎么教""为什么这样教"就可以了。在说教学过程中要体现教学设计的特色,展示自己的教学特长。

(3) 说教学媒体准备。

教学媒体准备是指老师为了提高教育教学活动的质量,根据授课内容或优化教学的需要,选择诸如挂图、录音机、电视、计算机、网络、多媒体课件等教学媒体的安排。在说课中,这部分内容通常在具体的教学环节中阐述,也可单独说明。

(4) 说板书设计。

说板书设计是指主要谈谈板书的结构组成、设计的依据、原理和方法。板书要求完整系统、简明扼要、重点突出,直观形象地将教学内容表达出来。

4.7.5 说课的原则

按照现代教学观和方法论,成功的说课应遵循如下几条原则。

1. 说理精辟,突出理论性

说课不是宣讲教案,说课的核心在于说理,在于说清"为什么这样教"。因为没有在理论指导下的教学实践,只知道做什么,不了解为什么这样做,永远是经验型的教学,只能是高耗低效的。因此,执教者必须认真学习教育教学理论,主动接受教育教学改革的新信息、新成果,并应用到课堂教学之中。

2. 客观再现,具有可操作性

说课的内容必须客观真实、科学合理,不能故弄玄虚,故作艰深,生搬硬套一些教育教学理论的专业术语。要真实地反映自己是怎样做的,为什么这样做。哪怕是并非科学、完整的做法和想法,也要如实地说出来。引起听者的思考,通过相互切磋,达成共识,进而完善说者的教学设计。

说课是为课堂教学实践服务的,说课中的一招一式、每一环节都应具有可操作性,如果说课仅仅是为说而说,不能在实际的教学中落实,那就是纸上谈兵、夸夸其谈的"花架子",使说课流于形式。

3. 紧凑连贯,简练准确

说课的语言应具有较强的针对性,语言表达要简练干脆,不要拘谨,要有声有色,灵活多变,既要把问题论述清楚,又切忌过长,避免陈词滥调,泛泛而谈,力求言简意赅,文词准确,前后连贯紧凑,过渡流畅自然。

说课是教学研究的重要内容,是提高教师课堂教学水平、教学质量的重要途径之一。要说好课,教师必须认真钻研教材,通读课标,研究学生,精心设计教学过程。

本 章 小 结

教学设计理论是运用促进学生的学习和发展的明确指导去改进和优化教与学全过程和结

果的理论。教学设计理论可以应用于不同层次的教学系统的设计。就学校的教学设计而言，教学设计主要包括学科教学设计、单元教学设计和课时教学设计等。

完整的教学设计过程一般包括以下组成部分：教学设计的前期分析，阐明教学目标，制定教学策略（包括教学媒体的选择和设计），编写教学方案，评价教学设计成果；各部分相互联系、相互制约，组成一个有机的教学系统，但并非是线性、直线式的关系。

教学设计过程既是系统化的过程，又是充满创造性的过程。对于教育工作者而言，首先应掌握教学设计的基本过程，才有可能在此基础上不拘泥于基本规范进行创新。

本章习题

(1) 谈谈你对教学设计概念的理解。
(2) 画出教学设计的一般过程模式图。
(3) 教学设计的前期分析主要分析什么？
(4) 如何编写三维教学目标？
(5) 常见的教学策略和类型有哪些？
(6) 如何选择合适的教学方法？
(7) 怎样选择和设计教学媒体？
(8) 什么是教学评价？教学评价有哪些主要的类型？
(9) 常用的教学评价方法有哪些？
(10) 能运用所学的教学设计原理结合本专业设计一节课，并编写教学设计方案。
(11) 什么是说课？说课的内容包括哪些方面？

信息技术与课程整合

学习目标

(1) 了解信息技术与课程整合的含义。
(2) 了解信息技术与课程整合的特点。
(3) 了解信息技术与课程整合的目标与原则。
(4) 掌握信息技术与课程整合的方法。

信息化是当今世界经济和社会发展的大趋势,以多媒体和网络技术为核心的信息技术已成为拓展人类能力的创造性工具。信息技术与课程整合是我国面向 21 世纪基础教育改革的新视点,是与传统的学科教学有着密切联系和继承性,又具有一定相对独立性特点的新型教学类型,对它的研究与实施将对发展学生主体性、创造性和培养学生创新精神及实践能力具有重要意义。

5.1 信息技术与课程整合概述

信息技术与课程整合意味着在已有课程的学习活动中结合使用信息技术,以便更好地完成课程目标、培养创新精神和锻炼实践能力,只有通过信息技术在各学科教学中的有效应用,真正实现信息技术与课程的有效整合并取得显著成效,才有可能促进教育的改革与发展。

5.1.1 信息技术与课程整合的发展历程

自从 1959 年美国 IBM 公司研发出第一个计算机辅助教学系统以来,信息技术与课程整合大体上经历了以下三个发展阶段。

1. CAI(Computer – Assisted Instruction,计算机辅助教学)阶段

这个阶段大约是从 20 世纪 50 年代末至 20 世纪 80 年代中后期,是信息技术教育应用的第一个发展阶段。该阶段主要是利用计算机的快速运算、图表动画和仿真等功能,辅助教师解决教学中的某些重点、难点,CAI 课件大多以演示为主。

2. CAL(Computer – Assisted Learning,计算机辅助学习)阶段

这个阶段大约是从 20 世纪 80 年代中后期至 20 世纪 90 年代中后期。该阶段逐步从以教为主转向以学为主,也就是强调利用计算机作为辅助学生学习的工具。例如,用计算机帮助搜集资料、辅导自学、讨论答疑、帮助安排学习计划等,即不仅用计算机辅助教师的教,更强调用计算机辅助学生的学。

3. IITC(Integrating Information Technology into the Curriculum,计算机与课程整合阶段)

这个阶段大约是从 20 世纪 90 年代中后期开始。该阶段不仅将以计算机为核心的信息技术用于辅助教或辅助学，而且更强调要利用信息技术创建理想的学习环境、全新的学习方式和教学方式，从而彻底改变传统的教学结构与教育本质。

5.1.2 信息技术与课程整合的含义

信息技术是指信息产生、加工、传递、利用的方法和技术。信息技术包括计算机技术、网络技术、微电子技术、通信技术等。信息技术条件下的教学手段以多媒体计算机和网络为代表。整合是指一个系统内各要素的整体协调、相互渗透，使系统各要素发挥最大效益。信息技术与课程整合就是在各学科教学中，有效地使用信息技术，达到提高教育质量和学习效率的目的。

目前，对于信息技术与课程整合概念的界定，不同的研究者从不同的视角提出了各自的看法，主要有以下几种观点。

华南师范大学李克东教授认为：信息技术与课程整合是指在教学过程中把信息技术、信息资源、信息方法、人力资源和课程内容有机结合，共同完成课程教学任务的一种新型的教学方式。整合的三个基本点：一是要在多媒体和网络为基础的信息化环境中实施课程教学活动；二是对课程教学内容进行信息化处理后成为学习者的学习资源；三是利用信息化加工工具让学生进行知识重构。

北京师范大学何克抗教授认为，所谓信息技术与学科课程的整合，就是通过将信息技术有效融合于各学科的教学过程来营造一种新型教学环境，实现一种既能发挥教师主导作用又能充分体现学生主体地位的以"自主、探究、合作"为特征的教与学方式，从而把学生的主动性、积极性、创造性充分地发挥出来，使传统的以教师为中心的课堂教学结构发生根本性变革，从而使学生的创造精神与实践能力的培养真正落到实处。整合的三个基本属性：营造新型教学环境、实现新的教与学方式、变革传统教学结构。

5.1.3 信息技术与课程整合的特点

信息技术与课程整合的最基本特征：有先进的教育思想、有教学理论的指导、学科交叉性和立足于能力的培养。具体表现在以下几个方面。

1. 任务驱动式的教学过程

信息技术与课程整合以各种各样的主题任务进行驱动教学，有意识地开展信息技术与其他学科（甚至多学科）相联系的横向综合的教学。例如，目前的网络游戏，刚进去玩时，系统一般都会提供一系列的新手任务，当你完成这些新手任务后，该游戏的基本操作你也就基本学会了，可以说这也是教育技术在游戏中的体现。所以学生在完成任务的同时，也就完成了学习目标所要求的掌握的知识和技能。

2. 信息技术作为教师、学生的基本认知工具

在信息技术与课程整合中，强调信息技术服务于学科的内在需求，服务于具体的任务。信息技术作为认知工具主要有以下几个方面的作用：作为课程学习的资源工具；作为情境探究和发现的学习工具；作为协商学习和交流讨论的通信工具；作为知识构建和创作的实践工具；作为自我评价和学习的反馈工具。通过信息技术与课程整合，可以将信息技术恰当地融入课程的教学与学习中去，成为教师和学生的基本认知工具。

3. 能力培养和知识学习相结合的教学目标

信息技术与课程整合要求学生学习的重心不再仅仅放在学会知识上，而是转到学会学习、掌握方法和培养能力上，包括培养学生的信息素养。强调能力的培养也是我国新课程改革的重中之重，就是要求教师在教会学生知识的同时注重学生能力的培养，所以现在的新课程改革的教材和示范课有些内容或程序总有点多此一举，但其实这都是学生能力培养所必要的、必需的，这也需要广大教育工作者的认真落实。

4. "教师为主导、学生为主体"的教学结构

在信息技术与课程整合的教学结构中，强调学生的主体性，要求充分发挥学生在学习过程中的主动性、积极性和创造性。学生被看作是知识建构过程的积极参与者，学习的各项任务和目标都需要靠学生主动、有目的地获取材料来完成和实现。教师是教学过程的组织者、指导者、促进者和咨询者，教师的主导作用可以使教学过程更加优化，是教学活动的重要组成部分。

5. 个别化学习和协作学习的和谐统一

信息技术能够为我们提供一个开放性的实践平台，使每一位学生在这个平台上可以采用不同的方法、工具来完成同一个任务。这种个别化教学策略对于发挥学生的主动性和进行因人而异的学习是很有帮助的。社会化大生产的发展，要求人们具有协同工作的精神，除此之外，一些高级认知任务，如复杂问题的解决、作品评价等，都要求多个学生能对同一问题发表不同的观点，协作完成任务。

5.2 信息技术与课程整合的目标与原则

信息技术与课程整合强调信息技术要服务课程，应用于教育。其出发点首先应当是课程，而不是技术，强调应当设法找出信息技术在哪些地方能增强学习的效果，能使学生完成那些用其他方法难以做到的事，在高水平地完成既定的课程教学目标的同时，获取信息技术技能以及解决实际问题的技能。

5.2.1 信息技术与课程整合的目标

信息技术与课程整合不是某个教师的个人行为，而是网络时代教育改革、发展的必然要求。基于信息时代教育变革的这一契机，信息技术与课程整合的目标必然是多元化的，主要有以下几个方面。

1. 培养学生具有终身学习的态度和能力

学习资源的全球共享，虚拟课堂、虚拟学校的出现，现代远程教育的兴起，人们可以随时随地通过互联网进行学习，使学习空间变得无围墙界限了。教育信息化还为人们从接受一次性教育向终身学习转变提供了机遇和条件。终身学习就是要求学习者能根据社会和工作的需求，确定继续学习的目标，并有意识地自我计划、自我管理、自主努力，通过多种途径实现学习目标的过程。

要实现终身教育和终身学习，教育必须进行深刻的变革：要使教学个性化、学习自主化、作业协同化；要把培养学生学会学习，培养学生具有终身学习的态度和能力作为学习的培养目标。

2. 培养学生具有良好的信息素养

教育信息化为终身学习带来了机遇，但只有学生具备良好的信息素养，才能把终身学习看成是自己的责任，才能利用信息技术促进自身的学习。信息技术与课程整合正是培养学生形成所有这些必备技能和素养的有效途径。

华东师范大学王吉庆教授认为，信息素养包括信息意识与情感、信息道德、信息科学知识和信息能力四个方面。

1）信息意识与情感。信息意识是整个信息素养的前提，是指个体对信息的敏感度。这要求个体具有敏锐的感受力和持久的注意力，能够意识到信息的作用，对信息有积极的内在需求。作为信息素养的重要组成部分，"信息意识"主要包括敢用与想用两个方面；而信息情感则更加偏向于对使用信息技术的态度和兴趣方面。

2）信息道德。信息道德是把握个体信息素养的方向，在信息活动中不得危害社会或侵犯他人的合法权益。

3）信息科学知识。信息科学知识是个体具有信息素养的基础，是指对信息学的了解和对信源以及信息工具方面和知识的掌握。

4）信息能力。信息能力从狭义上来说，是指个体对信息系统的使用以及获取、分析、加工、评价、创造新信息、传递信息的能力；从广义上来讲，除了上述能力以外，还应该包含语言能力、思维能力、观察能力、判断能力等间接能力。广义上所讲的间接能力是在对信息的收集、加工、评价、创造和传递信息的全过程中间接地表现出来，并起着必不可少的支持作用。

3. 培养学生掌握信息时代的学习方式

在信息化学习环境中，人们的学习方式发生了重要的变化。信息技术与课程整合，其实质就是要让学生学会数字化学习。数字化学习具有三个要素：数字化学习环境、数字化学习资源和数字化学习方式。学习者的学习主要不是依赖教师的讲授与课本的学习，而是利用信息化平台和数字化资源，教师、学生之间开展协商讨论、合作学习，并通过对资源的收集利用、探究知识、发现知识、创造知识、展示知识的方式进行学习。因此，通过信息技术与课程整合，要使学生掌握以下几点信息时代的学习方式。

1）会利用数字化资源进行学习。
2）学会在数字化情境中进行自主的学习。
3）学会利用网络通信工具进行协商交流，合作讨论式的学习。
4）学会利用信息加工工具和创作平台，进行实践创造的学习。

5.2.2 信息技术与课程整合的原则

信息技术与课程整合，是将信息技术有机地融合在各学科教学过程中。但整合不等于混合，在利用信息技术之前，教师要清楚信息技术的优势和不足，并了解学科教学的需求。在整合过程中，教师要设法找出信息技术在哪些地方能提高学习的效果，从而使学生用信息技术来完成那些用其他方法做不到或做得不好的学习任务。

1. 运用适合的学习理论指导课程整合的实践

现代学习理论为信息技术与课程整合奠定了坚实的理论基础，在教与学的层面上，每一种理论都具有其正确性的一面。但是，在教学实践中，没有一种理论具有普适性，无论哪一个理论都不能替代其他理论而成为唯一的指导理论。

行为主义学习理论，在对需要机械地记忆知识或具有操练和训练教学目标的学习中凸显出来。

认知主义学习理论的指导作用，则主要体现在激发学生的学习兴趣、控制和维持学生的学习动机。

建构主义学习理论，提倡给学生提供建构理解所需要的环境和广阔的建构空间，让学生自主、发现式地学习。如利用信息技术进行适当的内容重复，帮助学生记忆知识。通过信息技术设置情境，让学生便于意义建构。

2. 根据学科特点构建整合的教学方法

每个学科都有其固有的知识结构和学科特点，它们对学生的要求也是不同的。

语言教学是培养学生应用语言的能力，主要训练学生在不同的场合，正确、流利地表达自己的思想，更好地与别人交流的能力。

数学属于逻辑经验学科，主要由概念、公式、定理、法则以及应用问题组成，教学的重点应该放在开发学生的认知潜能上。

物理和化学，则是与人们的生产、生活密切相关的学科。在教学中，应注意学生的观察能力、解决问题的能力和做实验的能力的培养。

如果需要培养学生的操作能力，那么用计算机的模拟实验全部代替学生的动手实验，将会违背学科的特点，背离教学目标中对学生动手能力的培养。

3. 根据教学对象选择整合策略

信息技术与课程整合应该根据不同的教学对象，实施多样性、多元化和多层次的整合策略。对于学习类型和思维类型不同的人来说，他们所处的学习环境和所选择的学习方法将直接影响其学习效果。如有的学生不能主动地对外来信息进行加工，喜欢有人际交流的学习环境，需要明确的指导和讲授。而有的学生在认知活动中，则更愿意独立学习，进行个人钻研，更能适应结构松散的教学方法或个别化的学习环境。

5.3 信息技术与课程整合的方法

5.3.1 信息技术与课程整合的基本要求

信息技术与课程整合是一种信息化的学习方式，其根本宗旨是要培养学习者能够在信息化的环境中，利用信息技术完成课程学习的目标并学会进行终身学习的本领。因此，学校信息技术与课程整合的组织教学模式和策略的研究十分重要。信息技术与课程整合，应符合如下基本要求。

1）学习是以学生为中心的，学习是个性化，能满足个体需要的。
2）学习是以问题或主题为中心的。
3）学习过程是进行通信交流的，学习者之间是协商的、合作的。
4）学习是具有创造性和生产性的。

5.3.2 信息技术与课程整合的策略

为了达到上述提到的信息技术与课程整合的基本要求，信息技术与课程整合的基本策略必须包括以下几个方面。

1）利用信息化学习环境和资源创设情境（包括自然、社会、文化、各种问题情境以及虚拟实验环境），培养学生的观察、思维能力。
2）利用信息化学习环境和资源，借助其内容丰富、多媒体呈现、具有联想结构的特点，培养学生自主发现、探索学习的能力。

3）利用信息化学习环境和资源，借助人机交互技术和参数处理技术，建立虚拟学习环境，培养学生积极参与、不断探索的精神和科学的研究的方法。

4）利用信息化学习环境和资源，组织协商活动，培养合作学习精神。

5）利用信息化学习环境和资源，创造机会，让学生运用语言、文字表述观点、思想，形成个性化的知识结构。

6）利用信息化学习环境和资源，借助信息工具平台，尝试创造性实践，培养学生信息加工处理和表达交流能力。

7）利用信息化学习环境和资源，提供学习者自我评价反馈的机会。通过形成性练习、作品评价方式获得学习反馈，调整学习的起点和路径。

5.3.3 信息技术与课程整合的基本方式

在信息化学习环境和资源中进行课程学习，按照其利用方式的不同，我们可以把信息技术与课程整合分为以下三种基本方式。

1. L–about IT 方式

L–about IT 方式把信息技术作为学习对象，目前在中小学开设的"信息技术"课程中，在课程教学中引入其他学科课程知识，如在"信息技术"课程中，结合信息检索课程内容，把检索语文、数学资料作为学生的课外练习。这种方式是专门开设信息技术课，来培养学生的信息素养，培养学生学习与应用信息技术的兴趣和意识，掌握计算机基础知识和技能。信息技术课程不但是为了学习信息技术本身，还培养了学生利用信息技术的能力。

2. L–from IT 方式

L–from IT 方式是教师利用信息技术进行辅助教学。教师根据教学目标进行教学设计，将计算机作为备课工具，用它编辑所需资料、情报检索、文字处理以及教学资源管理等。在教学中决定在什么时候，用什么媒体、什么方式来呈现什么教学内容。计算机作为教学工具，在教学中的形式是多种多样的。有的利用计算机来完善传统的教学形式，给传统教学形式赋予新的内涵和生命力，如基于计算机的课堂讲演、练习、讨论及实验等。而有的则完全是利用计算机革新课程内容和教学方法，创设出许多新的教学和学习形式，如合作学习、探索和发现学习、交互式模拟、问题解决学习、以项目为基础的学习等。

在这种方式中，最常用的模式是"情境—探究"模式。该模式中信息技术与课程内容教学的关系可以用图 5–1 表示。

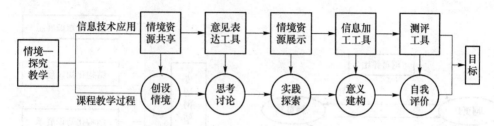

图 5–1 "情境—探究"模式

"情境—探究"模式的步骤如下。

1）利用数字化的共享资源，创设探究学习情境。

2）指导初步观察情境，提出思考问题，借助信息表达工具，如 Word、BBS 等形成意见并发表。

3）对数字化资源所展示的学习情境，指导学生进行深入观察，并进行探索性的操作实践。

4）从中发现事物的特征、关系和规律。

5）借助信息加工工具，如 PowerPoint、FrontPage 等进行意义建构。

6）借助评测工具，进行自我学习评价，及时发现问题，获取反馈信息。

3. L – with IT 方式

L – with IT 方式把信息技术作为学生学习的认知工具。这种方式是利用信息技术作为课程学习内容和学习资源的获取工具、作为情境探究和发现学习工具、作为协商学习和交流讨论的通信工具、作为知识构建和创作实践工具以及作为自我评测和学习反馈工具。根据信息技术作为认知工具的应用环境和方式的不同，又可分为"资源利用—主题探究—合作学习"模式（见图5-2）、"校际合作—远程协商"模式（见图5-3）和"专题探索—网站开发"模式（见图5-4）。

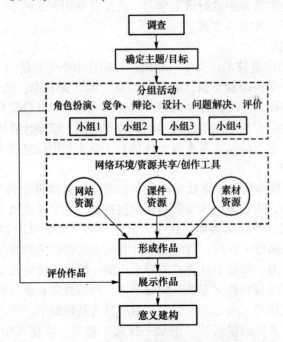

图 5-2 "资源利用—主题探究—合作学习"模式

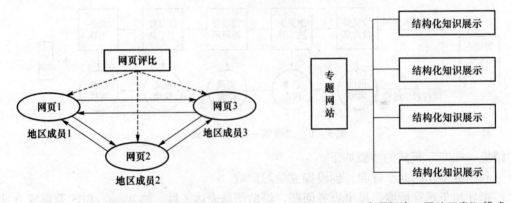

图 5-3 "校际合作—远程协商"模式　　图 5-4 "专题探索—网站开发"模式

(1)"资源利用—主题探究—合作学习"模式。

该模式主要适用于校园网络环境,步骤如下。

① 在教师指导下,组织学生进行社会调查,了解可供学习的主题;

② 根据课程学习需要,选择并确定学习主题,并制订主题学习计划,包括确定目标、小组分工、计划进度;

③ 组织合作学习小组;

④ 教师提供与学习主题相关的资源目录、网址和资料收集方法和途径,包括社会资源、学校资源、网络资源的收集;

⑤ 指导学生浏览相关网页和资源,并对所得信息进行去伪存真、选优去劣的分析;

⑥ 根据需要组织有关协作学习活动,如竞争、辩论、设计、问题解决或角色扮演等;

⑦ 形成作品,要求学生以所找到的资料为基础,做一个与主题相关的研究报告,形式可以是文本、电子文稿、网页等,并向全体同学展示;

⑧ 教师组织学生通过评价作品,形成意见,达到意义建构的目的。

(2)"校际合作—远程协商"模式。

该模式主要适用于互联网环境,分为如下步骤。

① 在不同国度、地区或城市,各自选择几所学校作为地区成员实验学校;

② 在各地区实验学校内,各自组成若干个合作学习小组;

③ 各合作学习小组同学内部分工,分别进行问题探索;

④ 围绕同一主题,不同地区的实验学校通过上网,寻找与主题相关的网页并下载,获取相关信息;

⑤ 利用所得资料进行素材加工,同学分工合作,建立小组网页;

⑥ 各合作学习小组定期浏览其他合作学校的网页并进行讨论;

⑦ 通过网络通信工具,对其他合作学校的网页发表意见,互相交流;

⑧ 经过一段时间后,组织学生进行学习总结,对综合课程知识的掌握和学习能力进行自我评价;

⑨ 组织各地区教育工作者、学生对各地区实验学校的网页进行评比,鼓励优秀。

(3)"专题探索—网站开发"模式。

该模式主要适用于在互联网环境下,对某一专题进行较广泛、深入的研究学习,并借此培养学生创新精神和实践能力,提高学生的综合素质。这类学习模式要求学生构建"专题学习网"站,其必须包含如下基本内容。

① 展示学习专题相关的结构化的知识,把课程学习内容相关的文本、图形、图像、动态资料等进行知识结构化重组;

② 将与学习专题相关的、扩展性的学习素材资源进行收集管理,包括学习工具(如字典、辞典和仿真实验)和相关资源网站的链接;

③ 根据学习专题,构建网上协商讨论,答疑指导和远程讨论区域;

④ 收集与学习专题相关的思考性问题、形成性练习和总结性考查的评测资料,让学习者能进行网上自我学习评价。

5.4 信息技术与课程整合的案例

近年来,我国许多地区、许多单位在不同的学科领域对信息技术与各学科课程加以有机整合进行了试验性探索,并在不同程度上取得了一定成绩,其中有些效果还相当突出,令人鼓舞。

本节为大家提供了几个信息技术与课程整合的优秀案例,大家通过对案例的分析和学习,进一步把握信息技术与课程整合的理念及方式。

案例1:　　　　初中生物"营养物质"网络教学设计方案

初中生物"营养物质"这节内容主要讲述了食物中含有的六大类营养物质,六大类营养物质对于人体的重要性和主要食物来源;以及如何选择和搭配食物,做到合理膳食。在平常生活中,学生已经对营养学的知识有了一定的感性认识,在小学自然课中也学习了一些营养常识,这些知识为本节的学习奠定了基础。另外,学生通过一年的计算机知识的学习,已经掌握了 Windows 操作系统和 IE 浏览器的使用方法,可以通过相关软件来学习本节知识。

一、教学目标分析

本课的教学目标按知识目标和能力目标进行分析,详细情况如下:

1. 知识目标

要求学生了解食物中的营养物质和各种营养物质对人体的作用,以及食物的热价;了解有关营养知识,培养良好的饮食习惯。

2. 能力目标

通过操作电脑和上网搜索,让学生学会制订合理的营养计划,并通过使用相关软件,设计一份营养合理的食谱,从而培养他们通过互联网获取知识的能力和分析问题、解决问题的能力。

二、教学思路和教学软件设计

课前,教师将相关资源链接到主题网页当中,并发布到局域网上(互联网网址:http://league2000.y365.com)。在教学中,让学生进行"角色扮演",以小营养学家的身份利用计算机与网络来分析教师给出的各种食谱,并且自己给出各种合理的食谱,从而获取相关的营养学知识。其教学流程为:"情境导入—引导探究—自主发现—总结提升。"

三、教学过程设计

初中生物《营养物质》网络教学流程如表5-1所示。

表5-1　初中生物《营养物质》网络教学流程

步骤	教师行为	学生行为
情境导入	(1) 提出问题 日本在古代被称为"倭",即矮的意思,但根据北京大学季成叶教授的调查,日本青少年的平均身高已经超过中国。为什么在第二次世界大战后日本人的身高会迅速超过中国人呢 (2) 引导学生浏览相关网页 ① 影响身高的因素(http://www.cc-edu.com/community/health/qingchun/qingchun6.htm) ② 从中、日青少年身高比较看改善我国学生营养状况的重要性(http://league2000.y365.com/new_page_1.htm)	(1) 浏览相关站点 身高是生长发育中最显而易见、最有代表性的指标。在通常情况下,身高顺利增长,说明孩子的营养良好,也没有受到慢性消耗性疾病的干扰。日本在第二次世界大战后经济发展迅速,国民营养条件获得较大的改善,从而身高增长迅速 (2) 积极思考教师提出的问题,进入学习情境

续表

步骤	教师行为	学生行为
引导探索	（1）用大屏幕投影展示以下五种食谱 ① 肯德基快餐食谱 ② 完全素食谱 ③ 主食+肉食型食谱 ④ 荤素搭配，简单型食谱 ⑤ 荤素搭配，多样品种的食谱 （2）指导学生进行分组，每组同学分别计算不同食谱的营养含量 （3）引导学生进行学习，并提供适当帮助和指导，对学生学习中碰到的问题，做个别辅导	学生进行"角色扮演"，以小营养学家的身份利用教师提供的在线计算工具分别计算五种食谱的营养含量，并思考究竟哪种食谱更加科学。工具来自以下网站： ① 飞华健康网（http://www.fh21.com.cn/ying/new/need.htm） ② 天虎营养在线测评系统（http://61.139.8.8/eat/diet/per_info.htm） ③ 营养自测（http://www.hangaofood.com/testself/biaozhun.htm）
自主发现	（1）教师介绍不同国家和地区人民的饮食习惯，并将其分为五大类 ① 猪肉为主要肉食来源（大多数东亚地区） ② 鱼肉为主要肉食来源（大多数岛屿和半岛国家） ③ 禽肉为主要肉食来源（如广东） ④ 羊肉为主要肉食来源（伊斯兰教信奉者） ⑤ 牛肉为主要肉食来源（西欧、北美） （2）引导学生互相讨论交流，并搭配出各类饮食习惯者的合理食谱	（1）利用在线计算工具和营养含量排行表（http://www.fh21.com.cn/ying/new/paihang.htm），针对各类饮食习惯配出合理食谱，并使用软件《家庭营养师》（http://league2000.y365.com/营养配餐.zip）来制订菜谱 （2）进一步思考合理的营养配餐原则是什么
总结提升	（1）在学生交流和思考的基础上，帮助学生厘清知识 （2）总结六大类营养物质的作用 （3）合理膳食的原则：荤素搭配，食物品种多样；良好的饮食习惯：一日三餐，按时进食，不偏食、挑食和暴饮暴食	（1）认真做好笔记 （2）将知识内化 （3）进一步思考教师所提出的问题

四、综合分析

1. 教学策略分析

本案例应用了基于网络的探究学习、抛锚式教学策略、支架式教学策略等教学策略。学生在课堂中既有课堂讨论，也有角色扮演，还有协同学习。

2. 学习环境分析

（1）教学媒体与教学材料的选择与设计。在课堂上综合运用多媒体计算机和网络进行教学。老师利用计算机，通过大屏幕展示知识内容；学生利用计算机，通过网络进行知识的学习和讨论，同时利用工具进行计算和设计。多媒体网络的运用有利于学生的自主学习和协作学习，促进学习效率，提高学习效果。

(2) 认知工具的设计。多媒体课件和网络资源作为课程学习的资源工具；网络资源作为情境探究和发现学习的工具；计算机网络作为协商学习和交流讨论的通信工具；在线计算工具作为知识建构和创作实践的工具。

(3) 人际环境的设计。教师首先提出关于日本人身高的问题，将学生导入新课的学习，这样比较容易激发学习兴趣，形成一种积极、活跃的课堂气氛。教师课堂上进行引导启发、任务的布置、作品的点评、课堂的总结等；学生进行小组合作，通过扮演小小营养家的角色进行学习，课堂氛围是积极主动的。此外，教师讲解和学生自主探究相结合，学生的主动性也得到了充分发挥。

3. 教学过程流程图

教学过程流程图如图 5-5 所示。

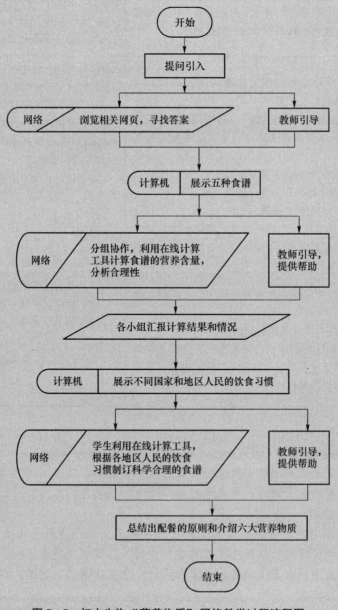

图 5-5 初中生物"营养物质"网络教学过程流程图

案例2： 信息技术与课程整合教学设计方案："音乐之都"维也纳

一、教学目标

（1）认知目标：读懂课文，弄清课文是从哪几个方面具体叙述"音乐之都"维也纳的。理解生词，有感情地朗读课文。

（2）情感目标：利用语言文字材料，陶冶情操，培养喜爱音乐的情趣。

（3）能力目标：培养上网搜集信息，整理、加工信息的能力和想象、概括能力。

二、教学内容及重点、难点分析

（1）教学内容：课文生动介绍了维也纳被称为"音乐之都"的渊源，描绘了维也纳特有的人文景观，指出了它在世界音乐史和世界乐坛上的地位和影响，表达了作者对音乐之都的赞美和向往。

（2）教学重点：读懂课文，了解维也纳与音乐的渊源，知道维也纳为什么被称为"音乐之都"。

（3）教学难点：体会"音乐之都"的内涵，培养喜爱音乐的情趣。

三、教学对象分析

五年级的学生在生活中通过观看电视节目，阅览报纸、杂志已了解过一些有关世界名城的知识；对现代音乐比较喜爱，在音乐课上欣赏过古典音乐，初步了解过一些有关古典音乐的知识。该年龄段的学生对新鲜事物注意力持久，并已初步掌握了上网浏览、上网搜索信息的能力。但学生对维也纳与古典音乐的渊源知之甚少，对古典音乐的喜爱尚待进一步培养。

四、教学媒体选择与设计

本课设计集图、文、音、像等信息于一体，自行设计了一个"音乐之都维也纳"的学习专题网站。

在网页的结构上，设计了以下几个模块，使学生能较快地把握课文结构与内容。

（1）维也纳全览：概括地介绍维也纳的总体面貌，让学生感受到维也纳的秀丽风光与音乐的渊源。

（2）音乐家：提供了贝多芬、莫扎特、舒伯特、海顿、肖邦、施特劳斯等著名音乐家的生平以及在维也纳的经历及创作情况，让学生感悟维也纳给音乐家的成长创作带来的巨大影响。

（3）城市装饰：提供维也纳城市中著名音乐家的雕像等图片，感受"音乐之都"的艺术氛围。

（4）圆舞曲：提供古典音乐《春之声》，体会音乐是维也纳人民生活中不可缺少的重要组成部分。

（5）盛大音乐会：通过新年音乐会盛况转播，使学生体会歌剧院对国内外观众和世界各国音乐家的吸引力。

（6）国家歌剧院：通过录像、图片、文字资料介绍维也纳国家歌剧院的历史，建筑特点、内部装饰及在世界上的影响，使学生真正认识"音乐之都"。

五、教学过程的设计

1. 创设情境,谈话导入

教师谈话:有人说,没有音乐就没有维也纳,失去了音乐,维也纳就失去了一半的美。今天,就让我们一起踏上维也纳音乐之旅,去感受"音乐之都"的魅力吧!(板书课题)

学生打开"音乐之都维也纳"学习专题网站,点击"维也纳全览"观看。看完之后,在留言板上谈谈对维也纳的初步印象。

师生合作朗读第1节。

2. 学文感悟

(1) 阅读第2~4节。

教师引导:维也纳为什么被称为"音乐之都"呢?同学们,在网上有课文内容。请大家先认真阅读课文,想一想课文是从哪几个方面具体叙述维也纳是"音乐之都"的?用课文中的语言概括地说一说。

学生自行上网,并认真阅读网上的课文,在"讨论"板块中交流。

教师引导:在三个方面中,对哪一点最感兴趣,可以从课文中找出相关段落细细地读,并通过网络去探究这个方面。

学生在学习目标的指引下,选择感兴趣的问题并阅读相关的课文段落,充分利用网页课件,通过超级链接等方式大量搜索图、文、音、像资料,转入不同的知识点进行自主探究性学习。

学生自主搜索资料,对重点知识做好复制、粘贴工作,积极思考自己的学习主题。并利用"讨论"板块进行交流,不仅发表自己的观点,还要观看其他同学的观点。

教师作为其中的一员参与交流,除对交流起组织作用外,还对交流做点评,以保证交流的正确性和有效性。适时根据学生要求,将有代表性的学生学习结果通过屏幕广播。

学生有感情地朗读全文。

教师小结:维也纳音乐已经融入了人们的血液,融入了人们的生活。这座城市就是一首优美的圆舞曲。

(2) 阅读第5、6节。

教师引导:来到维也纳,不去维也纳国家歌剧院听一听音乐会,那将是一种遗憾,现在就让我们去一睹为快吧!

学生点击网站中"盛大音乐会",并在"留言板"中交流对音乐会的感受。

教师引导:想对歌剧院了解更多吗?请上网读一读课文第5、6节,点击"国家歌剧院"了解有关资料。讨论"歌剧院为什么被称为世界歌剧中心"。

学生上网读课文,搜集资料,做好笔记,并在网上展开讨论。

教师参与讨论,适时点评。

教师小结:国家歌剧院是凝固的音乐,是一切爱好音乐的人们心目中的圣地。它是维也纳人民的骄傲,也是世界人民的骄傲。

3. 总结升华

教师谈话：今天，我们一起走进维也纳，领略了它秀美的风光，聆听了它优美的圆舞曲，感受了它深厚的音乐内涵，此时你一定有很多话想说，请在留言板上写下来吧。

学生进入网上留言板，进行在线发言交流，并认真阅读、思考老师和同学的留言。

4. 拓展延伸

作业：以小组合作形式搜集资料，以世界名城为主题制作演示文稿。

六、综合分析

1. 认知工具的设计

(1) 以专题学习网站作为课程学习的资源工具，同时也作为情境探究和发现学习的工具。

(2) 教师课前集音、像、图、文于一体，精心设计信息量大的"音乐之都维也纳"网页课件，提供好学习背景资料和各类感性材料。使学生能通过网页，通文路、感其情、晓其心。

(3) 网络可以为研究性学习提供充足的信息和自由的环境，这为学习者主动建构知识提供充足的信息源——创设好一个以学为中心的建构主义学习环境。

(4) 利用网络资源，学习者可以不受时空限制，根据自己的学习兴趣与需要，在网上查询文字、图形、影像等信息，为进一步建构学习者新的认知结构和知识系统奠定基石。

2. 作为协商学习和交流讨论的工具

"讨论"板块给学生提供了自由发表意见的空间，让学生敢说、敢想，促进学生学会合作交流式学习，锻炼学生自我表现能力。

3. 作为知识建构和创作实践的工具

以 Office 系列工具作为成果展示工具，以小组合作形式搜集资料，以世界名城为主题制作演示文稿。

4. 人际环境设计

通过播放"维也纳全览"的片段，在音、形、像等多元信息的刺激下，激发起学生学习的兴趣，吸引了学生的注意力，迅速投入与课文内容相应的一种情绪中。有目的地使学生整体感知了课文内容。正是由于这种情感内驱力的作用与影响，学生此时一定会产生一种强烈的学习需求与学习动机。

(1) 通过网上在线交流，学生有感而发，可以畅所欲言，一吐为快，把学生的情感推向高潮。

(2) 教师及时指导，参与讨论，有利于师生情感的交流培养。

(3) 教师让学生以小组为单位分工协作，营造团结互助的学习氛围。

5. 教学过程流程图：

教学过程流程如图 5-6 所示。

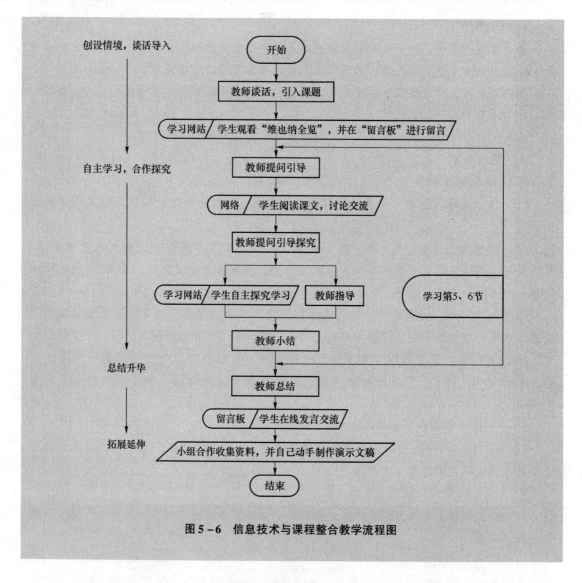

图 5-6　信息技术与课程整合教学流程图

本 章 小 结

  信息技术与课程整合是指在教学过程中把信息技术、信息资源、信息方法、人力资源和课程内容有机结合，共同完成课程教学任务的一种新型的教学方式，它的核心是数字化学习。自从 1959 年美国 IBM 公司研发出第一个计算机辅助教学系统以来，信息技术与课程整合大体上经历了 CAI、CAL 和 IITC 三个发展阶段。

  信息技术与课程整合的特点表现为：任务驱动式的教学过程；信息技术作为教师、学生的基本认知工具；能力培养和知识学习相结合的教学目标；"教师为主导、学生为主体"的教学结构；个别化学习和协作学习的和谐统一。

  信息技术与课程整合的目标是：培养学生具有终身学习的态度和能力；培养学生具有良好的信息素养；培养学生掌握信息时代的学习方式。

  信息技术与课程整合的原则是：运用适合的学习理论指导课程整合的实践；根据学科特

点构建整合的教学方法；根据教学内容选择整合策略。

信息技术与课程整合有如下方式：L – about IT 方式、L – from IT 方式和 L – with IT 方式。信息技术与课程整合目前在我国尚处在起步阶段，虽然在教学实践中已取得较大成效，但不可避免地还存在许多不足之处。所以，作为信息时代的教师，应该把握好信息技术在课程整合中的角色，积极实践，不断总结经验，积极探索信息技术与课程整合的更有效的途径和方法，让信息技术更好地推动教育改革，为全面推进素质教育服务。

本章习题

（1）简述信息技术与课程整合的含义。
（2）简述信息技术与课程整合的特点。
（3）简述信息技术与课程整合的目标与原则。
（4）信息技术与课程整合有哪些常用方法？
（5）结合自己所学专业，设计一堂信息技术与课程整合课。

第6章

教师专业发展

学习目标

(1) 理解职业与专业的含义及其区别。
(2) 了解教师专业发展的内涵及特点。
(3) 了解教师专业发展的内容。
(4) 掌握教师专业发展的途径及方法。
(5) 了解信息技术与教师专业发展的关系。

改革开放以来,我国的基础教育获得了巨大的发展,2003年我国实现了"基本扫除文盲、期末普及九年义务教育"的目标,课程改革方兴未艾,办学条件得到了极大的改善。在这个过程中,我们的教师发挥了重要的作用。我们的政府和社会也越来越意识到,教育的发展离不开教师,教育质量的提高离不开教师专业水平的提高。

1994年颁布的《中华人民共和国教师法》明确规定:"教师是履行教育教学职责的专业人员。"随着社会的进步和科学技术的提高,社会、学校、学生和家长向教师提出了新的要求。在新课程改革和实施的今天,更是向教师提出了各种挑战。为了回应这种挑战,我们的教师需要终身的专业学习和专业发展,我们的教师更需要有效、简便的专业发展策略。

6.1 职业与专业

6.1.1 职业与专业的含义

我们每天都从事着自己的职业,但我们很少去探究我们所从事的职业是一般职业还是专门职业(即专业),职业与专业概念的含义是什么。在日常生活中,不了解这些概念对于我们所从事的职业似乎没有多大的影响。但当我们把职业和专业作为特定的学术和实践领域进行研究时,探讨这些概念的含义就成为我们的首要任务了。

1. 职业的概念

我们每个成年人都与职业(Occupation)有不解之缘,每个人都必须从事一定的职业,担负起不同的职责和任务,因为这不仅是一种谋生的手段,而且从事某种职业也是一个社会人应当承担的社会角色和社会责任。

《中国大百科全书·社会学》(1991年版)的解释是:职业是随着社会分工而出现的,并随着社会分工的稳定发展而构成人们赖以生存的不同的工作方式。

另外,对于职业的界定,各种不同学派的专家和学者从各自不同的研究目的和立场出发,对职业也有不同的理解,比较有代表性的有:美国社会学家泰勒认为,"职业是一套成为模式的与特殊工作经验有关的人群关系"。日本社会学家尾高帮雄认为,"职业是某种一定的社会分工或社会角色的持续实现,它包括工作、工作场所和地位"。我国学者潘锦堂认为,"职业是劳动者足够稳定地从事某项有酬工作而获得的劳动角色"。

现在一般认为,职业是参与社会分工,利用知识和技能,为社会创造物质财富和精神财富,获取合理报酬,作为物质生活来源,并满足精神需求的工作。

2. 专业的界定

"专业"(Profession)一词最早是从拉丁语演化而来,其本意是公开地表达自己的观点和信仰。

较早系统研究"专业"的社会学家卡尔·桑德斯认为:"所谓专业,是指一群人在从事一种需要专门技术的职业,专业是一种需要特殊智力来培养和完成的职业,其目的在于提供专门性的服务。"

我国学者刘捷认为:"专业是在社会分工、职业分化中形成的一类特殊的职业,是指一群人通过特殊的教育或训练掌握或科学或高深的知识技能,并以此进行专门化的处理活动,从而解决人生和社会问题,促进社会进步的专门性职业。"

综合来看,专业是指一群人经过专门教育或训练、具有较高和独特的专门知识与技术、按照一定专业标准进行专门化的处理活动,从而解决人生和社会问题,促进社会进步并获得相应报酬和社会地位的专门职业。

6.1.2 一般职业与专门职业

专业(专门职业)与职业(一般职业)是有区别的,第二次世界大战以后,许多学者致力于区别专业与职业之间的差异,阐述区别专业与职业的基本特征。李普曼(M. liberman)、伍德(G. Wood)等都曾经在这方面做过深入的研究,提出过重要的标准。综合国内外的研究成果,专业与职业的区别可以概括为以下几个方面。

1)从事专门职业需要以系统的专业知识和复杂的技能为前提,按照科学的理论和技术行事。每一个专业都有一个科学的知识基础,专业必须以一套严格高深的理论为基础。在专业问题范围内,有明显的内行和外行的差异。而从事一般职业无须专门的知识和技能,只需按规例行事,无内行和外行之别。

2)专门职业的从业人员需要接受长期的专业训练,而且这种训练是在大学里进行的,是以是否接受过高等教育为标志。而一般职业的从业人员无须接受长期的专业训练,主要通过个人经验和个人工作经历而积累工作经验。

3)专业与职业相比,更多地提供一种特有的、范围明确的、社会不可或缺的社会服务,专业职业的从业人员把工作看作是一种事业,在自主的范围内对自己的专业行为与专业判断负有责任,以高质量的专业服务获得报酬,并且把服务置于个人利益之上。因此,专业人员一般具有较高的职业声望,而一般职业的从业人员仅仅把工作当成一种谋生的手段。

4)专业与职业相比,更难获得从业资格。由于专业工作需要以专门知识和专门技术为基础,需要接受高等教育、学习高深的学问和专门知识且工作过程需要心智和判断力,这就决定了专业从业人员不易获得从业资格。而职业从业人员的工作是以经验和技巧为基础,且通过学徒培训即可掌握从业所需的知识和技能,因此较易获得从业资格。

6.2 教师专业发展

6.2.1 专业化与教师专业化

1. 专业化

专业化是一个社会学概念,简单地说,就是指职业专门化。一种职业要真正成为专业,需经历一个专业化过程。其主要条件包括:形成一套专门知识和技能体系,实施专业教育和专业资格认证制度,规范职业伦理,建立专业组织等。那些被社会认可,成为专业的职业群体一方面对社会有不可或缺的功能,从业人员被赋予极大的责任并提出了很高要求;另一方面,从业人员在掌握专业知识和技能、履行社会职责过程中要花费更多的社会必要劳动时间,专业群体拥有更多的社会地位和资源。因此,对于一些新兴职业来说,其专业化的过程就是提升职业群体社会地位的过程。

2. 教师专业化

教师专业化是指教师在整个专业生涯中,通过终身专业训练,习得教育专业知识技能,实施专业自主,表现专业道德,并逐步提高自身素质,成为一个良好的教育专业工作者的专业成长过程。

教师专业化是教师不断社会化的过程,同时也是社会多方面共同努力的结果,必须放在整个社会背景中考虑,使之成为整个社会的职责,以合作的方式,争取社会各界的支持和认可。

教师专业化过程也是教师个体和教师群体的专业水平提高以及教师职业的专业地位的确立和提升的过程。教师专业化具体包括三个层次:一是指教师个体的专业水平提高的过程;二是指教师群体的专业水平提高的过程;三是指教师职业的专业地位的确立和提升的过程。三个层次紧密联系,相互促进。忽视任何一个方面,就会阻碍教师专业化的进程。

6.2.2 教师专业发展

1. 教师专业发展的内涵

教师专业发展是指教师个体专业不断发展的历程,是教师不断接受新知识,增长专业能力的过程,它具有非常明确的三个特征。

1)教师专业发展是一个有意识的过程。教师专业发展的目的是使教师成为一个成熟的专业人员,使教师成为一个成熟的专业。在此过程中,教师对专业的认识不断深化,包括对专业自我、专业角色的认识,对教育、学校的理解以及对所教学科、对学生成长与发展过程中的价值认识等。

2)教师专业发展是一个持续的过程。教育是一个动态的专业领域,其知识基础在不断地扩展。同时,课堂教学中应有的知识和技能、教育教学理念也在不断地变化,社会、学校、学生对教师的专业素质要求越来越高。为了与这些新知识、新技能、新理念、新要求保持同步,各个层次的教育者在其整个专业生涯中都必须成为终身学习者。在教育实践中,不断分析、反思、持续探索、创新。

3)教师专业发展是一个系统的过程。教育系统本身的复杂性需要系统的专业发展观。

真正的教师专业发展是一个系统的过程，不仅要考虑长期的变化，还要考虑组织的各个层次。如果没有一个系统的策略，即使教师专业发展在个体方面做得不错，组织变量也可能会影响或妨碍他们所做的努力。把教师专业发展看作是一个过程和一次重要范式的转换，这需要教育者以新的和不同的方式来思考和应对教师专业发展。

2. 教师专业发展的特点

1）专业发展的自主性。这是教师专业发展的前提和基础。教师在设计课程、规划教学活动和选择教材时，应有充分的自主性；教师应具有自我专业发展的意识，把外在的影响转化为自身专业发展过程中的动力。

2）专业发展的阶段性和连续性。研究教师专业发展阶段性有助于教师选择、确定个人的专业发展计划和目标；老师只有不断地进修和研究，以终身学习为基本理念，才能不断促进自身的发展，以确保教学的知识和能力符合时代的需求。

3）专业发展的情境性。教师的许多知识和能力是依靠个人经验和对教学的感悟而获得的，教师应该不断反思自己的教育教学理念与行为，不断自我调整、自我建构，从而获得持续不断的专业发展。另外，教学情境具有不确定性，教师的专业发展必须与教学情境相联系，在学校中建立一种相互合作的文化，以促进教师的成长。

4）专业发展的多样性。教师工作包括观察学生、创设学习情境、组织教学活动、训练学生、评价学生学习等多种活动，教师专业发展体现在这些不同的活动中，因此，应注重教育知识、技能层面的发展，也应兼顾认知、技能、情意各方面的成长。

6.3 教师专业发展的内容

目前，关于教师专业发展的具体内容有着许多不同的说法，从中小学教师的工作职责与发展成长的具体实际来看，我们认为主要包含以下内容。

6.3.1 遵守职业道德

教师的职业道德是教师从事教育教学活动时的基本道德规范，是教师对职业行为的自觉追求，也是教师专业发展的道德基础。如果不能认真遵守职业道德，那么教师的专业发展就是无源之水、无本之木。教师职业道德以敬业精神为基础、以协调师生关系为主要内容，乐于奉献、坚持公正是时代对教师职业的基本伦理道德要求。"奉献"作为从业的基本要求，是教师职业责任感、使命感的具体体现。因为培养人是社会发展的基础性事业，是一种非常复杂的劳动，无法用市场经济的等价交换的原则来衡量其价值的大小，没有奉献精神就会失去教师职业的高尚性和纯洁性。"公正"就是公平、正义、合理。"公正"既是教育基本目标之一，又是教师职业的基本行为准则。不讲公正的教育将使学生的心灵失去平衡，其行为丧失应有的约束，教育过程也就失去了"善"的价值。教师职业具有突出的示范性、公共性和教育性，相对于多数职业应有更高、更严的职业道德要求。2008年教育部对《中小学教师职业道德规范》进行了修订，要求教师必须做到六个方面：爱国守法、爱岗敬业、关爱学生、教书育人、为人师表、终身学习。

6.3.2 拓展专业知识

教师的专业知识是教师职业区别于其他职业的理论体系和经验系统。美国卡内基教学促进会主席舒尔曼认为，教师必备的专业知识至少应该包括如下方面：学科内容知识；一般教学法知识；课程知识；学科教学法知识；学生及其特点知识；教育脉络知识；教育目的目标、价值、哲学及历史渊源知识。学科教学知识是上述七类知识的核心，是教师面对特定问题进行有效呈现和解释的知识，即教师在具体教学情境中，把学科知识、学生知识、课程知识、评价知识、一般教学法知识等"活化"之后，经由自身价值观做出判断、选择、重组而形成的动态知识，是教师主动建构、积极创造的结果。学科教学知识形成的过程，就是教师的生命运动过程，就是教师个性发展的过程。可以说，教师在创造了新的学科教学知识时，也创造了崭新的自己。学科教学知识是学科教学专家必备的重要知识，是教师理解自己专业的特殊形式，它将学科专家和一般教师区别开来。

6.3.3 提升专业能力

专业能力是教师在教育教学活动过程中运用一定的专业知识和经验顺利完成某种教育教学任务的活动方式和本领。教师的专业能力是教师综合素质的最突出的外在表现，也是评价教师专业性的核心因素。教师的专业能力主要包括以下几点。

1）教学设计的能力。教学设计的能力是指教师在课前根据学生的特点，对教学内容进行组织加工，并选择恰当的教学模式与方式方法以取得教学效果的最优化，包括分析学生特点与组合教学内容、确定恰当的教学目标、选择教学模式与教学方法、预测课堂情形变化等技能。

2）教学语言能力。教学语言是教师对学生实施教育教学的最重要手段，即使在现代化多媒体技术广泛应用于教学领域的今天，课堂教学中教师语言的功能仍不可替代。通过科学正确、条理清晰、通俗易懂、生动形象的语言有效调动学生学习的积极性、自觉性，使学生心驰神往于规定的教学目标和教学内容，是讲究教学语言能力的真谛所在。一般而言，教学语言可分为口头语言（有声语言）表达、书面语言（板书板画）表达和身体语言（无声语言）表达三种类型。

3）教育教学交往能力。这既是教师有效实现与学生的双向沟通所必需的，也是教师群体形成教育合力、教师与社会各界合作搞好学校教育以及积极投入社区精神文明建设所必需的。

4）组织和调控课堂的能力。这是保证教学过程顺利、有效进行的重要条件。在课堂教学的组织调控中，既定的教学目标是"灵魂"，教学程序是"蓝图"，教学评价是手段，合理组织调控课堂结构是核心，洞察学生心理是基础，运用教育机智艺术地处理突发事件是保证，而营造融洽适宜的课堂氛围则是根本。

5）教育研究能力。教师在从事教育教学工作的同时，应该是一个终身学习者和研究者。具有科研意识和科研能力，坚持在教育教学实践中开展研究，是教师专业能力不断发展的重要保证，"问题即课题、教学即研究、提高即收获"是中小学教师最常用的研究模式。教师的教育研究源于对自身教育教学实践的反思，在反思中发现问题，带着问题深入学习并进行研究，在研究中提升对教育的认识和教学技能，促进教师专业化发展。

6）创新能力。创新能力是指创新教育思想、教学内容、教学方法、教学模式等的能力，是提升教师专业能力的追求与归宿。

6.3.4 建构专业人格

人格是一个人的整体心理面貌，教师的人格形象是教师在教育教学活动中的心理特征的整体体现，具体包含教师对学生的态度，教师的情感、气质、兴趣等。教师的专业人格是教师专业发展的心理基础。俄国教育家乌申斯基再三强调："在教学工作中，一切以教师的人格为根据，因为教育力量只能从人格的活的源泉中产生出来，任何规章制度、任何人为的机关，无论设想得如何巧妙，都不能代替教育事业中教师人格的形象。"苏霍姆林斯基说："教育是人与人心灵上最微妙的相互接触。"教育教学过程实质上就是教师与学生心智和情感交流的过程，人格赋予教师的言、行、情、态等活动和形象以一种高贵的品位，教师正是以这种品位来熏陶学生的。教师的人格形象是学生亲近或疏远教师的首要因素。理想教师的人格包括：善于理解学生、和蔼可亲、真诚质朴、公平正直、富有耐心、善解人意、兴趣广泛、开朗乐观、意志力强、诙谐幽默、宽容大度等。专业人格的建构，是教师在教育教学过程中随着对教育的本质与价值、对学生生命与特征、对自我生命与生活的深切感悟理解的基础上而逐步形成的，是教师在长期的教育实践中对职业道德和教育理想自觉追求的结果与内化，是教师专业发展心智成熟的表现。

6.3.5 形成专业思想

专业思想是教师在深入理解教育工作的本质、目的、价值的基础上所形成的关于教育教学的基本观点和信念。它是教师在教育教学工作中的世界观与方法论，是教师专业发展的理性支点和专业自我的精神内核，是教师对成为一个成熟的教育教学专业工作者的向往与追求。有无专业思想是专业人员与非专业人员的重要区别，也是现代教师不同于以往教师的显著标志。由于教育专业思想不是静止不变的，而是动态发展的；不是固定不变的，而是不断演变的。所以，每位教师都必须通过广泛学习教育理论与总结反思自我教育实践而形成自己的教育专业理念、专业思想，而且还必须使其不断更新、不断发展，并永远走在时代的前沿。21世纪教育对于人类社会的发展，具有更加普遍、持久、深刻的基础性价值，因此尤其需要教师具有正确而明晰的专业理想。

6.3.6 发展专业自我

教师专业自我，就是教师在职业生活中创造并体现符合自己志趣、能力与个性的独特的教育教学生活方式，以及个体自身在职业生活中形成的知识、观念、价值体系与教学风格的总和。库姆斯在20世纪60年代出版的《教师的专业教育》中提出，一名好教师首先是一个人，是一个有独特人格的人，是一个知道运用"自我"作为有效工具进行教学的人。凯尔科特曼则进一步用"专业自我"概念来说明教师的专业素质。他认为，"自我是一个复杂、多维、动态的表现体系，是人和环境之间长期相互作用的结果，它不仅影响着人们感受具体情景的方式，也影响着人们日常行为的方式"。他把"专业自我"的内容概括为六个方面：自我意向、自我尊重、工作动机、工作满意感、任务知觉、未来前景。教师专业自我的形成过程，是在教师与外界环境的相互作用过程中教育教学素养不断提高的过程，是教师职业生活个性化的过程，也是良好教师形象形成的过程。一旦专业自我形成，它不仅影响教师的工作态度和教育行为方式，而且直接影响教育教学效果。就当前教师专业自我方面而言，我们需要特别注意的是，必须充分认识和感悟教师工作的创造性特征及其对社会发展与自我生存的价值和意义。马克思在《青年在选择职业时的考虑》中强调："能给人以尊严的只有这样的职业，在从事这种职业时，我们不是作为奴隶般的工具，而是在自己的领域内独立地进行创造。"因此，每一名教师能否认识和感受到教师职业的创造性，能否获得这种创造给自己所带来的内在的尊严与欢乐，进而反思和重构自己的职业意识和职业行为，使自己成为自觉创造教师职业生命和职业内在尊严的主体，就成了形成教师专业自我的关键与核心。

6.4 教师专业发展的途径和方法

基础教育课程改革，将教师的专业发展问题提到了前所未有的高度。教师的培训、学习，显得比以往任何时候都更加重要。促进教师专业发展的途径和方法有很多种，其中包括终身学习、行动研究、教学反思、同伴互助、专业引领、课题研究、网络远程研修、教师成长记录袋，等等。

6.4.1 终身学习——教师专业发展的前提保证

知识迅猛更新客观上要求教师学会学习，养成学习的习惯，教师必须不断更新自己的知识结构，使自己的课堂常教常新；要树立较强的教育科研意识，认真学习和掌握教育研究的基本方法和相关的理论知识，自觉地在研究中应用；还要在教书育人的实践中学习、学习、再学习。要做教学实践中的"有心人"，在实践中不断地探究，积极探索，锲而不舍，勇于革故鼎新。

1. 个体学习

一是教师要主动学习间接经验。其途径是向书本学习，博览群书；向周围其他同人学习，学习他们的教书育人的经验和方法，结合自己的实际巧妙移植，可以少走弯路；利用计算机网络学习，不断提高自己的信息素养，熟练地运用计算机获取、传递和处理信息。二是教师要积极主动积累实践经验，要向实践学习，实践出真知灼见，实践长才干。

2. 团队学习

合作是校本研究的途径与方式，我们的社会正从"学历化社会"走向"学习化社会"，若研究只停留于教师个体，虽然教学行为也会产生一时的变化，但这种变化难以持久，也难以从个别教师的行为转化为群体教师的行为。唯有教师集体参与的研究，才能形成一种研究的氛围、一种研究的文化，这样的研究才能真正提升学校的教育能力。学校要有自己鲜明的办学理念和教育哲学，用共同的远景目标培养教师对学校的长期承诺，客观地审视自己，不断改善心智模式，使团队中成员不断超越自我、相互学习、取长补短，从全局利益出发，全面提升整体的教书育人水准，全力打造学习型学校。

6.4.2 行动研究——教师专业发展的基本途径

行动研究是指教师在实际教育中，基于学校，源于教师教育教学行为，以教学实际中出现的问题为研究的起点和对象，通过制订计划、系统地收集资料、分析问题、提出改进方案、付诸实施、检验和反省成果，把学习与培训、学习与行动结合起来的研究活动。研究的成果直接用于学校教学实践的改进和教师教学实践能力的提高，并以研究成果为依据，进行教育改革，提升教学质量，实现教师学习培训和教学过程相统一，促进教师专业成长。近年来，行动研究已经成为教师专业成长、课程改革的重要手段之一。

1. 让行动与合作、反思相随

行动是校本研究的出发点，教师的成长和发展的关键在于实践知识的不断丰富和实践智慧的不断提升。校本研究就必须从研究"行动"开始，始终紧扣教育教学"行动"进行研究，并且把落脚点放到提高教育教学行为的自觉性上。使校本行动研究，由"行动"开始，通过"合作"与"反思"达到高一层次的新的行动。立足于教师教学行为的研究方法更为注重教师对自己教育实践活动的反思，研究成果直接用于改善教育教学行为，以教师的变化促进教学的变化，有效地促进教师的教学能力和教学水平的提高。

2. 行动研究的过程

（1）对教育教学过程进行回顾，发现明确问题。

教师借助内省和对话审视自己的行为，对自己熟悉的观念提出质疑，而且可以是对新的教学理念或教学模式的质疑，以及新的理论、新的模式与自己已有经验的比较中产生的各种想法，有助于教师形成问题意识。

（2）分析问题、寻找问题的症结。

教师通过对问题的分析和界定，把那些只能用模糊语言进行描述的问题转化为能用比较准确的概念说明其实质的问题，使对教学现状的反思提升到对教学本质的把握上，从而找准问题的症结。

（3）假设一种或多种解决问题的方法或途径。

教师根据自己对教学对象的了解，对自己的经验以及所能收集到的资料的分析把握，形成解决方法的不同设想，用来解释情境，从而形成一个总体的行动计划。

（4）实践、尝试解决问题。

由于行动研究的根本目的是解决实践中的问题，改善实践的质量，解决问题的各种假设需要在实践中寻找证据，进行证实和证伪。因此，在这一阶段既要按总体计划实施行动，同时又要对行动情况进行观察记录，收集有关资料，不断分析，充分考虑现实因素的变化，根据需要做出适当的调整，保证计划顺利实施。

（5）反思总结。

对整个过程进行反思，进一步明确问题是否解决，解决到了哪一步，还有什么问题需要进一步解决，并在此基础上发现新的问题或提出新的假设。

教师通过行动研究，可以转变传统的教育思想，树立现代化的教育发展观、人才观、教育教学观，构建新的教育理念，这是教育改革发展的先导和动力；还可以构建以生为本的高效的课堂创新模式，推进素质教育的进一步深入。

6.4.3 教学反思——教师专业成长的必经之路

教学反思指教师借助行动研究，不断探讨与解决教学目的、教学工具和自身方面的问题，不断提升教学实践的合理性，使自己成为专家型教师。

1. 教学反思的意义

（1）教学反思能促进教师积极主动地探究教学问题。

教学反思可以进一步地激发教师终身学习的自觉冲动，不断地反思会不断地发现困惑，

"教然后而知困",不断发现一个个陌生的自我,这样教师就能主动地将与行为有关的因素纳入教学过程中来,重新审视自己教学中所依据的思想,并积极寻找新思想与新策略来解决所面临的教学问题,从而促使自己拜师求教、书海寻宝。教学反思可以激活教师的教学智慧,探索教材内容的崭新表达方式,构建师生互动机制及学生学习的新方式。

(2) 教学反思有助于教师成为研究者。

教师不仅要成为教学的主体,而且要成为教学研究的主体,把自己作为研究对象,研究自己的教学观念和实践,反思自己的教学实践、教学观念、教学行为及教学效果。研究自己的教育实践以及对自己在教学实践中做出的教学行为及由此产生的结果,通过反思、研究,不断探究和解决教学问题,不断更新教学观念,改善教学行为,提升教学水平。同时形成自己对教学现象、教学问题的独立思考和创造性见解,使自己真正成为教学和教学研究的主人,提高教学工作的自主性和目的性,克服被动性、盲目性,使教学与研究相结合,教学与反思相结合,成为真正的研究者。

(3) 教学反思有助于改造和提升教师的教学经验。

我们从教师成长的规律中可以看到,教师的实践经历不会自动生成科学经验,从而促进专业化发展。对教师来说,只有"经验+反思"才会有效地促进自我更新取向的专业化发展。没有经过反思的经验是狭隘的经验,意识性不够,系统性不强,理解不深透,它只能形成肤浅的认识,并容易导致教师产生封闭的心态,从而阻碍教师的专业成长。只有经过反思,使原始的经验不断地处于被审视、被修正、被强化、被否定等思维加工中,去粗取精,去伪存真,这样经验才会得到提炼、得到升华,从而成为一种开放性的系统和理性的力量,唯其如此,经验才能成为促进教师专业成长的有力杠杆。

2. 教学反思的策略

在教学实践中,根据反思的源起,我们可以将反思策略分为两大类:内省反思法和交流反思法。

(1) 内省反思法。

内省反思法是指教师主动地对自己的教学实践进行反思的方法。根据反思对象及反思载体的不同,内省反思法又可分为以下几种具体的方法。

1) 反思总结法。反思总结法主要是指通过自己记忆,对自己的教学实践予以总结、反思的方法,从而进一步使教学实践中的"灵感"内化,也使教学实践中出现的问题得到考虑。

2) 录像反思法。录像反思法是通过录像再现自己的教学实践,教师以旁观者的身份反思自己的教学过程的方法。这种方法最大的优点就是能客观地对自己的教学过程进行评价,这样能更好地强化自己已有的经验,改正和弥补自己的不足。

3) 档案袋反思法。档案袋反思法则是以专题的形式为反思线索对教学实践进行反思,包括课堂提高的形式是否多样,课堂提问的内容是否是课堂的重点、难点,对某学生的提问的形式、难度是否符合该学生的实际能力,等等。

(2) 交流反思法。

交流反思法可以就某一问题与其他教师进行交流,也可以是在听完某教师的一堂课以后,针对这堂课进行交流。这样可以反观自己的意识与行为,加深对自己的了解,并了解其他与自己不同的观念,进而取他人之长,补自己之短。

6.4.4 同伴互助——教师专业成长的有效方法

新的课程计划的颁布、新教材的推行、新的课程理念的逐渐渗透、不同学科的相互融合，以及与现代信息技术的整合等，这些都要求教师间彼此合作，共同提高。

1. 同伴互助方式之一——磨课

"磨课"是对课堂教学研究的一种形象化说法，往往由集体开展的"备课—上课、听课—评课"两个环节组成。"磨课"的过程，就是一个完整的教学管理过程，从目标的制定到具体实施，再到最后的总结评价，正好构成了一个完整的流程。在"磨课"的每一个环节中，都是集体参与讨论、策划、修订和完善，它反映了集体的意志和智慧，充满了民主和谐的氛围，自动构成了一个能动的"磁场"，带动每一个成员自主地参与并自如地运行。

2. 同伴互助方式之二——沙龙

"沙龙"原意是指文学、艺术等方面的高雅人士的小型聚会。本书指教育工作者或教育研究者之间主题性的小型教育研讨活动。这样的研讨活动有以下几个特点：一是要有一个合适的主题；二是要有一定数量的教师或专家；三是要有一个主持人能起到穿针引线的作用；四是要围绕主题开展自如深刻的对话，参与者中没有绝对的权威，大家各抒己见，时常有思想交流、智慧碰撞、观点交锋；五是最终应该形成对讨论主题的阶段性的看法或认同，这是众人观点和智慧的有机整合。

3. 同伴互助方式之三——展示

学校定期由教研组或课题组以研究小组为单位，向其他教研组或教师群体展示各自研究课题的阶段性的实践、思考和成果。教学研究的展示虽然是一时的、短期的，但展示前的准备工作却是大量的。以教研组为例，教研组长要对本组成员进行展示前的分工落实，明确各人展示的任务和内容，而且要形成一个整体，形成一个展示的序列。比如围绕研究的课题，安排好活动策划者、课堂执教者、活动主持者、活动发言者、媒体宣传者、问题讨论者、成果收集者，等等。在展示活动中，展示小组的所有成员各尽所能、各显神通，专业能力会在展示的全过程得到较好的培养和锻炼。

6.4.5 专业引领——教师专业成长的重要条件

在学习化的社会里，人人需要终身学习。教师为了提高自己的专业素养，往往会向周围的同事、学生、家长学习，向书本、实践学习。教师还必须向专业人士和成功人士学习，不断接受先进理论、技术、方法和经验的专业引领。提倡校本教研与大学牵手，各级中小学教研部门、教师进修院校和教育科研机构专业研究人员与中小学教师共同研究，建立起平等交流、共同成长、互补互益的伙伴关系，人人平等，能者为师。

1. 专业引领的基本要求

（1）对教师的专业引领要目标明确、内容正确、方法适当。

教师专业发展的方向和水平既有共性，又有个性。专业发展的总体目标是指教师不断接受新知识、增强专业能力，使个体在专业素质方面不断成长和追求成熟。但不同发展阶段、不同水平层次、不同专业学科教师的专业发展方向和水平又是有差别的。因此，在引领教师专业发展的过程中，目标定位要切合各类教师的实际情况，引领内容要有一定的针对性，要有利于提高教师的实际工作能力和水平，引导方法要灵活、多样、有效。

(2) 在专业引领中,要充分发挥引领人员和教师双方的能动性和积极性。

引领人员既可以是教育科研的专家,也可以是教研部门的教研人员,还可以是既有一定的教育教学理论,又有丰富实践经验的教育教学第一线的骨干教师。科研专家对教师的引领主要是教育教学科学理论的引领,教研人员对教师的引领主要是把教育教学理论与教育教学实践结合在一起的引领,第一线骨干教师对教师的引领主要是具体实践操作的引领。引领人员必须具有较高的素质水平和引领能力,在对教师的专业引领过程中,既有对教师理论上的指导,又有实际的教育教学示范;既要参与教师学习、研讨的过程,又要对教师具体的教育教学实践进行评析,还要采取切实有效的方法措施,善于指导教师开展教育教学实践活动。因此,引领人员必须具备丰富的教育科学理论知识和实践经验,同时又能对引领工作有高昂的工作积极性,乐于从事引领工作,才能保证引领工作的顺利和有效。在专业引领过程中,作为接受引领的教师,要有积极上进的精神,要确立"我要学习""我要发展"的思想,在接受引领的过程中要充分发挥自己的主观能动性,要积极配合,要向引领人员虚心学习、认真求教,要深入钻研、努力提高。只有这样,才能促使自己的水平得到提高,促进自己的专业获得更好更快的发展。

(3) 对教师的专业引领要到位而不越位。

引领人员对教师无论是教育科学理论的引领,还是教育教学实践的引领,都要努力做到到位而不越位。到位,就是给教师提供必要的帮助;不越位,就是引领人员对教师不能越俎代庖、包办代替。在专业发展过程中,教师是发展的真正主体,专业引领人员无论怎么引领或指导,都不能也不应该代替教师的独立思考和实践活动。引领的最终目的是为了不引领。因此,专业引领人员要立足于提高教师的教育教学理论水平和独立的教育教学和实践研究能力来引领教师,要通过到位而不越位的引领,使教师能够真正获得良好的专业发展。

2. 专业引领的操作方法

(1) 阐释教育教学理念。

教师具有什么样的教育教学理念,决定其在教育教学中产生相应的行为方式。在教师的专业发展过程中,让教师掌握并形成新的教育教学思想理念是教师获得专业发展的首要任务。完成这一任务,引领人员可采用讲座、学术专题报告、专题理论研讨、教学问题诊断、案例评析、教学专题座谈咨询和引导自学等形式,让教师全面掌握新的教育教学理论。在当前新课程改革背景下,就教学思想理念的引领来说,主要包括教材内容的理解分析、课程教材教法的分析辅导、课程标准与学科课堂教学问题的评析等。

(2) 共拟教育教学方案。

在教师的专业发展过程中,在教师掌握了教育教学思想,形成了新的教育教学理念的基础上,引领人员要与教师就某种教育教学内容或现象在共同探讨的基础上,引领教师并与教师共同拟订出教育教学方案。在共同拟订教育教学方案的过程中,引领人员既要发挥引领作用,更要指导教师在科学的教育教学理论的指导下,逐步形成具有自身特点和风格的教育教学设计,并使教师学会独立拟订教育教学方案。共同拟订出来的教育教学方案,要符合教育教学科学理论的要求,要有利于教育教学的具体实施。

(3) 指导教育教学实践尝试。

在教育教学方案拟订好了之后,引领人员要与教师一起将共同拟订的教育教学方案直接用于教育教学实践。以教学为例,引领人员要引领教师将拟订好的教学方案直接用于课堂教学之中，要让教师在教学实践中尝试实施教学方案，验证教学方案的可行性和有效性。在教师使用共同拟订的教学方案进行教学实践的过程中，引领人员要深入课堂，关注、考查和记录执教教师的教学行为，并将教师的课堂教学行为与拟订的教学方案进行比较，寻找出与教学科学理论的差距，以备在教师教学尝试之后与教师一起讨论进一步修订方案、改进教学方法和教学行为。

(4) 引导反思教育教学行为。

就教学来说，在教师拟订的教学方案进行教学实践尝试之后，引领人员要安排和组织教师对教学尝试情况进行反思和评议。在这里，引领人员和执教者首先要对自己的教学设计和行为进行自我反思，说明设计思路，找出教学预拟方案与教学行为的不和谐之处，分析原因，寻找解决方案；同时，引领人员要让其他参与教学实践活动的教师对教学设计和执教教师的教学行为充分发表自己的看法和意见，指出其优点和不足，提出修改建议。在此基础上，要总结大家的意见，进一步引导教师将教学尝试行为的反思意见落实到新的教学行为之中，改变原来课堂教学中的不足，把思转化为行。这样反复几次，直至创生出充满活力的课堂教学环境。

6.4.6 课题研究——教师专业成长的有效载体

在促进教师专业发展的众多可能的途径中，开展课题研究不失为一个有效的载体。

1. 课题研究——促进教师专业理论水平的提升

教师的专业理论包括教育教学的基本理论、新课程改革的理论、学科教学的理论、教育学心理学的理论以及相关方面的理论。它是教师在教育教学工作中的世界观和方法论，是教师专业行为的理性支撑。

教师开展课题研究，首先要寻找课题研究的理论依据，进行理论奠基；在课题研究的过程中，教师要自始至终以先进的教育理论来指导自己的研究活动和实践活动，并通过研究和实践，或是验证，或是补充完善，或是丰富、发展他人的理论；当研究活动结束，教师要对课题的研究，进行认真总结。在深入的理性思考的基础上，对自己的做法、感悟进行理论上的提升。因此，课题研究的全过程，就是教师学习理论、运用理论、提升理论的过程。

2. 课题研究——促进教师专业知识的拓展

教师开展课题研究，需要教育、教学、心理、科研、课程、管理等各方面的知识，这就必然促使教师对各方面知识的学习，特别是要学习和掌握现代教育的新知识，如最新的文化基础知识、最新的学科知识、最新的教育理论知识等，以适应开展教育科研的需求。与此同时，为了创新的需求，还要求教师对已有知识在质的方面的深化——对已有知识的质疑、批判或创新。随着各方面知识量的不断积累，必然引起教师知识结构的重组，从而构建起新的复合性的知识结构。

3. 课题研究——促进教师专业能力的提高

教师的专业能力就是教师的教育教学能力，主要包括教育教学设计能力、表达能力、组织能力、反思能力、探究能力、创新能力等。

开展课题研究，除去可以促进教师的设计能力、表达能力和组织能力外，由于教育科研自身的特性，对于教师下述三种能力具有独特的促进作用。

第一，促进教师反思能力的提高。科研课题研究的整个过程，每进行一个步骤教师都需要自觉主动地反思自己的行为。通过回顾、诊断、自我监控等方式对自己的行为，或给予肯定、支持与强化，或给予否定或修正。因此，科研课题的选择及研究对促进教师反思能力的提高大有裨益。

第二，促进教师探究能力的提高。科研的实质就是对问题的探究，课题研究的过程就是对教育问题的探究过程。这个过程大致概括为提出问题、建立假设、制定研究方案、检验假设、得出结论等。这一过程中的每一个步骤都离不开对问题的探究。每个结论的得出、每个现象的解释、每个成果的获得，无一不是经过探究而得出的。课题研究是提高教师探究能力的良好途径。

第三，促进教师创新能力的提高。课题研究的灵魂和显著特征就是创新，创新体现在课题研究的全过程。

科研课题的研究是为解决某一问题而进行的探究性活动，它需要教师拥有广博的知识和各种能力及良好的心理品质。教育科研对教师专业发展起着强有力的推动作用，它可以激发教师自主寻求发展，促进教师内在的自我更新。因此，课题研究是促进教师专业发展的有效载体。

6.4.7 网络远程研修——教师专业发展的新平台

网络远程研修，是近年来随着信息技术的高度发展形成的一种教师专业发展的新平台。

1. 网络远程研修的项目特点

（1）完善的管理系统。

为保证远程培训项目的顺利实施，一般都由项目领导小组、项目协调小组、项目实施办公室、项目专家工作组共同组成组织管理系统。这些机构的高效运行，发挥了协调、组织、管理培训工作的职能，保证培训项目的顺利进行。

（2）高水平的课程团队。

根据培训设置学习专题，每个专题由主讲教师及相关研究人员组成课程讲师团，采取主讲教师责任制。专家主讲，团队合作支持，这就把个人的教学理论及教学魅力优势与集体合作的力量有机地结合起来。

（3）精干的指导教师团队。

网络远程研修班项目组会在一定范围内聘请有实践教学经验和一定理论水平的教研员和一线教师，组成指导教师团队。为每班配备指导教师，而且多为跨地区安排，指导学习、解答问题、跟进评论，推荐作品、引发讨论，参与简报编写等。这支活跃的队伍在培训中发挥着重要作用，提高了培训课程的针对性、时效性，促进了学员间的互动、交流。

（4）尽责的班主任日常管理团队。

为做好培训工作的日常管理，确保培训质量，每班配备班主任。班主任负责组织本班学员按要求参加学习、解答相关问题、评论学员作业、负责编辑本班课程学习简报和本班学员学习过程与结果的评估等。

（5）优秀的技术支持团队。

网络研修是通过网络平台进行的。参加网络研修的正式学员一般都有上万甚至十几万人。如此规模的上网学习、交流，对网络的压力之大是可想而知的。为保证培训中网络的正常运行，项目组众多的技术人员，在幕后开展大量工作，保证了培训的正常进行。

2. 网络远程研修的优势

网络远程研修，是在网络环境下，以现代教育思想和学习理论为指导，充分发挥网络的各种教育功能和丰富的网络教育资源优势，向参与学习者提供一种网络研究和进修的环境，使学习者在视频收看、文本学习、作业与交流相结合、简报阅读等的过程中促进教师专业发展。

（1）促进教师间的群体同伴互助。

在培训过程中，教师要学会并掌握培训平台的网上操作、个人博客的建设、利用邮箱或QQ交流等网络技术手段，并运用这些手段同本班和全国的教师交流沟通。学员在网上提交作业，大家通过评论的形式进行互动交流。在这个过程中，教师将自己的学习、反思成果展示在大家面前，作为研究素材供大家评头论足，教师回过头来参考大家的评论对这个问题再思考，这会大大提高教师的专业认识水平。课程团队的专家、指导教师或班主任还可分专题组织网上研讨，使教师间的互动越来越深入。

（2）课程团队的专家、指导教师和班主任，发挥专业引领作用。

课程团队的专家、指导教师和班主任用他们各自的特色和魅力，以视频讲座的形式吸引每一位参加培训的教师，会改变教师的思想和认识。他们直接参与教师们的网上互动、交流，回答教师们的提问。有的专家还会在自己的博客上组织"学习在线"，引导教师参与在线讨论，得到专家的"现场"指导。定期出版的课程学习简报汇集学习者的优秀观点、专家点评等内容，成为引领教师学习的重要形式。指导教师和班主任以发表文章、评作业、编班级简报的形式指导、引领教师们去学习。

网络远程研修是一种跨学校、跨地区的教师群体研修。在培训过程中，网络支持，学员、指导教师、专家互动，形成了一个立体交流网。在这个平台上，新思想、新观点不断生成。

6.4.8 教师成长记录袋——教师专业发展的不懈动力

1. 实施"教师成长记录袋"的意义

成长记录袋，英文单词是 Portfolio，来源于"Port"（携带）和"Folio"（纸张或资料）的组合，有文件夹、公事包或代表作选辑等多重含义，国内也有人将其译为成长记录、档案袋、卷宗夹或学习档案录。成长记录袋在教育领域中的应用迄今已有十多年的历史。"教师成长记录袋"就是"根据教育教学目标，有意识地将教师的相关作品及其他有关资料收集起来，通过合理的分析与解释，反映教师在教学、学习与发展过程中的优势与不足，反映教师在达到目标过程中付出的努力与进步，并通过教师的自我反思激励教师取得更高的成就"。

2. "教师成长记录袋"的实施原则

（1）多元性原则。

"教师成长记录袋"的内容设置要体现角度多元的特点，重点反映教师在师德修养、师生关系、业务学习、课堂教学、课程开发、教学资源整合、团队合作、校本教研、学生个案研究、考试评价等方面所发生的变化以及取得的成绩。

（2）主体性原则。

"教师成长记录袋"记录栏目的设计还要体现规范性和灵活性相结合的特点，发挥教师记录自己成长过程的积极性，更好地体现教师成长过程的个体差异性、成长方式的丰富性等特点。

(3) 互动性原则。

"教师成长记录袋"是教师自我评价与学校对教师实施有目的、有计划培养的重要依据。学校要重视"教师成长记录袋"的分析应用，并关注教师自我评价和学校评价之间的互动反馈，改进学校对教师的评价体系，提高教师自我认知、自我发展的能力。

(4) 发展性原则。

"教师成长记录袋"所隐含的评价标准与内容应体现以人为本的思想，着力于促进人的全面而有个性的发展，激发教师的内在情感、意志、态度，并随着教育价值观、社会人才观的不断发展而逐步完善。

3. "教师成长记录袋"的主要内容

"教师成长记录袋"的主要内容包含以下几个方面。

1) 个人简介，包括姓名、性别、学历、职称、所教科目、个人兴趣爱好的相关资料。
2) 理论学习，包括听讲座记录、读书文摘、制作教育名言卡片——可做分类。
3) 听课记录，指校内外科研观摩课。
4) 科研公开课专题，个人承担的，还有教案、专家和同行评课、反思等。
5) 研究课题，包括课题来源、学校课题、学科组子课题、个人研究方向等。
6) 文字成果，包括论文、教育叙事文章、课堂实录、调查报告、调查问卷、指导学生发表文章等。
7) 获奖记录，包括自己的、集体的、指导学生的。
8) 班主任有班级管理栏目，科组长有科组管理栏。

4. 使用"教师成长记录袋"的优势

(1) 有助于教师的自我评价、自我反思。

"教师成长记录袋"在展示成绩的同时，也可使教师不断回想取得成绩的过程和方法，从中找到成功的经验和失败的教训，学会自我反省。在参观其他教师的记录袋的同时，发现别人的长处，找出自己的优势，同时找到与别人的差距，使教师正确评价自我，帮助教师顺利找到自己的最近发展区。

(2) 有助于教师把自己的经验上升为理论，促进教师队伍的专业化成长。

记录袋的建立为教师及时对自己的经验进行梳理和挖掘搭建了平台，对教师构建自己的理论体系，形成独特的专业观念可起到促进作用，从而促进教师队伍的专业化。

(3) 有助于教师记录进步、激发潜能。

在成长记录袋中，教师收集的是一系列自己的作品样本，以向学校和同事提供自己进步的信息，展示自己的成就。教师在回顾自己的工作历程、体验成功的同时，就会产生自豪感，激发继续努力的斗志，激发自己的潜能，促进自己向更高层次发展。

(4) 有助于形成爱岗敬业、积极进取的整体氛围。

教师通过学习了解相同学科教师的成长记录袋，拓展自己的专业知识和教学方法，通过学习了解其他学科教师的成长记录袋，丰富自己的知识。从老教师那里学到敬业与奉献，从中年教师那里学到干练与经验，从年轻教师那里学到创新与无畏，形成比、学、赶、帮、超的良性循环，为学校形成良好的校风、教风、学风搭建起平台。

(5) 有助于学校总结教师在教学过程中的先进经验并进行推广。

学校领导可以借"教师成长记录袋"了解本校教师队伍的优势与不足，发现教师在教育教学中产生的经验，并及时进行推广，形成自己学校的特色。

总之，教师专业成长记录袋要体现多主体性。主张使更多的人参与评价，加强自评、互评，使评价成为教师、管理者、学生、家长共同积极参与的活动。特别是使评价对象自身也成为评价主体，重视评价对象自我反馈、自我调控、自我完善、自我认识的作用。虽然成长记录袋的建设工作量很大，还有种种缺陷，但只要形成习惯，按部就班地去做，认识每一项具体内容的意义，避免走过场、走形式，"教师成长记录袋"就会在教师专业发展的过程中起到很好的作用，产生良好的效应。

6.5 信息技术与教师专业发展

随着网络基础设施的完善和以计算机多媒体技术、网络通信技术为核心的信息技术的飞速发展，信息技术在教学领域逐渐普及，为教师的教学提供了更丰富的教学手段和更完善的教学资源。如果要使教师的专业发展取得更大进步，其信息技术能力得到持续、高质量的发展是必要的。信息技术是教师专业化发展的推动力。

6.5.1 推进信息技术与学科教学的整合

随着信息技术的日益普及，尤其是互联网与校园网的连接，为学校教育提供了更广阔的前景、更丰富的资源，并产生了一种基于网络的教学形式。2001 年教育部颁发的《国家基础教育课程改革纲要》中进一步明确提出："大力推进信息技术在教学过程中的普遍应用，促进信息技术与学科课程整合，逐步实现教学内容的呈现方式、学生学习方式、教师的教学方式和师生互动方式的变革，充分发挥信息技术的优势，为学生的学习和发展提供丰富多彩的教育环境和有力的学习工具。"由此可见，信息技术与学科教学整合是一种综合性的、系统性的跨越式变革。这种变革给传统的学科的教与学带来了深刻变化。

在学校的工作实践中影响教师信息技术整合能力的因素主要有：专家引领，教师职前教育，教师校本实践，教学实践中的自我反思，同行间的交流合作等。

6.5.2 完善信息技术支持下的校本教研制度

新课程、新课标、新教材如果没有教师的正确理解和实施，就无法保证新理念、新方法、新要求的实现。总结近年来全国各地教育信息化的经验，人们发现教育信息化的关键是转变教师的教育教学观念，建立以校为本的教学研究制度，不断提高教师的信息素养，使每一位教师都能尽快适应在信息技术环境下的教育工作。

6.5.3 拓展信息技术视野中的教师培训模式

近年来，随着计算机和网络的普及，教育信息化的硬件条件不断完善，世界各国的教育信息化重心已经从硬件建设逐步转移到以教师培训带动教学改革上来。以校为本的教师培训模式和国家培训制度与学校实际紧密结合的培训模式，是信息技术视野中的两种行之有效的途径。

国家培训制度与学校实际紧密结合的培训模式，是指在国家教师教育政策指导下的，各级政府组织实施的，紧密结合学校实际的培训模式。以往作为政府行为的教师培训存在着诸多弊端。为了达到新时期教师教育应有的目标，各级政府应从以下几个方面给予保障。

① 建设完备可靠的信息技术培训基础设施和丰富多样的教育信息资源。
② 健全系统的教师信息技术培训的规章制度和考核激励机制。
③ 依托高校建设一支高水平的教师培训队伍。
④ 把教师信息素养的培训作为核心培训内容。
⑤ 将国家培训制度与学校实际有机结合，采取灵活务实的方式。
⑥ 调动学校和教师的积极性，建立科学合理的培训成本分担机制。

6.5.4 搭建多样化的教师专业发展平台

对于一位追求成功、善于反思的教师来说，每堂课都是一个全新的体验，要设置不同的情境，要面对学生的不同反应，教学中的每次师生互动、教学冲突都会激发新的思考和创造。教学案例、教育叙事就是对教师的日常行为背后所内隐的思想，教师的生活故事当中所蕴含的理念进行研究。对于教育科研来说，这些在教师身边发生的案例、思考和经验具有专业理论研究无可比拟的针对性、真实性和情境性。在信息时代，校长和教师的"案例研究""教育叙事"的产生、传播、共享已不再是传统工业时代的概念。网络时代迅速崛起的社会性软件有 BBS、Blog 等，这些软件具有四个方面的特征，即人的身份标识、人的知识沉淀、人与人之间的交流、由此构成小实体大网络的交流平台，正在改变着教育叙事的含义。

在信息化环境中，Blog 等社会性软件的门槛很低，易于操作，适合大规模普及。教学案例、教育叙事的数字化，打破了时空的界限，更容易保存、复制、传播、共享；Blog 等使教师的研究突破了个人的小圈子，教师之间、读者与研究者之间可以展开充分的交流，进行"头脑风暴"，创造出更多的智慧，促进学习型学校的形成。

利用 Blog 等信息技术不仅可以随时写作和发表自己的教育叙事，而且可以在线得到来自全国的同行和专家的帮助。更为重要的是，基于 Blog 等的教育叙事研究可以带动学校的大多数教师主动参与，促进教师专业发展。

本章小结

职业是参与社会分工，利用知识和技能，为社会创造物质财富和精神财富，获取合理报酬作为物质生活来源，并满足精神需求的工作。职业既是一种谋生的手段，又是一个社会人应当承担的社会角色和社会责任。

专业是指一群人经过专门教育或训练、具有较高和独特的专门知识与技术、按照一定专业标准进行专门化的处理活动，从而解决人生和社会问题，促进社会进步并获得相应报酬和社会地位的专门职业。

教师专业发展是指教师个体专业不断发展的历程，是教师不断接受新知识、增长专业能力的过程，它具有非常明确的三个特征：教师专业发展是一个有意识的过程；教师专业发展是一个持续的过程；教师专业发展是一个系统的过程。

教师专业发展有如下特点：专业发展的自主性；专业发展的阶段性和连续性；专业发展

的情境性；专业发展的多样性。

教师专业发展的内容有：遵守职业道德、拓展专业知识、提升专业能力、建构专业人格、形成专业思想和发展专业自我。

促进教师专业发展的途径和方法有很多种，其中包括终身学习、行动研究、教学反思、同伴互助、专业引领、课题研究、网络远程研修、教师成长记录袋，等等。

本章习题

(1) 简述职业与专业的含义及其区别。
(2) 简述教师专业发展的内涵及特点。
(3) 简述教师专业发展的内容。
(4) 教师专业发展有哪些主要途径和方法？
(5) 简述信息技术与教师专业发展的关系。

参考文献

[1] 武丽志. 现代教育技术——学科教师应用指南[M]. 广州：华南理工大学出版社，2009.
[2] 张剑平. 现代教育技术[M]. 北京：高等教育出版社，2013.
[3] 黄荣怀. 教育技术学导论[M]. 北京：高等教育出版社，2006.
[4] 南国农. 教育传播学[M]. 北京：高等教育出版社，2005.
[5] 李芒. 学与教理论[M]. 北京：高等教育出版社，2007.
[6] 李振亭. 现代教育技术[M]. 北京：高等教育出版社，2014.
[7] 连榕. 教师专业发展[M]. 北京：高等教育出版社，2009.
[8] 教育部师范教育司. 教师专业化的理论与实践[M]. 北京：人民教育出版社，2003.
[9] 何克抗，吴娟. 信息技术与课程整合[M]. 北京：高等教育出版社，2007.
[10] 顾小清. 信息技术与课程整合教程[M]. 上海：华东师范大学出版社，2009.
[11] 何克抗. 教学系统设计[M]. 北京：高等教育出版社，2005.
[12] 杨九民. 教学系统设计原理[M]. 武汉：湖北科学技术出版社，2005.
[13] 黄宇星. 信息技术微格教学[M]. 厦门：厦门大学出版社，2007.
[14] 张祖忻. 教学设计——原理与应用[M]. 北京：高等教育出版社，2011.
[15] 刘美凤. 多媒体课件教学设计[M]. 北京：高等教育出版社，2013.
[16] 彭绍东. 现代教育技术应用[M]. 北京：高等教育出版社，2013.